UNIVERSITÉ D'AIX-MARSEILLE. — FACULTÉ DE DROIT

LES
CONGRÉGATIONS RELIGIEUSES
ET
L'IMPOT

THÈSE POUR LE DOCTORAT

PAR

Alexandre MAGNIER

Receveur de l'Enregistrement et des domaines

Président : M. MOREAU, *professeur*.
Suffragants { MM. LACOSTE, *professeur*.
JÈZE, *agrégé*.

PARIS
MARCHAL & BILLARD
Imprimeurs-éditeurs, libraires de la Cour de Cassation
Maison principale : Place Dauphine, 27
Succursale : Rue Soufflot, 7
1900

THÈSE
POUR
LE DOCTORAT

UNIVERSITÉ D'AIX-MARSEILLE

FACULTÉ DE DROIT

MM. **Bry** (I. ✪, ✠, ✠), doyen, professeur de droit romain, chargé du cours de législation industrielle.
Pison (✳, I. ✪, ✠), professeur et doyen honoraire.
de Pitti-Ferrandi (I. ✪, C. ✠), professeur de législation criminelle, chargé du cours d'enregistrement et de notariat.
Jourdan (I. ✪), professeur de droit civil, chargé du cours d'Histoire des doctrines économiques.
Bouvier-Bangillon (I. ✪), professeur de droit commercial.
Lacoste, (I. ✪), professeur de droit civil, chargé du cours de législation financière.
Vermond (I. ✪), professeur de droit romain, chargé du cours de droit maritime.
Moreau (I. ✪), professeur de droit administratif, chargé du cours de droit administratif approfondi.
Perreau, professeur d'économie politique (en congé).
César-Bru, professeur de droit civil, chargé du cours de droit civil approfondi.
Ferron, agrégé, chargé du cours de procédure civile et de voies d'exécution.
Babled, agrégé, chargé du cours d'économie politique. (Doctorat).
Gaudemet, agrégé, chargé du cours de droit international privé.
Politis, chargé du cours de droit international public (licence et doctorat).
Brocard, chargé du cours d'économie politique (Licence).
Jèze, chargé du cours de droit constitutionnel.
Lefas, chargé du cours de l'histoire du droit.
Levy, chargé du cours de droit criminel.
Jougla (A. ✪), secrétaire.

UNIVERSITÉ D'AIX-MARSEILLE. — FACULTÉ DE DROIT

LES
CONGRÉGATIONS RELIGIEUSES
ET
L'IMPOT

THÈSE POUR LE DOCTORAT

PAR

Alexandre MAGNIER

Receveur de l'Enregistrement et des domaines

Président : M. MOREAU, *professeur.*
Suffragants { MM. LACOSTE, *professeur.*
JÈZE, *agrégé.*

PARIS
MARCHAL & BILLARD
Imprimeurs-éditeurs, libraires de la Cour de Cassation
MAISON PRINCIPALE : PLACE DAUPHINE, 27
SUCCURSALE : RUE SOUFFLOT, 7
1900

La Faculté n'entend donner aucune approbation ni improbation aux opinions émises dans les thèses ; ces opinions doivent être considérées comme propres à leurs auteurs.

BIBLIOGRAPHIE

Ouvrages généraux et Recueils.

Aubry et Rau. — Cours de droit civil français. Tome I passim.
Laurent. — Droit civil Français. T. 26.
Pont. — Traité des sociétés.
Hauriou. — Traité de droit administratif.
Berthélemy. — Traité élémentaire de droit administratif, 1900.
Van den Heuvel. — De la situation légale des associations sans but lucratif en France et en Belgique.
Championnière et Rigaud. — Traité des droits d'enregistrement.
Championnière et Rigaud. — Supplément au traité.
Naquet. — Traité théorique et pratique des droits d'enregistrement. 2e Edition, T. III.
Demasure. — Traité du régime fiscal des sociétés et établissements publics. Paris, 1884.
Fuzier-Hermann. — Répertoire général alphabétique de droit français, v° Congrégations.
Béquet. — Répertoire de droit administratif.
Dalloz. — Répertoire périodique.
Sirey. — Recueil des arrêts et jugements.
Garnier. — Répertoire périodique.
Garnier. — Répertoire général.

Instructions Générales de l'Administration de l'enregistrement.
Solutions de l'Administration.
Journal de l'Enregistrement.
Revue de l'Enregistrement.
Revue générale pratique de l'Enregistrement.

Articles de Revues.

Revue critique : Années 1893 et 1895. Articles de MM. Wahl, Testaud, Beudant, Revaut, de Vareilles-Sommières, Parmentier.
Revue du droit public et de la science politique. (Janvier, mars 1899). Article de M. Michoud : de la notion de personnalité morale.
Revue générale du droit, de la législation et de la jurisprudence en France et à l'étranger (mars 1898). De la personnalité comme élément de la réalité sociale par M. Hauriou.
Journal de droit international. Année 1892, p. 340 : Article de M. Moreau.
Journal des économistes 1861, avril. Article de M. Frédéric Passy. Et 1891, mars. Article de M. Parmentier.
Revue de Lille, 1889 à 1891. Etudes par M. de Vareilles-Sommières, sur le droit d'accroissement et la taxe sur le revenu appliqués aux Congrégations religieuses.
Revue des Deux-Mondes, octobre 1898. Du besoin de croire, par M. Brunetière.
Notes au Dalloz de M. Beudant, 1879. (D. 1879,2-225), 1880, (1-145), 1894, (2-329).
Notes au Sirey de M. Wahl. Années 1890 à 1900.

LES
CONGRÉGATIONS RELIGIEUSES
ET L'IMPOT

L'étude que nous entreprenons pourrait s'intituler « *Episode de la lutte du Souverain contre les congrégations* ».

La question que nous abordons n'est en effet rien d'autre, il ne faut pas se le dissimuler, qu'un aspect de cette lutte plusieurs fois séculaire de l'Etat moderne contre les cadres corporatifs qui ont pris une si grande extension dans les pays Anglo-Saxons et où cherche toujours à s'abriter, la liberté de l'individu restée sans défense en face de l'omnipotence toujours croissante de l'Etat.

Les mesures prises depuis quelque temps contre la liberté d'association sont un autre aspect de cette lutte.

Toutes ces questions se rattachent donc à cette question générale qui se poursuit au cours des siècles : le rôle de l'Etat vis-à-vis de l'individu. Tantôt on considère que c'est le premier qui est fait pour le second, et tantôt la pensée inverse domine la législation. Il semble qu'actuellement, de même que sous la Révolution et au bas empire Romain, ce soit la seconde conception qui l'emporte.

Les citoyens sont faits pour l'Etat qui reste seul debout en présence des libertés individuelles, conformément à la théorie de Jean-Jacques Rousseau.

Mais sans nous attarder à ces considérations générales qui sans doute ont leur importance, mais qui ne font que dominer d'assez loin la question que nous voulons étudier, disons tout de suite que les lois fiscales des 28 décembre 1880, 29 décembre 1884 et 16 avril 1895, dont nous commençons l'étude dans celles de leurs parties relatives aux congrégations religieuses, que ces lois sont malgré les apparences des lois politiques.

Comme les décrets d'expulsion rendus le 29 Mars 1880, décrets animés du même esprit, ainsi que l'a formellement exprimé M. Brisson inspirateur de ces dernières, en la séance du 9 Mars 1880 à la Chambre, elles tendent à assurer l'omnipotence de l'Etat en marche constante vers le collectivisme.

C'est donc d'une guerre à l'association et en particulier à l'association religieuse qu'il s'agit. De tous temps en effet, le souverain s'est attaché à poursuivre l'annihilation de ces énergies individuelles réunies en petits groupes très cohérents, grâce à ce lien si puissant de la foi qui les unit indissolublement.

La question n'est donc pas de celles qu'on traite au moyen d'un texte du code civil, comme certains auteurs l'ont pensé. Aussi avons-nous cru nécessaire, avant d'aborder le fond même de notre sujet, de résumer les doctrines émises sur la nature de l'association et son rôle dans la société contemporaine et d'indiquer celle qui avait nos préférences pour, ensuite, nous servir du principe que nous aurons cru reconnaître comme vrai, à l'image de ce fil d'Ariane destiné à guider la marche dans un labyrinthe ténébreux. Cette étude préliminaire s'imposait à nous encore, à un autre point de vue, ainsi que nous le verrons bientôt.

Le sous titre que nous avons pris soin de donner à notre étude indique suffisamment, croyons-nous, que nous avons limité nos recherches à une période restreinte : celle qui s'écoule pendant le dernier quart de ce siècle.

Nous voyons donc, comme nous l'indiquions un peu plus haut, renaître pendant cette période la théorie jacobine du pouvoir inspirée par le contrat social. L'exemple de la Révolution nous a prouvé que cette théorie, tout en se réclamant de la liberté et déclarant réagir contre l'absolutisme du régime monarchique, aboutissait en réalité à la négation absolue de cette liberté et à l'établissement d'un système autrement tyrannique que celui de l'ancien régime.

En particulier, les congrégations religieuses furent entraînées dans le torrent qui emporta les corporations, les confréries et les associations de toute espèce en dehors des clubs qui furent confondus avec le peuple dont ils n'étaient en réalité que les tyrans.

S'il est vrai toutefois que la Révolution ne sut pas

toujours très exactement où elle allait et que souvent elle se soit laissée guider à l'aventure dans les manifestations de ses tendances, il faut tout au moins reconnaître que toujours les décisions prises furent catégoriques. Pour supprimer les congrégations on ne chercha pas de mauvaises raisons ni des moyens détournés : on rendit des décrets d'expulsion et la force armée fut employée. Depuis 1880 on essaya bien de renouveler ces rigueurs, mais il s'est trouvé que l'opinion publique les accueillit mal, et, au lieu d'attendre pour les renouveler que cette opinion se fût modifiée, on résolut d'arriver au but visé par des chemins détournés ; on s'égara sous le terrain fiscal tout semé de difficultés et, ce n'est qu'après de patients efforts dissimulés sous les noms de liberté et d'égalité, mais constituant plutôt, en fait, des atteintes assez graves à chacune de ces idées, que l'on put obtenir un résultat.

C'est en particulier l'étude de ces moyens employés par le législateur pour déguiser sa pensée que nous avons voulu faire.

On a invoqué, d'une part, pour établir les lois fiscales que nous avons indiquées, des raisons d'ordre économique et social, en même temps que politique : On a déclaré notamment vouloir enrayer le développement de la mainmorte.

A ce point de vue, nous verrons que le danger n'est pas aussi sérieux qu'on a bien voulu le dire et n'est plus, à beaucoup près, ce qu'il fut sous l'ancien régime.

Nous verrons que cette mainmorte des congrégations religieuses ne s'applique plus qu'à une infime partie du territoire et que, si elle a pris quelque développement de 1850 à 1880, ce développement est plus apparent que réel et que, d'autre part, il correspond à l'extension et à la multiplication des œuvres auxquelles se consacrent les congrégations religieuses et dont certaines sont d'une grande utilité, on ne saurait le nier. Mais, comme cette question de la mainmorte mériterait, à elle seule, de faire l'objet d'une étude spéciale, nous ne nous y attarderons pas. Au reste, elle n'est, au point de vue qui nous occupe, que d'un intérêt secondaire : Si le danger indiqué était réel, il pourrait nécessiter des mesures exceptionnelles, telles que des confiscations par voie de fait ou un impôt très lourd et tout à fait spécial. Mais cette considération ne saurait être invoquée en faveur des lois fiscales dont il s'agit, car on a prétendu, en les édictant, et c'est là la seconde raison invoquée, que les congrégations religieuses étaient, au point de vue de l'impôt, dans un régime de faveur intolérable et que les lois nouvelles avaient pour seul objet de les faire rentrer dans le droit commun. Donc, à en croire le législateur, et quoi que cette seconde assertion puisse avoir de contraditoire avec la raison du danger de mainmorte invoqué pour établir un régime rigoureux et exceptionnel, il ne s'agit nullement de ces mesures de rigueur et exceptionnelles. Nous verrons que cette seconde assertion, pas plus que la première, ne pouvait être invoquée pour justifier les impôts institués par les lois précitées. A cet effet, nous constaterons d'une part, que dans le système fiscal adopté en France, l'égalité de tous devant l'impôt ne peut exister qu'en théorie et d'autre part, que cette égalité n'avait pas été méconnue en faveur des congrégations.

Ayant ainsi écarté les raisons d'opportunité ou d'équité invoquées par le législateur, nous abandonnons l'étude des lois fiscales elles-mêmes.

Nous verrons que le législateur s'est adressé, pour rétablir l'égalité qu'il prétendait rompue, à la fois à un impôt spécial et à un droit d'enregistrement. Or, lorsqu'on s'efforce d'étendre le champ d'application d'un impôt spécial, on s'expose beaucoup à commettre une injustice si l'on a la prétention d'appliquer le droit commun et, en tous cas, qu'on le veille ou non, on agit par mesure exceptionnelle. D'autre part, les droits d'enregistrement sont, on le sait, des impôts sur les actes considérés comme la manifestation de la fortune du contribuable. Ceux de ces droits qui sont proportionnels ne s'appliquent en principe, nous dit la loi fondamentale de l'Enregistrement du 22 Frimaire an VII, qu'aux actes contenant mutation de sommes ou valeurs et aux déclarations destinées à remplacer certains actes. Or, le législateur voulut imposer aux congrégations religieuses un droit proportionnel à l'occasion d'un fait qui ne constituait pas une mutation. Pour établir fictivement la mutation, on dut supposer admis certains principes dont les conséquences logiques sont contradictoires aux idées reçues.

C'est une notion erronée de l'association que l'on exploita pour justifier les mesures fiscales exceptionnelles prises contre les congrégations religieuses. Bien plus, on ne peut s'en tenir à une même conception pour les deux impôts établis. Le premier ne pouvait être perçu qu'en considérant les associations comme des sociétés et le second qu'en les assimilant à des indivisions pures et simples.

En présence de ces incertitudes, nous avons cru nécessaire de rappeler quelques notions générales et de poser quelques principes directeurs sur l'association. Nous l'avons fait en un chapitre préliminaire où nous avons indiqué également la situation fiscale des congrégations avant les lois récentes.

A l'aide des données que nous aurons reconnues comme vraies, nous tenterons de montrer que la conception à double face admise par le législateur ou tout au moins par les interprètes des lois n'est qu'un expédient imaginé pour donner à des mesures exceptionnelles l'apparence du droit commun.

Dans une première partie, nous étudierons spécialement le premier des impôts mis à la charge des congrégations par les lois des 28 décembre 1880 article 3, et 29 décembre 1884 article 9, c'est-à-dire la taxe sur le revenu.

La seconde partie sera relative au droit d'accroissement établi par les lois précitées et par celle du 16 avril 1895.

A propos de chaque impôt, nous envisagerons successivement les circonstances dans lesquelles il est dû, les valeurs sur lesquelles il est assis et les moyens par lesquels il est liquidé et perçu.

Nous avons cru diminuer le nombre des redites et faciliter la suite des idées en ne nous tenant pas exclusivement à l'ordre chronologique des lois. Nous y sommes revenu autant que possible dans l'étude des détails.

Ainsi, nous allons essayer d'établir dans cette étude que les dernières lois fiscales sur les congrégations ne sont rien autre chose que la continuation d'une lutte ravivée contre elles depuis 1880.

Cette lutte, commencée ouvertement sur le terrain du droit public, avait soulevé l'indignation générale. On se rappelait encore les déclarations faites en 1872 à l'assemblée générale par les membres de la gauche eux-mêmes qui s'engagèrent alors à ne pas « faire revivre les lois répressives de la liberté des associations religieuses, mais à réclamer l'égalité entre toutes les associations, l'égalité dans la liberté » (1).

Aussi, dut-on abandonner la position où l'on s'était placé. On se transporta alors sur le terrain fiscal où l'on invoqua le principe de l'égalité devant l'impôt. Ne

---

1. *Revue de Lille* de 1889, p. 524.

voulant pas accorder aux congrégations religieuses l'égalité dans la justice qu'on leur avait cependant promise, on demanda au législateur de créer en quelque sorte contre elles l'égalité dans la rigueur. « Mais, dit M. Chesnelong, l'inégalité a beau s'étendre, c'est toujours l'inégalité. » (1).

Les interprètes durent accomplir quelque chose comme un tour de prestidigitation juridique pour sauvegarder, au moins en apparence, ce principe de l'égalité que l'on méconnaissait en l'invoquant. Ce sont ces métamorphoses multiples que nous essaierons de faire ressortir en étudiant les lois précitées.

Une appréciation vraiment impartiale de cette législation est d'autant plus difficile que la question a passionné le Parlement et presque tout le public Français. Nous nous efforcerons cependant de laisser de côté tout parti pris et, s'il nous arrive quelquefois de laisser percer notre opinion intime sur l'opportunité et la légitimité de la lutte engagée contre les congrégations, nous nous appliquerons à conserver toute la réserve désirable dans une étude telle que celle-ci. La tâche ne sera peut-être pas toujours très aisée. Mais nous osons compter sur l'indulgence des personnes appelées à nous juger en leur donnant l'assurance que notre but, en entreprenant ce travail, n'a pas moins été d'accomplir une œuvre de bonne foi qu'une étude juridique.

1. *Journ. off.* : *Débat parlementaire.* Sénat, Séance du 23 décembre 1880.

CHAPITRE PRÉLIMINAIRE

Considérations sur les associations en général et sur les congrégations religieuses en particulier.

Nous indiquerons succinctement en ce chapitre la théorie de l'association qui nous a paru la plus rationnelle tant au point de vue de sa nature intime qu'à celui de la capacité qu'il convient de lui reconnaître et des impôts qui doivent l'atteindre : ce premier travail sera l'objet de la première section. Puis nous étudierons les mêmes questions au point de vue du droit positif et de la jurisprudence.

Première Section. — *Point de vue rationnel.*

§ 1. — **Nature de l'association.**

L'association, dans le langage courant, est l'union de plusieurs personnes qui se proposent la réalisation d'un but commun et la satisfaction d'un intérêt collectif.

C'est par ce but que l'on distinguera les associations les unes des autres et l'on aura ainsi des associations littéraires, artistiques, religieuses etc... Mais une difficulté se présente immédiatement en droit : cette union de personnes va-t-elle laisser subsister distincts les intérêts particuliers, n'établissant que des rapports juridiques en vertu du contrat intervenu ; ou bien au contraire, va-t-elle constituer un nouveau sujet de droits, doué d'une individualité propre, une personne juridique ?

D'ordinaire, on n'applique la qualification de personne qu'à l'être humain, au « moi » conscient. Dans une langue plus scientifique, un éminent professeur de l'université de Toulouse, en une étude philosophique très approfondie « de la personnalité comme élément de la réalité sociale » (1) entend par personne, *« un individu envisagé en tant que doué d'une vie subjective raisonnable »*. Il semble que, dans cette acception, le mot « personne » ne puisse s'appliquer qu'à l'homme. Mais c'est là un point de vue philosophique qu'il nous faut abandonner pour n'envisager que la question du droit : la personne juridique, comme disent souvent les auteurs étrangers par opposition à personne philosophique ou morale, dénomination réservée à l'homme.

C'est qu'en effet, le droit ne raisonne pas sur des

---

1. *Revue générale du droit et de la jurisprudence*, 1898, p. 3 et suiv. Et aussi p. 119.

— 18 —

êtres physiques envisagés dans leur individualité physique, mais sur des « *personnes* » juridiques, c'est-à-dire, suivant le sens primitif du mot latin « *persona* », sur des abstractions capables de droits et susceptibles d'obligations. La science juridique détache de la personne physique trop complexe, un ensemble d'attributs qu'elle coordonne au moyen du concept de personne. Mais, en droit français, lorsque ce mot n'est accompagné d'aucun qualificatif, il ne désigne que l'homme. Cependant, chacun sait que, dans nos sociétés civilisées, tel n'est pas le seul sujet de droits ; on reconnaît encore cette qualité à certains groupements, à certaines associations qui concrétisent un but idéal (1). La personnalité appliquée à ces groupements prend plus particulièrement dans notre droit la dénomination de « personnalité morale. »

« L'idée que des droits peuvent appartenir à un groupement, dit M. Michoud en une savante étude publiée à la *Revue du droit public et de la science politique* (2), est aussi facile à expliquer que celle des droits appartenant à des êtres isolés, si l'on cesse d'appliquer exclusivement à l'être humain, l'appellation « personne ».

En droit, cette appellation s'applique en effet à tout

1. Voir pour l'évolution de la personnalité l'étude précitée de M. Hauriou.

2. Voir les livraisons de janvier et mars 1899 p. 5, et 193. « *De la notion de personnalité morale* ».

être capable d'avoir des droits subjectifs lui appartenant en propre, sans qu'il doive en outre constituer une personne au point de vue philosophique. Donc l'association peut constituer une personne morale, une personne juridique, si elle est susceptible de droits subjectifs.

Sur cette question fondamentale, les doctrines n'ont pas manqué et à l'heure actuelle le mot d'Horace est encore vrai: *grammatici certant*.

Dans un premier système, l'homme est considéré comme la seule personne réelle, même au point de vue purement juridique. Seulement, par mesure d'intérêt général, le législateur a attribué fictivement la personnalité à certains groupements. Cette doctrine que l'on rattache au droit Romain est encore dominante en France: c'est la doctrine classique de la fiction (1). L'intervention de la puissance publique est donc indispensable pour créer un être qui devienne sujet de droits. Les groupements auxquels cette faveur est refusée ne sont par suite rien de plus que des êtres physiques juxtaposés. Cette question de la personnalité reste donc, semble-t-il, distincte de celle de la liberté d'association (2). D'autre part dans cette conception de la per-

---

1. Voir l'exposé de cette doctrine dans le livre récent de M. Berthélemy : *Traité élémentaire de droit administratif* 1er fascicule Paris 1900, p. 38 et suivantes.

2. Le dernier projet approuvé par la Commission en sa séance du 21 mars 1900 établit la liberté d'association, mais maintient à

sonnalité morale, l'être fictif créé reste complètement étranger aux êtres physiques qui composent le groupe.

M. Michoud oppose à cette première théorie quatre objections qui paraissent décisives et que nous allons résumer en quelques mots :

Tout d'abord, la théorie classique a le vice en quelque sorte rédhibitoire de ne pas résoudre le problème posé : elle nous représente des biens qui appartiennent à quelqu'un autre que les individus qui composent le groupe personnifié : or ce quelqu'un n'est qu'une « *persona ficta* », une ombre, c'est-à-dire personne.

On peut donc dire, suivant l'expression pittoresque de Brinz, (1) que l'on accroche son chapeau à un portemanteau peint sur la muraille. Nous verrons tout à l'heure que ce dernier auteur a trouvé plus simple de supprimer le mot de personne devenu inutile et de déclarer directement les biens vaccants. La théorie de la fiction aboutit d'ailleurs au même résultat dès que, pour une cause ou une autre, la fiction a disparu.

En second lieu, le système classique est incomplet ; il ne peut s'appliquer qu'au droit privé. Le droit romain n'en a pas souffert, puisque c'est en ce seul droit privé que s'est développée la personnalité juridique et que l'Etat n'y fut jamais considéré que comme personne de droit privé. « Mais, dit M. Hauriou, la

l'État le droit exclusif de conférer la personnalité. Voir l'ouvrage précité de M. Berthélemy, p. 288.

1. Pandeckten, 3ᵉ Edition. I. 226.

notion de personnalité comme sujet de droits s'applique aussi bien aux droits publics qu'aux droits privés. Il n'y a qu'une notion en deux domaines (1) ». Que le droit soit public ou privé, on ne saurait le concevoir sans sujet. Donc le droit de souveraineté, en tant que droit, doit nécessairement se rattacher à un sujet, c'est-à-dire à une personne : les partisans de la théorie classique sont, par suite, obligés de faire une exception au moins pour l'Etat considéré comme personne de droit public.

On peut encore faire observer que le système de la fiction méconnaît le véritable rôle du législateur dans les rapports sociaux. Ce rôle, chacun le sait, se borne à réglementer les rapports juridiques que lui révèle la pratique. Le législateur peut bien punir les rapports qu'il considère comme illicites, mais il ne peut les empêcher d'exister (2). Il donne aux rapports créés par les groupements licites la formule qui exprime le plus exactement leur réalité intrinsèque : il suffit donc que chacun de ces groupes ait, dans la pensée de ses membres, des intérêts distincts, des intérêts individuels pour que le législateur soit obligé de considérer ce groupement comme un sujet de droits et lui reconnaisse la personnalité.

1. *Précis de droit administratif*, 242. 322.
2. Hauriou. *Leçons sur le mouvement social*. 2ᵉ appendice p. 161.

Cette constatation ne saurait d'ailleurs avoir de conséquences regrettables au point de vue du maintien de l'ordre public et du droit de police qui doit être laissé à l'Etat. En vertu de ce droit, il pourra s'opposer à la formation d'une association qu'il considère comme dangereuse ou prendre des mesures destinées à arrêter son développement exagéré. Mais alors, l'Etat n'agit plus comme législateur à proprement parler, c'est-à-dire comme interprète du droit, mais, bien plutôt, comme puissance publique issue de la volonté de tous et chargée de la défense des intérêts généraux de la nation. La question à se poser sera alors, comme l'a fort bien dit M. Horn (1) : « Y a-t-il des raisons impérieuses pour que la loi restreigne ou même annule le droit de posséder collectivement ? »

Enfin M. Michoud reproche avec raison à la théorie classique de laisser complètement de côté les personnes physiques qui composent l'être moral.

Il arrive en effet que l'existence de la personne morale dépendant exclusivement du bon vouloir de l'Etat, est exposée à disparaître ou au contraire à se continuer, contrairement à la volonté des associés, qui pourtant sont les seuls créateurs de cette personnalité. Il arrive aussi, ce qui est plus grave encore, que ces êtres moraux soient imaginés par le législateur, alors que les volontés particulières n'ont jamais voulu en consti-

---

1. *Journal des Economistes.* 1861, p. 469.

tuer et que la loi se refuse à reconnaître ceux qui existent réellement.

Aucune personne morale ne se conçoit sans des volontés humaines qui la constituent ; il ne faut pas oublier en effet, que la personne morale est une unité, mais aussi qu'elle est une unité complète. Donc les êtres physiques qui la composent ne sauraient être des tiers à son égard.

Telles sont les critiques que mérite la théorie de la fiction. Ces critiques ont été faites déjà par certains auteurs qui se plaçant au même point de vue que ce premier système, en ont montré les lacunes pour conclure par la négation de la personnalité morale comme personne juridique. Tel est le trait commun des opinions quelques peu divergentes que nous allons rapidement passer en revue.

L'allemand Brinz ne fait guère que reproduire la théorie traditionnelle dépouillée de son masque de la « *persona ficta* », c'est-à-dire que le titulaire du droit n'est personne ; ce qui reste incompréhensible pour ceux qui réservent le titre de sujets du droit aux volontés capables d'agir. Mais Brinz se tire d'embarras en disant que le sujet du droit peut être non pas nécessairement quelqu'un, mais, tout aussi bien, quelque chose et ce quelque chose, c'est le but du groupement : il obtient ainsi le patrimoine du but (Zweckvermögen).

Le fondement du droit n'étant plus placé dans la volonté, mais seulement dans l'intérêt qui est protégé sous le nom de droit subjectif, le sujet du droit subsiste donc.

Seulement, le groupement se trouve encore dans une situation aussi précaire qu'avec la théorie classique. S'il est vrai que l'Etat sera tenu de conserver l'affectation des biens à l'intérêt, au but auquel ils se rattachent, c'est là une garantie bien illusoire ; les personnes physiques qui ont créé le patrimoine étant évincées, l'Etat reste seul maître de l'affectation des biens. On aboutit donc à la mainmise de l'Etat sur tous les patrimoines ayant une destination supérieure à l'utilité particulière de l'individu ; c'est presque du collectivisme qui n'apparaît guère moins dangereux que la mainmorte si redoutée des groupements intermédiaires entre l'individu et l'Etat.

La doctrine dite du « contrat d'association » soutenue en Belgique par M. Van den Heuvel professeur à l'Université de Louvain et en France par M. le comte de Vareilles-Sommières, doyen de la faculté libre de droit de Lille, a fait sensation dans le monde juridique il y a quelques années (1). Cette doctrine fait une critique exacte de la théorie classique où la personnalité n'est qu'une fiction, mais une fiction qui éclipse les associés et se substitue à eux dans la propriété des

---

1. Voir Van den Heuvel : *De la situation légale des associations formées sans but lucratif en France et en Belgique*. Louvain, Paris. Pédone-Lauriel, 1880 de Vareilles-Sommières : *Du contrat d'association*, Paris-Pichon, 1893.

biens de l'association. En réalité, dit M. de Vareilles-Sommières, cet être fictif est incapable, alors que les associés sont seuls capables, de posséder. Il a donc bien saisi ce vice de la théorie classique qui consiste à faire abstraction complète de la personnalité des membres du groupe ; mais, à son tour, il tombe dans l'excès inverse qui le conduit à une conclusion contradictoire avec son point de départ. Il laisse de côté l'intérêt collectif de l'association pour ne voir en elle que des intérêts individuels juxtaposés. Seulement, comme il faut bien en définitive trouver un lien qui s'oppose à l'exercice de ces intérêts individuels, au partage des biens, M. de Vareilles-Sommières a recours à un artifice qui déguise mal un retour à la fiction de la théorie classique : « Il résulte de l'association, dit-il, que chacun est propriétaire indivis, mais que sa part est grevée d'une sorte de droit réel analogue au nantissement, à savoir du droit d'user de cette part en vue du but social ; il ne peut donc la vendre qu'avec cette affectation. » Mais alors il n'est plus vrai de dire que chacun est propriétaire par indivis ; c'est l'ensemble des associés, pris comme tels, qui est seul propriétaire et cet ensemble n'est, en fin de compte, rien d'autre que l'entité association comme dans la théorie de la fiction (1). M. de Vareilles-Sommières a fait un

---

1. Voir la note de M. Beudant au recueil périodique de Dalloz, D. 94, 2 : 331 et la *Revue critique* de 1895, p. 237, 316.

effort digne d'éloges pour sortir de la routine où s'éternise la doctrine générale, mais, s'étant placé comme elle au point de vue exclusif du droit privé, il s'est vu contraint, pour rattacher à quelque chose les qualités qui constituent ce qu'on appelle la personnalité morale, de faire réapparaître à la fin de son raisonnement un être juridique dans le concept vague de la collectivité, de l'unité de l'ensemble, qui désigne assez mal l'intérêt pour lequel existe et agit l'association.

« La loi positive, dit-il avec la théorie de la fiction, peut seule créer une véritable personne morale ». Mais cette personnalité morale ne contient que des modalités de droits des personnes physiques et les avantages qu'elle procure peuvent se ramener à trois : l'un répute mobilier le droit des associés, l'autre n'est qu'une application du principe de la séparation des patrimoines consacré par le code en matière de succession, enfin le troisième est une dérogation à la règle de droit positif que, « nul en France ne plaide par procureur hormis le Roy ».

En somme, on le voit, la théorie de M. de Vareilles-Sommières est exclusivement limitée à l'association dont elle fait un contrat analogue à la société, et se contente d'étendre à la première les règles spéciales de la seconde. Quant aux groupements collectifs tels que les établissements publics et d'utilité publique, c'est-à-dire les fondations et les œuvres, ils restent complètement en dehors du système et l'on est obligé de consacrer tout au moins pour deux de ces établissements dont personne ne conteste la personnalité morale, l'Etat et la Commune, une grave exception à la théorie du contrat d'association.

Enfin nous trouvons, avec l'allemand Ihering, une dernière négation de la personnalité morale. Lui, envisage précisément de préférence et presque exclusivement ces fondations et ces œuvres que M. de Vareilles-Sommières avait laissées de côté. Il considère comme véritables sujets du droit, non pas les personnes juridiques, comme telles, qui sont inexistantes, mais bien les membres isolés, les intéressés, c'est-à-dire les bénéficiaires des œuvres entreprises.

Une critique commune aux théories qui nient la réalité de la personnalité morale et qui détruisent la fiction de la théorie classique sans la remplacer, c'est qu'à l'inverse de cette première théorie qui faisait abstraction de l'intérêt particulier des membres du groupe, elles n'envisagent que cet intérêt et négligent complètement le but collectif. Cette conception, nous le verrons, est exacte en ce qui concerne les sociétés qui ne sont pas de véritables personnes morales, précisément parce que le but collectif est absent chez elles. Mais il n'en est plus de même dans les associations et les établissements dont les membres ou les administrateurs peuvent disparaître sans modifier la personne juridique, attendu que le but poursuivi les dépasse.

L'idée de personnalité morale comme réalité peut seule grouper les intérêts successifs des membres entrants et sortants ; autrement rien ne s'opposerait au partage des biens à tout moment. M. de Vareilles-Sommières l'a fort bien senti, nous l'avons vu. D'ailleurs, l'évolution juridique enseigne que l'on préfère de plus en plus aux êtres physiques, toujours distincts les uns des autres par quelque côté, les êtres de raison que crée ou approuve le droit. Dans cet ordre d'idées, on pourrait citer la théorie de la séparation des patrimoines, celle des prélèvements entre cohéritiers, la personnalité attribuée aux sociétés commerciales d'abord, puis aux sociétés civiles.

Cette réalité de la personnalité morale est soutenue par plusieurs doctrines assez récentes. Mais, parmi ces dernières, quelques-unes ont confondu la personnalité juridique avec la personnalité philosophique et ont vu dans la personne morale, suivant la doctrine philosophique adoptée, tantôt un ensemble de phénomènes purement objectifs, (telle est la théorie dite organiciste) et tantôt un être doué d'une vie subjective raisonnable. Dans les deux cas on assimile complètement le groupement à un être physique et on lui reconnaît la même capacité et la même volonté.

Dans la théorie organiciste, enseignée par l'école sociologique biologique, déterministe, la volonté du groupe comme celle de l'individu, n'est qu'une combinaison de cellules, elle réside dans tout organisme, dans tout individu, mais ne saurait s'imposer à l'Etat qui a une volonté analogue aux autres groupes et, comme chacun de ceux-ci, une volonté analogue à celle de chacun de ses organes. Mais alors, une difficulté se présente, en dehors même de la négation du libre arbitre prise comme point de départ : comment admettre que la volonté des organes du groupement devienne celle de ce groupement lui-même ? C'est par l'unité de l'organisme, dit-on Mais cela ne montre pas suffisamment à des esprits français le rôle individuel de chacun des organes dans la genèse de la volonté commune. Nous voulons voir dans le mécanisme de la personnalité juridique qui est complexe, les fils qui rattachent la volonté du chef à celle des membres du groupe. M. Hauriou pense avoir donné satisfaction à cette exigence en introduisant l'idée de puissance et d'ascendant moral, mais nous allons voir que sa théorie ne saurait, elle non plus, être adoptée sans réserve.

La première opération, suivant M. Hauriou, consiste pour les groupements en l'acquisition d'une individualité sociale : c'est là un point de vue purement objectif. Le simple fonctionnement d'une association, d'un établissement lui confère une individualité de fait que l'on désigne parfois improprement par le mot de personnalité de fait et dont le Gouvernement tient compte, lorsqu'il veut conférer à cette individualité une personnalité fictive. On sait en effet que la reconnaissance d'utilité publique n'est accordée aux établissements que sur la justification de ressources suffisantes et d'un fonctionnement prolongé antérieurement.

La théorie allemande induit de cette individualité, fait objectif, la personnalité subjective ; elle conclut de l'unité objective de l'organisme à l'unité subjective. Mais dit M. Hauriou, cela n'est exact que pour les êtres physiques qui réunissent les deux unités. Les entreprises collectives au contraire n'ont qu'une individualité sociale qui s'analyse en des forces volontaires disposées en un système et envisagées objectivement.

Il faut encore, pour que l'entreprise devienne sujet de droits, que ces volontés humaines se mettent en œuvre pour lui créer une vie subjective. Sans doute, il ne s'agit pas de donner une existence substantielle au « *moi* » des collectivités ; il ne s'agit pas de l'existence, en tant que phénomène propre, des volitions de ces collectivités ; il s'agit seulement de constater le fait « d'une réalité sociale », à savoir les volitions collectives, résultant de la fusion des volontés par la vertu de la « solidarité représentative ». Et M. Hauriou s'attache alors à montrer que les volontés sont ramenées à l'unité par la « combinaison interne de pouvoir » et servent ainsi de soutien à la personnalité morale voulue et socialement acceptée. Ce fait se produisait dans nos Etats modernes comme il se produisait dans la famille agnatique. Sans doute, la fusion des volontés n'est pas absolue et continue, comme la suppose le droit positif; mais le même fait se produit en matière de personnalité individuelle.

Donc en définitive. M. Hauriou, en définissant la personne morale : tout être capable de droits, semble entendre par là, non pas l'expression d'une conséquence de cette personnalité, mais celle de sa raison d'être. L'être moral ne sera donc, pour lui, capable de droits, et par suite, personne morale, qu'autant qu'il sera doué d'une volonté « subjective » si l'on peut s'exprimer ainsi, volonté considérée comme source du droit. Il y a là, on peut s'en convaincre, confusion de la personnalité juridique avec la personnalité philosophique et aussi contradiction avec l'assertion faite au début qu'il n'est pas question de l'existence « phénoménale » de volitions de la collectivité.

Les conséquences de la conclusion à laquelle aboutit M. Hauriou, sont faciles à tirer. La personnalité morale étant basée sur une volonté, comme celle des êtres physiques, elle doit être illimitée pour tous les établissements et non restreinte par leur but, puisque la volonté est censée être chez tous ces établissements le fondement de la personnalité, sa cause déterminante.

Sans cet aspect, la théorie de M. Hauriou ne semble guère différer de la théorie classique. Comme elle en effet, elle consacre une fiction en attribuant aux groupements une personnalité calquée sur celle des êtres humains. La seule différence consiste à ce qu'aucune autorisation spéciale n'est requise pour cela et que l'Etat n'est pas plus maître de la retirer que de l'accorder (1).

1. Voir la critique de cette théorie par M. Michoud, *Revue de*

D'autre part, cette doctrine ne peut s'appliquer qu'aux associations volontaires, où l'on rencontre toujours une volonté persistante commune qui est la continuation de l'œuvre collective. Mais, pour les groupements non volontaires comme l'Etat et la Commune, et surtout comme les fondations, la fusion des volontés est une pure fiction, plus grave encore que celle qui est à la base des personnalités individuelles, puisqu'elle attribue à une personne une volonté qu'elle n'a pas. Mieux vaudrait donc dire que la volonté ne se met en acte qu'en vue de la vie objective de l'établissement et ne donne lieu qu'à une individualité déterminée par le but poursuivi ; qu'en conséquence, cet établissement aura une personnalité limitée aux intérêts que l'être collectif est chargé de servir. La personnalité n'est alors qu'un moyen de fonctionnement, la volonté n'est plus le fondement principal du droit ; elle ne fait que représenter l'intérêt juridiquement protégé. Il ne sera donc plus nécessaire que cette volonté réside à l'intérieur de la personne morale elle-même ; elle pourra n'exister que chez son représentant. Cette conception est d'ailleurs conforme à la notion de personnalité appliqué aux êtres physiques : ce que l'on protège, ce n'est pas la volonté elle-même, pour elle-même. Celle-ci n'apparaît, même chez l'homme, que comme moyen de perfectionnement et

droit public et de la science politique, janvier-mars 1899, p. 54 193 et suivantes.

non comme but. Donc, seront seules respectées, les manifestations de la volonté qui seront conformes aux intérêts de l'homme. Voilà pourquoi les faits immoraux qui ne lèsent aucune liberté, sont cependant interdits.

Pour arriver à son complet développement, l'homme a besoin d'une protection étendue accordée à sa liberté, à sa volonté ; mais en tant seulement qu'il les applique à la poursuite de son intérêt. Il est sujet de droits, non parce qu'il « veut », mais parce qu'il vit.

De même, pour la personnalité morale, c'est-à-dire la personnalité juridique appliquée aux êtres collectifs, on doit respecter les intérêts légitimement poursuivis collectivement, alors même qu'on ne peut reconnaître à ce groupe de volonté naturelle : là n'est pas l'essentiel. Il suffit pour qu'il y ait droit que des intérêts collectifs et permanents, des groupements humains existent et qu'ils puissent être représentés par une volonté quelconque. Mais il n'est pas nécessaire, encore une fois, de trouver dans chaque droit subjectif, envisagé séparément, une volonté spéciale du sujet de droit. Or, reconnaître un groupement comme licite, c'est reconnaître l'intérêt qu'il poursuit et par conséquent, sa personnalité juridique.

Cette conception de la personnalité n'est d'ailleurs nullement en opposition avec la définition adoptée au début du raisonnement et qui consiste à dire que la personne juridique est tout être capable de droits. Cette définition, ne l'oublions pas, est purement négative : le droit n'est en effet, la puissance attribuée à une volonté par le droit objectif que s'il est considéré comme conséquence et non comme raison d'être de la personnalité. La cause finale du droit n'est donc pas la protection d'une liberté, d'une volonté, mais d'un simple intérêt, d'une vie. Il s'en suit que cette puissance reconnue à la personnalité par la loi pourra être exercée par une volonté autre que celle du titulaire du droit. En résumé, c'est l'intérêt d'un homme ou d'un groupe juridiquement protégé, au moyen de la puissance reconnue à une volonté de le représenter et de le défendre, qui constitue le seul fondement du droit.

M. Hauriou semble ne s'être pas suffisamment pénétré de cette vérité. La volonté lui est apparue comme la véritable source du droit ; il a donc été contraint de supposer l'existence d'une volonté chez les êtres collectifs pour reconnaître leur personnalité juridique ; autrement dit, il leur a accordé la personnalité philosophique qui doit être réservée à l'homme.

Les principes qui viennent être posés d'après de judicieuses observations de M. le Professeur Michoud en l'étude précitée, s'appliquent à la notion de personnalité juridique, aussi bien chez les êtres humains que chez les êtres collectifs. Ils laissent de côté la personnalité philosophique pour s'en tenir à l'individualité objective des sujets de droits. On peut en conclure, que la personne morale, au sens français du mot, existe toutes les fois qu'on se trouve en présence d'un intérêt distinct des intérêts individuels d'une part, et, d'autre part, d'une organisation capable de dégager une volonté collective considérée comme simple fait objectif.

Or, il est manifeste que la personnalité individuelle est impuissante à incarner les intérêts collectifs et permanents telle que ceux des nationaux d'un pays, des habitants d'une commune, des membres d'une association à but idéal. D'où il suit que c'est dénaturer l'intention du groupe ou le but de l'association que de l'obliger comme l'on fait MM. de Vareilles-Sommières et Van den Heuvel, à s'abriter derrière la personne individuelle.

Cette obligation se conçoit au contraire très bien pour les membres d'une société lucrative, précisément parce que la société, nous le verrons, n'a pas de but collectif proprement dit, c'est-à-dire d'intérêt distinct des intérêts individuels et qu'elle n'est pas une personne juridique par nature.

Donc, en assimilant l'association à une société, la théorie du contrat d'association a été à l'encontre de l'analyse exacte des volontés et des principes rationnels de la personnalité juridique.

Cette théorie, comme celle de la fiction, dont elle ne se distingue guère au fond, nous le savons, semble peut être plus conforme au droit positif que la théorie de M. Michoud à laquelle nous accordons nos préférences. Mais ce n'est là qu'une apparence.

Il ne faut pas oublier en effet que dans cette matière le législateur a toujours été guidé par une double préoccupation : d'une part, favoriser les intérêts personnels dont il est soucieux, parce que leur satisfaction accroît la richesse générale ; d'autre part, s'opposer à la naissance ou au développement des êtres collectifs dont il redoute la puissance au point de vue politique.

Aussi voyons-nous le législateur oublier son véritable rôle d'interprète du droit et refuser de reconnaître la personnalité aux groupes qui constituent par nature de véritables personnes morales et, au contraire, l'accorder par mesure de faveur à certains intérêts individuels. Au reste le droit Romain, auquel on fait remonter la théorie de la fiction, ne semble pas avoir accordé si catégoriquement cette personnalité à la société ; celle-ci en effet, y apparaît à l'origine sous son véritable jour : c'est une indivision. La loi 68 pr. au Digeste (titre pro socio), pose en principe que chaque associé peut vendre sa *part dans un bien social* et seulement cette part. Puis, la pratique du droit de préemption des associés s'établit ; l'aliénation ne peut plus être faite quand elle porte préjudice aux associés : ce sont là des mesures exceptionnelles et toutes de faveur. Puis, la société finit par jouir d'avantages analogues à ceux accordés aux êtres physiques encore considérés comme seuls sujets de droits.

Il est donc naturel que cette espèce de personnalité conférée gratuitement à la société soit apparue comme une fiction, et c'en était bien une en réalité: « persona ficta ». Plus tard, par la force des choses, on se voit contraint de reconnaître à certains groupements doués d'une individualité réelle et formant de véritables personnes morales, des droits analogues à ceux accordés fictivement à la société. D'ailleurs ces droits reconnus à la Cité, la première personne morale, ne furent, pendant bien longtemps, relatifs qu'à la défense des intérêts privés. Il y avait donc analogie absolue avec les droits de la Société et tout naturellement, la personnalité de ces êtres collectifs apparut fictive comme celle de la société. On l'appelait encore fiction alors qu'elle correspondait à une réalité. Cette théorie est passée dans notre ancien droit et subsiste encore maintenant, bien que le code de 1804 ne soit pas si explicite qu'on l'ait dit. Il ne serait même pas impossible de soutenir qu'il n'a pas entendu consacrer une personnalité morale au profit de la société.

M. Rémondière (1) a prétendu dans ce sens que le texte des articles du code relatifs au contrat de société n'est nullement concluant en faveur de la théorie classique, le mot société pouvant être considéré comme une abréviation pour désigner les associés.

1. Des réversions de propriété, d'usufruit et de rente viagère devant la loi fiscale, thèse Poitiers, 1886.

D'autre part, l'article 1860 qui interdit à l'associé non administrateur l'aliénation des choses, même mobilières, de la société et semble ainsi refuser tout droit de propriété à cet associé, peut fort bien être considéré comme une mesure pratique destinée à éviter la ruine du fonds social par l'un des associés : le code, par là, déclare abandonner le principe primitif du droit romain qui autorisait, nous l'avons vu, l'associé à vendre sa part dans un bien social.

Troplong (1) dit à son tour que le droit de propriété dont est investie la société restreint l'usage de la chose de la part des associés considérés privativement et que le droit de l'être moral « plane sur le droit des individus et le condamne à la subordination (2) ».

Il résulte donc de cette digression peut-être un peu longue, que le législateur n'eut aucunement à l'origine l'intention de consacrer au profit de la société une personnalité juridique du droit objectif.

Les profondes divergences qui séparent la société de l'association et des établissements collectifs seront étudiées plus à fond au cours de cette étude, mais nous avons tenu à préciser dès maintenant les caractères de la véritable personne morale telle que nous apparaît l'association à but idéal et en particulier la congrégation religieuse.

1. *Loc. cit.* I. 1832, n° 87.
2. Voir aussi dans le même sens. Laurent, *Droit civil français* I, 26, n° 357. Pont. *Traité des sociétés*, n° 667.

Nous avons vu à cet effet que la personnalité morale suppose à la fois un intérêt collectif correspondant à une individualité juridique et une organisation capable de dégager une volonté qui incarne les intérêts collectifs permanents de chaque groupe.

La société nous a paru ne pas remplir ces conditions parce qu'on n'y rencontre que des personnalités individuelles juxtaposées incapables de représenter cette volonté collective permanente, nécessaire pour que la personne puisse agir et exercer les droits qu'on lui attribue.

Sans doute, dans l'association, si l'on se place au point de vue purement métaphysique, la volonté de la collectivité ne sera encore que celle d'individus isolés ; mais socialement, elle peut être considérée comme constituant la volonté du groupe, que celle-ci se forme spontanément, comme pour l'Etat, ou par fondation.

Comme le fait observer M. Hauriou, cette volonté, une fois arrivée, par un moyen ou l'autre, à s'imposer au groupe, on la considère comme celle du groupe dès qu'il y a fusion des volontés sur le point essentiel, c'est-à-dire sur l'intérêt qui a donné naissance au groupe.

Ce dégagement des volontés collectives relatives ayant lieu dans les groupements volontaires par rapports entre individus, l'Etat pourra en qualité d'interprète du droit, déterminer à quelles conditions le groupe sera considéré comme constitué à l'état de personnalité ;

c'est ce qu'il a fait en France pour certaines associations. Et même, comme ces groupes ne sont pas souverains, il faudra aussi, usant des droits de police que lui confère son rôle de gardien des intérêts généraux empêcher leur formation comme dangereux. Mais ce n'est là qu'un expédient « *contra rationem juris* » dont le législateur est toujours tenté d'abuser pour donner un caractère de légalité à des mesures dictées par la seule passion.

Dans certains groupements, la volonté ne semble pas venir entièrement des intéressés ; tels sont les établissements divers du droit public. Mais en réalité, ils viennent, comme les précédents d'initiative privée, seulement la loi les a transformés en services publics ; en sorte qu'actuellement, sauf pour les groupements volontaires et peut-être aussi pour l'Etat, la volonté est plus ou moins artificielle, et il faut supposer que le groupe l'adopte. Voilà comment la volonté peut être socialement attribué au groupe. On réserve ainsi la volonté naturelle à l'homme tout en représentant le groupe.

La personne morale ne sera donc pas un incapable qui conserve sa volonté propre derrière celle de son représentant ; elle incarnera au contraire sa volonté dans celle de son représentant : c'est en ce dernier que réside la volonté collective et lui-même est une pesonne. Là est l'avantage de cette théorie sur celle de la fiction : la personne morale n'y apparaît plus comme une entité distincte du groupement qui la constitue et les relations du groupe et des membres ne sont plus des relations entre étrangers. Il en résulte que les droits de ces membres sur les biens de la personne morale n'ont pas le caractère de droits sur la chose d'autrui.

La conclusion à tirer des observations qui précèdent est donc que toute association désintéressée constitue une personne juridique réelle, mais limitée à la satisfaction de son but ; que la société intéressée ne représente qu'une dispersion d'individus momentanément réunis par le lien d'un contrat semblable aux autres contrats du code civil, tandis que l'association est un tout organique distinct des individus épars dont les volontés unies l'ont formé. Appliquer à une institution de droit public les règles du droit privé, permettre aux sociétés désintéressées un patrimoine de spéculation: c'est méconnaître l'intention des parties, l'intérêt de l'Etat, car l'association idéale ne doit avoir qu'un domaine public en quelque sorte, dont les associés ne sont pas les véritables propriétaires, mais les usagers et les administrateurs.

Ces principes vont nous guider pour déterminer les règles suivant lesquelles doivent fonctionner les personnes morales: nous les indiquerons rapidement.

§ 2. — Capacité rationnelle de l'association.

M. Hauriou, nous l'avons vu, remarque bien que le groupement est déterminé au point de vue de la causalité, c'est-à-dire de son but, par la création d'un patrimoine affecté ; mais ce principe de spécialité, conséquence de l'individualité nécessaire des établissements, ne lui semble affecter en rien leur personnalité qui, par suite, leur confère à tous les droits des êtres physiques.

Cette conception découle naturellement de la confusion établie entre la personnalité juridique et la personnalité philosophique ; nous ne revenons pas sur ce dernier point déjà examiné. Mais on peut faire remarquer que la libéralité dont fait preuve M. Hauriou vis-à-vis des personnes morales tournerait, si sa doctrine devait être suivie, au désavantage de ces personnes.

Cette capacité exagérée est en effet un réel danger pour l'Etat et ne voit-on pas que celui-ci sera bien heureux d'avoir ce prétexte pour dissoudre les associations qu'il verra d'un mauvais œil à tort ou à raison ?

Il est donc préférable de se rappeler que le droit veut protéger, non pas l'acte volontaire en lui-même, mais son objet, c'est-à-dire l'intérêt de l'individu ou l'intérêt collectif. Lorsqu'il s'agit de l'homme qui joint à la personnalité juridique la personnalité philosophique et dont le principal intérêt, à raison même de cette dernière qualité d'être conscient et libre, la même chez tous, est la liberté d'action, il est naturel que la personnalité juridique comporte en principe tous les droits et qu'elle soit la même pour tous les hommes. Depuis l'ère chrétienne en effet, on ne distingue plus de capacité différente suivant la classe à laquelle l'homme appartient : on lui a reconnu dans tous les cas la même personnalité philosophique, la même individualité, les mêmes aspirations infinies et par suite la même capacité juridique.

Mais lorsqu'il s'agit de personnes morales, on ne trouve plus rien de tout cela ; on n'a donc plus les mêmes raisons d'accorder une capacité illimitée et égale pour tous. L'intérêt qui donne naissance ici à la personnalité est essentiellement limité. Cette personnalité n'est voulue et acceptée qu'autant qu'elle est nécessaire au but poursuivi considéré comme intérêt distinct des intérêts individuels.

Ici encore le principe suivi pour l'homme s'applique : les droits civils et politiques sont des facultés que les lois d'un pays reconnaissent aux personnes pour l'accomplissement de leur destinée sociale. « Le rôle qui revient à chacun, fait observer fort judicieusement notre excellent maître, M. Moreau (1), est la cause et, par suite, la mesure des droits qui lui appartiennent... Assurément, il arrivera souvent que la destination d'un être moral soit telle que les droits civils accordés aux hommes lui seront nécessaires, mais ce n'est nullement la conséquence de la personnalité morale ; c'est la conséquence de la destination sociale

---

1. *Journal de Droit International privé* 1892, p. 340. Voir aussi Baudry, I, 105. Laurent : *Droit civil international*, IV, 137.

de l'être moral, dont la personnalité n'est qu'un moyen ». Il se pourra donc qu'une personne morale n'ait d'existence et de capacité qu'en droit public, tels sont nos corps politiques ; et qu'à l'inverse, un autre groupe n'ait que des droits privés : tels sont les établissements d'utilité publique.

Donc la capacité juridique de chaque personne morale sera déterminée par la destination sociale de celle-ci : voilà le seul critérium certain que l'on puisse prendre comme principe directeur.

Sans doute, la destination de l'homme est, à l'heure actuelle, encore mieux connue que celle des personnes morales, mais, il n'y a là, semble-t-il, aucun obstacle sérieux. Il suffira en effet, pour y remédier, d'obliger chaque groupe à publier des statuts auxquels il ne dérogera jamais. Cette obligation n'a rien d'abusif pour les groupements : il est tout naturel que, pour jouir de droits consacrés par la puissance publique, ils lui fassent connaître le rôle social qu'ils entendent jouer.

D'autre part, ils y trouveront une certaine garantie contre l'arbitraire de cette puissance publique.

Celle-ci en effet, se verra contrainte de n'exercer son droit de police que d'une manière circonspecte, puisqu'il sera possible à tous d'apprécier la gravité du danger invoqué pour dissoudre l'association. De cette façon, les droits nécessaires à la réalisation du but poursuivi seront facilement précisés et correspondront exactement à la mesure dans laquelle la personnalité juridique s'impose.

Maintenant est-il bien exact de dire que, dans ce système, l'égalité entre les différentes personnes morales soit rompue ? Nous ne le pensons pas : en effet, que faut-il pour que toutes soient sur un pied d'égalité. Qu'elles aient toutes les mêmes droits ? En aucune façon : il suffit que chacune d'elles ait les droits nécessaires à la défense des intérêts qu'elle représente. Dès que ces divers intérêts sont satisfaits, elles ont rempli leur mission sociale et si elles veulent faire plus, elles cessent d'exister en tant que personnes juridiques, puisque le but qui les soutient leur manque désormais. L'inégalité consisterait précisément à leur accorder à toutes des droits égaux, alors que leur nature ne les comporte pas.

Les projets récents sur les associations sont tombés dans cette erreur : d'une part, ils accordent à la généralité des associations des droits qui excèdent leur personnalité juridique ; et, d'autre part, ils refusent aux congrégations religieuses même les droits indispensables à la poursuite de l'intérêt qu'elles incarnent.

S'inspirant de la théorie allemande, du Zweckvermögen, certains auteurs ont imaginé, pour remédier aux inconvénients d'une personnalité fictive souvent trop étendue, de distinguer le patrimoine d'affectation du patrimoine d'exploitation et de limiter la capacité du groupe aux actes relatifs au premier de ces patrimoines (1). Sans doute, ce serait là une mesure indispensable dans un système qui accorderait en principe aux personnes morales une capacité analogue à celle des personnes physiques. Mais, dans la théorie rationnelle de l'association, cette précaution devient inutile, puisque la personnalité juridique est limitée à la satisfaction de l'intérêt collectif.

Telle doit être l'étendue de la capacité juridique des personnes morales. Nous allons dire maintenant quelques mots du rôle de l'Etat au point de vue des droits de police que lui confère l'exercice de la puissance publique.

§ 3. — Rapports des associations et de l'Etat.

La question du rôle respectif des associations et de l'Etat ne rentre pas directement dans le cadre d'une étude de droit fiscal; toutefois, elle ne paraît pas complètement étrangère à l'objet de ce travail. Les lois fiscales que nous voulons étudier sont en réalité des lois politiques, nous le savons. Les inspirateurs de ces lois ont souvent accusé les congrégations religieuses de faire courir à l'Etat des dangers d'ordre politique et économique. Aussi, peut-être, ne paraîtra-t-il pas superflu de faire quelques remarques destinées à fixer

---

1. Voir l'exposé de ce système dans une thèse de M. Epinay : *De la capacité juridique des associations formées sans but lucratif, et non reconnues d'utilité publique*. Lille 1898,

les idées sur l'opportunité de la lutte engagée contre les congrégations sur le terrain fiscal.

L'examen rapide de la condition faite aux associations par le droit positif achèvera de nous édifier sur cette opportunité.

Au point de vue purement rationnel, auquel nous nous sommes tenu jusqu'ici, la question des rapports de l'Etat avec les associations perd une partie de son importance. La liberté d'association ne saurait être influencée par la capacité reconnue à l'association.

La destination sociale, la vie de l'association en tant qu'être consacré à la poursuite d'un but idéal sert à la fois de principe et de fin à la personnalité de cette association. Les établissements n'ayant de capacité que pour acquérir et gérer les biens strictement nécessaires à la satisfaction des intérêts qu'ils représentent, la crainte d'une mainmorte exagérée ne saurait trouver place. Un moyen bien simple permet d'ailleurs d'assurer l'observation ponctuelle des principes posés ; il consiste à charger les tribunaux de prononcer, à la requête du ministère public, la nullité des acquisitions reconnues excessives d'après le but de l'association tel qu'il aura été déterminé dans les statuts.

Donc, dans la théorie rationnelle de l'association, l'Etat n'aura pas à se préoccuper des dangers économiques. Pourra-t-il également se désintéresser du point de vue politique ? Il pourrait sembler qu'il en soit ainsi au premier abord. Une fois le but de l'association déclaré et reconnu licite, ne devrait-on pas en effet avoir toute sécurité ? Nous venons de voir que l'association ne pouvait acquérir une puissance matérielle en disproportion avec son but, qu'elle disposait seulement des ressources nécessaires à l'accomplissement de sa destinée sociale : comment donc l'Etat pourrait-il encore avoir des craintes même au point de vue politique ?

A vrai dire, la question n'est pas aussi simple et, l'association une fois reconnue licite et présentant toute garantie contre la formation de la mainmorte, on peut concevoir que l'Etat ait encore certaines préoccupations.

La durée des associations à but idéal est, à elle seule, une cause spéciale de suspicion. Il semble en effet bien naturel qu'un Etat se montre beaucoup plus circonspect à l'égard de groupes dont la nature est de se perpétuer et qui tendent à prendre une expansion indéfinie et constante (1). Les sociétés lucratives, qui ne sont autre chose qu'une juxtaposition passagère d'intérêts individuels, sont forcément constituées pour un temps limité et n'engagent pas l'avenir. Or l'Etat a la mission de défendre les intérêts généraux d'un pays non seulement dans le présent, mais aussi dans l'avenir. Il faudrait cependant se garder d'une exagération dans ce sens. On peut faire observer en effet,

1. Voici le livre récent de M. Berthélemy, p. 300.

que certaines grandes sociétés par actions revêtent en fait un caractère quasi perpétuel. D'autre part, ne pourrait-on soutenir que les associations à but idéal répondent à des besoins qui sont de tous les temps et sur lesquels n'influent guère les modifications apportées aux institutions politiques, au milieu social. Il y a là, semble-t-il, un ordre d'idées étranger aux fonctions rationnelles de l'Etat.

Celui-ci, en effet, ne doit guère s'occuper que d'intérêts matériels, tels que ceux auxquels correspondent les services d'ordre, de justice, de défense nationale. Au reste, lui-même ne dispose que de moyens purement matériels pour exercer son action et c'est même là un nouveau motif pour l'Etat de redouter les associations dont la force est toute morale, toute immatérielle, force qui peut être considérable, tout en restant à l'abri d'une influence extérieure, parce qu'elle est puisée dans ce que l'homme a de plus intime, dans son « *moi libre* ».

Cette puissance de l'association n'est d'ailleurs nullement proportionnée aux ressources dont celle-ci dispose ; mais bien plutôt à l'ascendant moral du but poursuivi.

Donc, peu importe à ce point de vue que l'association reste dans les limites de son rôle désintéressé et ne dispose que d'une fortune proportionnée aux besoins du but qu'elle poursuit ; l'Etat pourra encore avoir intérêt à intervenir. Il y a là une force qui lui échappe.

Or, il est assez naturel que, disposant de moyens matériels des plus considérables, puisqu'il est chargé des services publics qui exigent l'usage de la plus grande force, il soit tenté d'user de ces moyens pour acquérir une suprématie sur certains domaines qui ne lui sont nullement réservés : il n'y a là qu'une application de la célèbre loi de Darwin de la « concurrence vitale ». Il est facile en effet, en partant du principe que l'Etat et les établissements publics représentent l'unité politique, tandis que les corps et communautés appartiennent au tissu social, de tout englober dans l'intérêt public et de reconnaître à l'Etat la haute main sur ces institutions concurrentes. Cette conception qui attribue à l'Etat une sorte de monopole à la satisfaction des besoins collectifs a été celle du Contrat social qui a laissé tant de traces dans notre organisation administrative actuelle.

Mais notre intention ici n'est nullement de trancher la grande question du rôle de l'Etat ; qu'il nous suffise de remarquer que celui-ci est naturellement porté à se montrer soupçonneux des associations. Disposant des moyens suffisants pour atteindre les êtres physiques qui concrétisent et emprisonnent en quelque sorte les personnes métaphysiques, il tend à acquérir sur les secondes l'autorité qu'il a sur les premiers et à confondre les deux domaines. Peut-être apparaîtra-t-il qu'en agissant aussi, l'Etat sort de son rôle social, empiète sur un terrain qui ne lui appartient pas ;

car si l'homme a des besoins matériels pour lesquels l'Etat a été spécialement institué, il a aussi des besoins d'ordre purement spirituel et idéal. Il est donc rationnel, semble-t-il, que ces derniers besoins soient satisfaits par des institutions qui, dans un ordre différent de l'Etat, ont, eux aussi, leur raison d'être et doivent subsister.

On peut penser en effet que l'homme, être conscient et raisonnable, doit avoir un idéal dans la vie et que l'existence toute matérialiste de certaines races déchues n'est pas à souhaiter.

Il y a encore ici une grande question que nous nous contentons d'indiquer en passant. Mais ce que nous voulons seulement retenir de ces observations, qui paraîtront peut-être ne pas rentrer directement dans le sujet de ce travail, c'est que pour l'Etat et au point de vue de son intérêt propre, tout n'est pas fini lorsqu'il a interdit les associations de malfaiteurs ou autres similaires et paré au danger de la mainmorte. Donc, même dans la théorie rationnelle de l'association telle que nous venons de l'exposer, on comprend que l'Etat surtout lorsqu'il est démocratique et a besoin du concours de toutes les forces de la nation qu'il représente, ne se désintéresse pas complètement d'institutions qui concernent une partie parfois considérable de la population. Nous dirons donc quelques mots des associations qui peuvent présenter un danger spécial pour l'Etat et en particulier des congrégations religieuses.

Les associations politiques et, en particulier, les clubs et autres sociétés secrètes semblent devoir tout d'abord attirer l'attention des gouvernants. L'histoire nous apprend qu'elles ont toujours été la cause au moins indirecte des révolutions et qu'elles ne songent, le plus souvent, qu'à envenimer les haines de parti. C'est d'elles surtout qu'il est vrai de dire que, détournée de son but, l'association écrase les forces vives d'une nation au profit d'un conservatisme étroit et routinier ; ou bien, à l'inverse, livrée à des agitateurs audacieux, elle divise les esprits, fait naître des résistances intolérables à l'exercice de l'autorité publique et met en péril les institutions. Certaines de ces associations politiques ne sont, au reste, que de véritables sociétés intéressées tendant à dominer et à exploiter l'Etat, à s'emparer du pouvoir pour suivre une politique conforme à l'intérêt personnel de leurs membres (1).

Lorsqu'il s'agit, au contraire, d'associations qui se produisent au grand jour et se consacrent à des œuvres de culture intellectuelle ou morale, il semble que l'Etat n'ait aucune crainte à avoir, tant que ces associations n'abusent pas de leur force en dehors de leur champ d'action naturel. L'obligation de déposer les statuts dont nous avons reconnu la nécessité pour tou-

1. M. Berthélémy en l'ouvrage précité pense, au contraire, que la société lucrative ne saurait en général devenir un danger pour l'Etat. p. 288.

tes les associations et quelques mesures purement répressives donnent toute sécurité à ce sujet. On n'aperçoit d'ailleurs pas bien nettement les raisons que pourraient avoir des œuvres désintéressées à restreindre l'action de l'Etat dans son étendue normale ; puisque chacune d'elles correspond à un intérêt collectif auquel ne répond aucune des attributions de l'Etat. Il leur est donc impossible de recueillir un avantage du préjudice qu'elles causeraient à celui-ci.

Mais, ne peut-on se demander si, parmi ces associations à but idéal, et ostensible, l'Etat n'a pas une raison particulière de défiance vis-à-vis de l'association religieuse.

C'est elle, en effet, dont l'ascendant moral est le plus considérable, parce qu'il touche à un besoin très intense et dont l'importance est capitale dans la vie, bien qu'on ne s'en rende pas toujours un compte très exact : c'est le besoin de croire (1). La religion chrétienne satisfait admirablement ce besoin impérieux de notre nature et donne à la vie le sens idéaliste qu'elle requiert.

D'autre part, l'église a, de tout temps, eu la prétention de former une société, une « communion ». Son chef, le Souverain Pontife, lorsqu'il jouissait des attributs du pouvoir temporel, pouvait entretenir des rela-

---

1. Voir à ce sujet l'étude magistrale de M. Brunetière publiée dans la *Revue des Deux Mondes* : livraison d'octobre 1898.

tions avec d'autres puissances et conserve encore actuellement le titre de souverain, ainsi que certains droits internationaux. Sans doute, les relations juridiques qu'il peut avoir avec les Etats sont exclusivement relatives à la puissance spirituelle. C'est là une conséquence du caractère essentiellement laïc que revêt l'Etat moderne ; mais les traités, les concordats qu'il passe encore avec eux sont des contrats conclus librement entre puissances. On doit toutefois faire observer que les rapports de l'Eglise et de l'Etat tendant de plus en plus à diminuer, et en particulier l'Eglise se confinant exclusivement dans le domaine spirituel, son ingérence dans le domaine de la politique ne saurait plus être sérieusement redoutée. Quoiqu'il en soit, les associations religieuses peuvent apparaître comme les défenseurs militants de cette puissance étrangère à chaque Etat et nécessiter une surveillance spéciale. Les jésuites et les dominicains notamment ont rempli ce rôle.

Il semble qu'une distinction s'impose entre les diverses associations religieuses.

Les unes sont presque exclusivement relatives au culte public et concernent pour ainsi dire tout le monde. Tous les fidèles peuvent faire partie de ces associations, qui sont en quelque sorte liées aux pratiques de tous les adeptes d'une même religion, de tous ceux qui composent l'Eglise : l'ampleur même du but de ces associations leur enlève tout caractère dangereux. Au reste, elles ne se distinguent guère des autres associations à but idéal: comme celles-ci, elles ne demandent à leurs membres que le sacrifice de quelques instants, de quelques deniers sans absorber toute leur pensée. C'est, par exemple, une association pour subvenir aux besoins de paroisses pauvres, un ouvroir de dames pour l'entretien et le renouvellement des ornements du culte, une caisse de retraite pour les ecclésiastiques nécessiteux, une association de femmes ou de jeunes filles chrétiennes, en vue de certaines pratiques religieuses qu'elles désirent observer plus scrupuleusement que ne le fait le reste des fidèles. Ces groupes correspondent donc à un besoin d'une très grande généralité et il ne saurait être question de les supprimer ; l'Etat ne pouvant manifestement prétendre qu'ils lui font courir un bien grave danger. Donc aucune mesure spéciale à ces associations ne paraît justifiée.

Mais il y a d'autres associations religieuses pour lesquelles la défiance de l'Etat est plus compréhensible : ce sont les congrégations qui revêtent un caractère tout particulier. Elles ne correspondent pas à un besoin commun à la presque totalité des nationaux d'un Etat. Formées entre personnes chez lesquelles le besoin de religion domine et annihile tous les autres, elles n'ont plus pour objet un intérêt collectif quasi général. Sans doute, c'est toujours la grandeur de la religion que poursuit l'œuvre, mais elle le fait par des moyens qui ne sont pas accessibles à tous en leur seule qualité de fidèles.

Ces associations ne se contentent plus de quelques moments dérobés aux occupations ordinaires de la vie : elles exigent un sacrifice absolu de la personne. Liés par un triple vœu d'obéissance, de pauvreté et de chasteté, absorbée par une vie commune et retirée du monde, les religieux s'annihilent devant la règle de l'ordre ou la volonté du supérieur. Une cohésion absolue s'établit en même temps qu'une unité parfaite de sentiments.

Ici la pensée religieuse devient exclusive de tout autre et préside à tous les actes.

Au seul point de vue des libertés individuelles, l'Etat ne saurait prohiber les congrégations religieuses sous prétexte qu'elles sont oppressives pour les individus. D'une part en effet, les vœux religieux ne sont plus sanctionnés par la loi civile et tout congréganiste peut se retirer quand bon lui plaît, sans qu'il encoure de ce chef aucune pénalité. D'autre part, la renonciation volontaire de soi-même ne constitue-t-elle pas la manifestation la plus complète de la liberté individuelle ? L'entrée dans une congrégation ne peut en effet être imposée à personne et celui qui se fait religieux sait à quelles obligations il s'engage.

L'Etat n'a donc pas à intervenir à ce point de vue ; Portalis disait même à une époque où toutes les congrégations étaient encore prohibées qu'elles devaient « servir d'asile à toutes les têtes exaltées, à toutes les « âmes sensibles et dévorées du besoin d'agir ou

« d'enseigner, car dans un vaste Etat, comme la Fran-
« ce, il faut une issue à tous les genres de caractères
« et d'esprits » (1).

Cependant nous voyons les hommes politiques de tous les temps tenir en suspicion les congrégations.

C'est qu'en effet, la force spéciale à l'idée religieuse encore accrue par l'organisation propre à ces groupes, cette force qui réalise souvent des prodiges d'énergie et de dévouement, est souvent mise au service d'un esprit de corps qui devient exclusif et finit même quelquefois par faire passer au second plan le but principal de l'association, qui est la grandeur de la religion.

L'ascendant moral des congrégations est encore doublé dans le droit positif pour certaines d'entre elles, qui ont réussi à se constituer un patrimoine excédant les besoins de l'association.

Ces remarques n'ont pas manqué d'être faites avec amplification des dangers qui peuvent en résulter pour l'Etat. On a également rappelé les abus de l'ancien régime et donné l'exemple de l'Angleterre qui favorise les associations religieuses, mais interdit certaines congrégations ; et l'on a conclu à la nécessité pour l'Etat de placer les congrégations dans une situation particulièrement rigoureuse.

Sans méconnaître les leçons de l'histoire et la force particulière de ces associations, on peut faire observer

---

1. *Documents sur le Concordat*, T. II. p. 459.

que les abus signalés ne sauraient plus se produire aujourd'hui : ces abus étaient dûs à la multiplication excessive des congrégations religieuses favorisée en partie par l'habitude des familles nobles de destiner les cadets et les filles au couvent, pour conserver à l'aîné le patrimoine intact. Une autre cause de la gravité des dangers signalés consistait dans les privilèges injustifiables imprudemment accordés aux religieux. Au reste, outre que c'est là un point de vue purement historique, les inconvénients des congrégations furent d'ordre économique, mais le maintien des institutions sociales et politiques n'a jamais été compromis par elles. Leur action est restée presque exclusivement religieuse ; d'ailleurs chacun sait que les rois « très chrétiens » n'ont pas hésité à dissoudre à plusieurs reprises une congrégation importante qui était sortie de son véritable rôle (1).

D'autres congrégations dont on a moins parlé ne furent pas plus favorisées.

Malgré la rareté des cas où la congrégation peut à l'intérieur d'un Etat constituer un danger politique, on conçoit cependant que cet Etat, gardien des intérêts généraux de la nation, veille à ce que l'influence morale, aussi bien que la richesse matérielle des congrégations, ne soient pas détournées de leur but idéal pour servir

---

1. *Suppression de la compagnie de Jésus* en 1762, 1764, 1767, 1777.

à la constitution de partis conspirateurs. Si même, consultant les aspirations réelles du pays, l'Etat s'applique à diriger l'action des congrégations dans un sens plus conforme à l'évolution des mœurs et des idées, il remplira exactement son rôle social. Pour lui permettre l'exercice de cette mission, le droit de dissoudre les congrégations qui paraîtront ne pas correspondre exactement aux besoins sociaux, semble le seul qui puisse être accordé à l'Etat sur des associations dont presque toute la force est purement spirituelle. Peut-être ce droit de dissolution pourra-t-il être exercé ici un peu plus librement que pour les associations ordinaires, mais au fond, il n'y a là aucun droit spécial.

Les critiques ont également été portées sur un autre terrain : certaines congrégations religieuses ont un caractère cosmopolite bien marqué. On a prétendu que ces congrégations obéissaient souvent à un mot d'ordre d'une puissance étrangère. En particulier, les jésuites qui ont leur comité de direction à Rome présenteraient un danger réel pour l'Etat, qu'ils se livrent à l'enseignement ou à la prédication. Dévoués aux ordres du Saint-Père, ils s'attacheraient à les faire observer par les fidèles, même lorsque ces ordres sont en opposition avec les lois particulières de chaque peuple. Enfin, ils soutiendraient, par le produit des quêtes et la propagande religieuse, des œuvres dont l'esprit et les tendances peuvent être contraires aux aspirations nationales, en sorte que les capitaux, détournés de leur destination naturelle, iraient féconder certaines entreprises étrangères.

Ces diverses critiques sont inspirées d'une idée exacte en principe, il faut le reconnaître. S'il est vrai, en effet, que certaines associations cosmopolites ou même étrangères peuvent rendre de grands services, elles peuvent aussi présenter de grands dangers et l'on ne saurait guère réclamer pour elles un régime absolument libéral. On conçoit au contraire que l'Etat se montre particulièrement soupçonneux de ces associations et prenne des mesures spéciales à leur égard. Il s'agit ici en effet de la défense même de la nation contre l'étranger.

On pourrait dire, par exemple, que l'Etat a le devoir de se préoccuper des faits et gestes de telle association religieuse qui tient des conférences internationales secrètes, à l'insu même de la plupart de ses membres (1).

La même idée pouvait peut-être s'appliquer aux congrégations religieuses. Ce sont elles surtout que l'on peut représenter comme les armées de cette puissance qui s'appelle l'Eglise.

L'empiétement de celle-ci sur le domaine propre de l'Etat n'est pas chose inconnue dans l'histoire. Or la puissance spirituelle doit restreindre son action au seul terrain immatériel des âmes.

1. Voir l'exposé des dangers que présentent les congrès internationaux de francs-maçons dans une brochure de M. Jules Lemaître parue chez Leret 1899. p. 80 et suivantes.

La discipline remarquable des congrégations et le caractère particulariste de leur but les rendent à ce sujet encore plus redoutables à l'Etat. Cependant, ici encore, n'exagérons rien et précisons un peu.

Il s'agit d'un point de vue purement politique et international. Or, s'il est vrai que l'Eglise jouisse en la personne du Souverain Pontife de droits internationaux, elle n'est plus considérée comme un Etat proprement dit : ses intérêts sont d'ordre purement idéal. Elle est une puissance, mais une puissance spirituelle. Actuellement en effet, les rapports de l'Eglise et de l'Etat se relâchent de plus en plus et l'influence de l'une sur l'autre est bien moins immédiate. Le clergé qui ne sacre plus les Rois ne jouit plus des privilèges et des égards dont il fut longtemps l'objet. Désormais, que pourrait gagner l'Eglise à entraver l'action de l'Etat sur un terrain où elle ne peut pénétrer? Sans doute, des conciles se réunissent, mais on ne saurait leur reconnaître le caractère de congrès internationaux; uniquement relatifs à des questions religieuses, ils sont sans influence sur les institutions d'un pays.

D'autre part, en ce qui concerne les congrégations à caractère cosmopolite, elles ne peuvent avoir, semble-t-il, au point de vue des tendances qu'elles doivent avoir, d'autre chef et d'autre inspirateur que le Pape.

Ce sera donc la volonté de celui-ci qu'elles exécuteront ou feront exécuter. C'est qu'en effet, elles ne peuvent agir que directement ou indirectement.

Directement, les congrégations ne seront guère redoutables, quelle que soit leur discipline, parce qu'elles ne peuvent avoir contre l'Etat qu'une action matérielle. Or nous avons supposé qu'elles disposent des moyens matériels strictement nécessaires aux besoins de l'œuvre désintéressée qu'elles poursuivent.

Indirectement, leur influence ne peut s'exercer sur les personnes étrangères à la congrégation que par la prédication ou par l'enseignement, c'est-à-dire d'une façon ouverte : Les Jésuites ou les Dominicains, par exemple, transmettront aux fidèles les ordres du Saint Père. Ici, nous n'avons plus le vœu d'obéissance absolue et l'infaillibilité du Pape n'existe qu'en matière de dogme. Donc les fidèles ne seront nullement tenus d'obéir aux ordres du Pape qui ne seraient pas relatifs au dogme.

Mais admettons qu'en fait le Souverain Pontife jouisse d'une certaine influence sur les questions étrangères au dogme lui-même. En pratique, ces questions sont en définitive purement religieuses : le plus souvent, ce sont des œuvres que le Pape patronne et recommande aux fidèles. Elles répondent au besoin général de foi dont il a été question un peu plus haut. Telle est par exemple l'œuvre de la propagation de la foi : or, il semble difficile de prétendre que les secours accordés par les fidèles soient préjudiciables aux intérêts des Etats où une propagande est faite pour ces œuvres.

Au reste, que se passe-t-il en fait? Les institutions politiques sont-elles mises en péril et l'ordre public troublé à l'instigation du St-Siège ? Le Pape au contraire, s'inspirant de son titre de chef de la chrétienté ne s'efforce-t-il pas de terminer amiablement les conflits qui s'élèvent entre les nations et, quant à la politique intérieure de chaque Etat, n'y reste-t-il pas complètement étranger, recommandant toujours à ses subordonnés la plus grande modération et l'esprit de charité qui convient aux observateurs de l'Evangile ; sachant à l'occasion faire les concessions qu'il croit imposées par la force des choses et désapprouvant même certaines entreprises congréganistes qui s'écartent un peu du rôle qu'elles doivent jouer ?

On aurait donc tort de s'effrayer outre mesure des dangers que les congrégations même cosmopolites peuvent faire courir à l'Etat et il semble bien qu'en laissant à sa disposition un pouvoir de dissolution, on lui assure toutes les garanties désirables.

Nous avons cru utile à l'intelligence du sujet d'indiquer les raisons pour lesquelles un Etat pouvait, même dans la théorie rationnelle de l'association, croire nécessaire de déterminer d'une façon spéciale les conditions d'existence juridique des associations et en particulier des congrégations qui sont dans son sein. Sans donner de solution catégorique sur les divers points envisagés, parce que cette solution dépend de la question controversée du rôle de l'Etat, nous nous sommes contenté, en nous plaçant exclusivement au point de vue des intérêts de l'Etat, de faire remarquer que, ramenés à leurs justes proportions, les dangers d'ordre politique que présentent les congrégations, ne nécessitent d'autre garantie que celle dont nous avons reconnu la nécessité vis-à-vis de toutes les associations : dépôt des statuts et droit de dissolution au gouvernement chaque fois qu'il constate de la part des congrégations un abus.

Nous allons maintenant dire quelques mots des dangers économiques qui ne peuvent se présenter dans la théorie rationnelle, mais qui existent dans celle de la fiction consacrée par le droit positif.

Le rôle de l'Etat est ici plus considérable : il doit empêcher les résultats pratiques d'une législation défectueuse, et l'exercice de son droit de police n'est pas toujours facile. « Les lois civiles, dit Montesquieu, trouvent quelquefois des obstacles à changer des abus établis parce qu'ils sont liés à des choses qu'elles doivent respecter » (1). C'est qu'en effet de véritables abus s'étaient commis sous l'ancien régime et les congrégations qui avaient été les personnes morales les plus favorisées présentaient un réel danger économique. Le mot fameux de l'auteur de l'esprit des lois est connu de chacun : « Les réquisitions sans fin paraissent aux peuples si déraisonnables que celui qui voudrait par-

---

1. *Œuvres complètes*. Hachette, 1889. II, p. 120.

ler pour elles serait regardé comme un imbécile ». On peut même dire que le souvenir de ces abus est si vivace dans beaucoup d'esprits qu'ils sont encore tentés de les apercevoir alors qu'ils ont disparu. Ce souvenir semble les absorber tout entiers et les aveugle au point qu'ils ne prennent pas garde à d'autres groupes qui présentent un danger bien plus grave. Il est facile de montrer, au point de vue économique, comme au point de vue politique, que les associations à craindre actuellement ne sont plus les associations proprement dites, ni surtout les congrégations religieuses arrivées à leur déclin, obligées qu'elles sont de vivre dans un milieu qui ne leur est plus particulièrement favorable comme le fut celui du moyen-âge où leur supériorité matérielle et intellectuelle ne rencontrait pas de rivale. Ici encore, ce qu'il faut redouter, ce sont ces sociétés que le législateur favorise, vipères qu'il a réchauffées dans son sein, et qui commencent à exercer une influence prépondérante dans la direction des affaires publiques (1). Pour ainsi dire nées d'hier, elles sont bien adaptées au milieu où elles doivent subsister ; ayant un but plus immédiat, plus accessible aussi à l'esprit positif des nouvelles générations, elles doivent forcément, dans un avenir rapproché, étouffer l'association religieuse sur le terrain économique où elle se meut parfois dans l'isolement, en sortant de son but vérita-

1. Cf. Contra. M. Berthélémy. *Op. cit.*, p. 288.

ble. Dans ces sociétés, les appétits individuels toujours inassouvis règnent en maîtres et ne connaissent pas de frein. Leur unique préoccupation est d'accroître cette force qu'ils ont réussi à acquérir grâce aux faveurs législatives dont ils ont été l'objet; et le premier usage qu'ils font de cette force considérable est contre l'Etat qui les protège.

La même réflexion pouvait être faite au sujet de telle association sur laquelle s'appuie nos gouvernants, qui pourrait, dans un temps plus ou moins éloigné, occuper une situation équivalente à celle que possédèrent autrefois les grands ordres religieux, tels que les templiers ou les jésuites.

Au reste, il serait imprudent de localiser la crainte de la mainmorte aux immeubles. Sans doute, ceux-ci sont en quantité limitée et il importe à un Etat que son territoire ne soit pas accaparé entre quelques mains ; mais depuis un demi-siècle, une évolution complète s'est opérée dans la composition des fortunes qui sont actuellement en grande partie mobilières, composées d'actions des grandes sociétés de finance et de commerce, de titres de rente sur les divers Etats. La concentration entre les mains de quelques grosses banques d'une partie de la dette publique d'un pays est un péril imminent pour ce pays.

Le monde entier déplore en ce moment une de ces guerres sanglantes et ruineuses dues à la puissance prépondérante de quelques capitalistes sur le gouvernement d'un état.

Donc la crainte de la mainmorte et des accaparements doit toujours être présente à l'esprit d'un gouvernement pour lui dicter les précautions qu'il doit prendre ; mais à ce point de vue, aussi bien qu'au point de vue politique, les congrégations religieuses ont cessé d'être redoutables : elle cessent de plus en plus de jouer un rôle économique et les critiques auxquelles elles avaient donné lieu perdent presque toute leur force.

D'ailleurs, ces critiques ont été bien exagérées. Sans les étudier à fond, on peut dire, en ce qui concerne l'improductivité des biens de mainmorte : d'une part, qu'elle n'est possible que relativement aux biens non employés à la poursuite de l'intérêt collectif auquel se voue la congrégation, biens qui sont actuellement fort peu importants ; d'autre part, que cette improductivité, s'expliquant par l'absence d'intérêt individuel, doit disparaître dès que celui-ci intervient. Or, lorsqu'une congrégation possède des biens excédant les besoins du but qu'elle poursuit, elle se transforme vis-à-vis de ces biens en société lucrative ou en particuliers, suivant qu'elle exploite elle-même ou fait exploiter par un fermier. Les quelques communautés de trappistes qui se livrent à la culture n'y font preuve en aucune façon de l'esprit de routine dont on les accuse ; elles sont, au contraire, les initiatrices des nouveaux procédés employés et contribuent à leur diffusion.

Lorsque les communautés louent leurs terres, elles se comportent exactement comme la plupart des grands propriétaires qui demeurent à Paris ou dans les grandes villes et ne prennent bien souvent que la peine de faire toucher leurs fermages par leur notaire:

Enfin, en ce qui concerne les valeurs de portefeuille que les congrégations peuvent posséder, celles-ci ne se distinguent pas non plus des autres capitalistes, qui se bornent à toucher les coupons échus et à consulter les tirages sur les journaux financiers.

On a encore reproché à la mainmorte de soustraire les biens au « courant fécondant de la circulation ». Il ne faut pourtant pas se payer de mots : l'influence de la circulation des richesses sur leur productivité n'existe pas. Seuls les marchés financiers peuvent trouver avantage à de nombreuses transactions ; c'est ainsi que l'on prétend souvent que le jeu soutient les cours. Mais en définitive, le cours d'un titre ne reste élevé qu'autant qu'il est productif d'un intérêt excédant le taux moyen, c'est-à-dire qu'autant qu'il correspond à une entreprise lucrative. Pour les immeubles, les mutations fréquentes sont la cause d'une déperdition de temps, de travail, d'expérience, un obstacle à l'emploi continu et progressif des meilleurs procédés de culture. Le fermier, assuré de conserver pendant de longues années une terre, y fera les dépenses nécessaires pour en obtenir un bon rendement. Donc ce grief ne paraît pas mieux fondé que le précédent.

En résumé, les dangers que présente la mainmorte religieuse, tant au point de vue politique qu'au point de vue économique, ont été exagérés. D'autre part les congrégations ont été limitées par la force des choses à leur rôle rationnel où elles ne sont pas à craindre. Si l'on admet d'autre part avec notre savant maître de la faculté de Lille, M. Bourguin (1) que la mainmorte en France est de douze pour cent du territoire, revenant aux seules communes jusqu'à concurrence de 8.79 0/0 du sol Français et aux diverses unités administratives pour 1 0/0, les 2 0/0 de surplus étant répartis entre les autres personnes morales, on se persuade aisément que le danger de la mainmorte religieuse est purement imaginaire. L'Etat n'a donc pas à intervenir dans cette question : l'application de la théorie rationnelle de l'association suffira pour maintenir l'état de choses actuel, tout en reconnaissant aux congrégations la personnalité morale à laquelle elles ont droit. Cette personnalité leur est nécessaire pour posséder d'une façon équivoque un patrimoine.

Bien que pures institutions de l'ordre idéal, ne devant semble-t-il, agir que sur les âmes, sans songer à la puissance de la fortune, les associations désintéressées ont cependant besoin de ressources. Dans la pratique de la vie, la pensée et l'idéal, par la raison qu'ils n'opèrent pas sur de purs esprits, mais sur des êtres

---

1. Cours d'économie rurale de 1899.

physiques, exigent fatalement, pour exercer quelque effet, tant soit peu de patrimoine.

Sans argent, les associations désintéressées ne réalisent rien de leur but : voilà ce qu'on oublie souvent lorsqu'on critique les ressources assez importantes dont jouissent certaines associations. La théorie de M. Michoud tient compte de cette nécessité en même temps qu'elle écarte tout danger pour l'Etat.

Dans cette théorie, la personnalité juridique accordée aux êtres collectifs ne nous a paru revêtir aucun caractère exceptionnel: comme celle reconnue à l'homme, elle est proportionnée à la destination sociale de son titulaire. Donc nous ne voyons ici ni faveur, ni rigueur spéciale ; d'autre part, aucun danger pour l'Etat ne nécessite des mesures exceptionnelles en dehors des droits de police.

Il en résulte donc, qu'au point de vue fiscal, les êtres collectifs devront être traités sur un pied d'égalité avec les autres sujets de droits, c'est-à-dire supporter les mêmes impôts ou des impôts équivalents, quand leur organisation propre leur permettra d'échapper en fait à certaines taxes auxquelles ils sont assujettis en droit. Cette dernière éventualité peut en effet se présenter lorsque le système fiscal d'un Etat comprend, en dehors des impôts directs perçus d'après la fortune du contribuable, certains impôts sur les actes accomplis et considérés comme signes révélateurs de la fortune.

Il est manifeste que les établissements qui, par nature, n'auront presque jamais l'occasion d'accomplir ces actes juridiques, qui donnent lieu à la perception de l'impôt, seront en fait dans une situation privilégiée et l'on pourra établir une taxe représentative des droits qu'ils n'acquittent pas en fait. Mais, encore une fois, cette taxe ne devra en aucune façon créer une situation particulière aux établissements qui la paieront, destinée qu'elle est, à les faire rentrer dans le droit commun fiscal, comme ils y sont dans le droit commun privé.

Telles sont les conséquences logiques de la véritable notion de la personnalité morale appliquée aux associations. Nous allons voir au second paragraphe que le droit positif ne s'y est pas conformé en France.

Deuxième Section. — *Point de vue du droit positif.*

Notre droit privé ne contient aucune disposition explicite sur la nature de l'association. Les articles 910 et 937 du code civil semblent seulement sous-entendre la personnalité juridique des établissements publics en validant l'acceptation des libéralités faites par des administrateurs après autorisation du gouvernement. Ce silence de nos codes peut s'expliquer. L'ancien droit n'avait connu que deux associations : la corporation et la congrégation.

La Révolution venait de les supprimer toutes deux et

l'on pouvait désespérer de les voir jamais renaître ; Aussi comprend-on aisément que les législateurs de 1804 qui posèrent sur les questions usuelles du droits des principes à caractère fondamental et durable, n'aient pu prévoir le développement extraordinaire que prendrait l'association au xix⁰ siècle. Ils se bornèrent à tracer les règles du contrat de société, sans d'ailleurs penser à lui attribuer, comme le feront ensuite la jurisprudence et la doctrine, une personnalité juridique fictive.

Faute de texte, les théories ont eu libre cours sur la nature de l'association. Celle de la fiction réussit à s'implanter et à dicter ses solutions à la jurisprudence. Elle s'accordait d'ailleurs assez bien avec la conception des rapports des associations et de l'Etat, qui avait inspiré les règles rigoureuses du droit privé et du droit public en la matière.

L'article 291 du Code Pénal, édicté à une époque où la principale préoccupation du législateur était, conformément à la doctrine de Rousseau, d'assurer la suprématité absolue de l'Etat sur les citoyens isolés, semble ne plus correspondre à nos mœurs juridiques actuelles, surtout depuis les lois de 1864, 1884, 1894 qui ont assuré la liberté de réunion et de coalition, favorisé les syndicats professionnels. L'article 291, d'après les termes en lesquels il est conçu, ne s'applique ni aux associations de moins de 21 personnes, ni à celles dont les membres sont domiciliés au lieu de réunion. Il en résulte donc que les congrégations religieuses y échappent de plein droit, tandis que les simples associations religieuses tombent sous son application. Au cours des travaux préparatoires à la loi du 10 avril 1834 qui a supprimé la nécessité de réunions à date fixe pour l'application de l'article 291, une distinction assez subtile a été faite entre les associations religieuses, « ayant seulement pour but le culte à rendre à la divinité, et l'exercice du culte », telles que les confréries, les associations des Mères Chrétiennes, Enfants de Marie etc..., et celles « ayant pour objet ou prétexte les principes religieux », ces dernières devant être seules soumises à la loi pénale (1).

Les congrégations n'échappent à la loi pénale que pour tomber sous les textes de droit admininistratif, sans doute longtemps laissés dans l'oubli, mais qu'on peut, à chaque instant faire revivre. Ces textes datent de 1790-1792 et de l'an XII. Ils consacrent la suppression totale et définitive de la vie monacale, et n'apportent d'exception à ce principe qu'en faveur de très rares congrégations qu'ils désignent nommément. L'administra-

---

1. M. Berthélémy en son *Traité élémentaire de droit administratif*, p. 299-300, soutient au contraire que les congrégations sont atteintes, au point de vue pénal, par l'article 291 et dans tous les cas par les autres textes prohibant ces associations. Mais les raisons qu'il invoque ne nous ont pas paru très concluantes, et nous persistons à croire que les congrégations ne sont visées que par certains textes d'ordre administratif.

tion conserve donc toujours un droit de dissolution vis-à-vis des congrégations et des autres associations en règle avec la loi pénale.

Ces divers principes viennent d'être méconnus, tant par le tribunal de la Seine, le 25 janvier 1900 que par la Cour de Paris, le 7 mars 1900 qui ont appliqué l'article 291 à la congrégation des Assomptionnistes et ont prononcé sa dissolution, qui ne pouvait émaner de l'autorité administrative.

Telle est la condition essentiellement précaire qui est faite en France aux associations non reconnues d'utilité publique. Elles restent à la merci d'un réveil de la défiance un moment endormie de l'autorité administrative. Aussi, la doctrine générale en a conclu l'inexistence de ces associations au point de vue de la capacité juridique et n'a pas reconnu de situation intermédiaire entre ce non être et la concession de la personnalité civile par la reconnaissance d'utilité publique accordée à certaines associations privilégiées.

Après avoir résumé en quelques mots le régime légal de ces associations qui constituent des personnes morales par la volonté de la loi, nous indiquerons rapidement les solutions de la jurisprudence en matière d'associations non personnifiées ; puis nous terminerons ce chapitre préliminaire en récapitulant les impôts de droit commun auxquels sont assujetties les associations et particulièrement les congrégations religieuses.

§ 1. — **Associations privilégiées.**

Aucun texte précis n'accorde à ces groupes une personnalité juridique analogue à celle reconnue par les lois aux êtres physiques pour qui ces lois sont faites exclusivement. Certains documents législatifs reconnaissent seulement aux associations privilégiées quelques attributs de la capacité des personnes physiques. La doctrine dominante et, après elle la jurisprudence, en ont conclu l'assimilation en principe de ces associations ou établissements aux personnes humaines. Cette conception exagérée de la personnalité morale est conforme à la théorie de la fiction que nous avons exquissée un peu plus haut. Il résulte notamment de la capacité, absolue en principe tout au moins, des personnes morales, qu'elles présentent de graves dangers pour l'Etat. La force d'extension de l'idée désintéressée qui préside au groupe, unie à cette faculté indéfinie d'acquisition, peut donner lieu à la constitution rapide d'une mainmorte redoutable. Aussi l'Etat s'est-il vu autorisé par cette menace constante, à intervenir tant à la naissance que pendant la durée et à la dissolution des personnes morales publiques. Il n'a pas cru nécessaire de le faire pour une autre catégorie d'associations privilégiées qui cependant présentent des dangers aussi sérieux au moins.

Nous voulons parler des sociétés dont il a déjà été

dit un mot. Simples indivisions dépourvues de but collectif, elles ne pouvaient rationnellement être sujets de droits. La pratique leur a au contraire attribué depuis longtemps une personnalité fictive, dont on a déduit logiquement même la capacité de recevoir les libéralités (1). La loi même a supprimé pour ces sociétés la nécessité de l'autorisation qui subsiste pour les autres personnes morales et évité d'intervenir dans son fonctionnement. C'était aller en quelque sorte au devant des écueils que nous avons signalés un peu plus haut et auxquels les gouvernements commencent à se heurter, malgré les impôts très lourds par lesquels on a tenté de tempérer les privilèges excessifs accordés aux sociétés. On sait en effet que la taxe de mainmorte instituée en 1849 pour tenir lieu des droits de mutation que les personnes morales n'acquittent pas en fait, a été appliquée aux sociétés anonymes sans les exempter des droits qu'elles paient chaque fois qu'elles achètent ou vendent et à la mort de chaque associé. On leur a encore rendu obligatoire l'acquittement d'un impôt proportionnel de transfert à l'occasion des cessions d'actions, même non constatées par un acte. Et si l'on réfléchit que ces actions ne sont en définitive que la représentation de biens qui composent le fonds social, on se persuadera aisément que les sociétés anonymes sont taxées non pas deux fois, mais bien trois fois à raison des mêmes biens.

1. Lyon-Caen et Renault. *Traité de D. Commercial.*

Quoiqu'il en soit, ces mesures fiscales ne parviennent pas à corriger les résultats de la faveur accordée aux sociétés par la gratification inconsidérée de la personnalité morale.

En ce qui concerne les autres associations personnifiées, la fiction correspond à la réalité dans la mesure où elle sert le but collectif poursuivi. Il s'agit en effet, de véritables personnes morales, de fondations, d'associations à but idéal : « La personne est dans ce cas, disent MM. Houques Fourcade et Baudry-Lacantinerie (1), l'image visible d'une œuvre, d'une idée, d'un intérêt ».

Le législateur, comme nous le disions tout à l'heure, s'est montré ici beaucoup plus circonspect et la personnalité fictive, en principe absolu, n'excède pas en pratique les bornes de la véritable personnalité juridique. Nous voyons la puissance publique intervenir à tout instant dans la vie de ces œuvres établies qui lui sont toujours suspectes.

La constitution des établissements en personnes morales ne résulte plus, comme pour les sociétés, du simple accomplissement de certaines formalités déterminées une fois pour toutes. Sauf pour quelques associations que le législateur voit d'un œil particulièrement favorable, tels que les syndicats professionnels, il faut un acte de l'autorité souveraine : un décret et quelquefois même une loi (2).

1. Des personnes, n° 295.
2. Etablissements libres d'enseignement supérieur.

Outre certaines incapacités imposées aux établissements personnifiés, le législateur leur inflige une tutelle rigoureuse dans les actes les plus importants de l'existence juridique et s'oppose ainsi à la constitution d'une mainmorte exagérée en même temps qu'à une restriction excessive du patrimoine de chaque établissement. Ce sont là des correctifs du système de la fiction ; aussi, certains auteurs ont-ils prétendu que la personnalité morale dans le droit positif n'avait d'efficacité que dans la mesure du but poursuivi (1). Les associés, a-t-on dit, les administrateurs de l'établissement ne pourront user du privilège que dans les cas où il se justifie, car la fiction vise seulement l'accomplissement d'une mission déterminée : c'est ce qu'on appelle en droit administratif le principe de la spécialité.

Que tels soient les conséquences du système rationnel et les véritables principes en la matière, on ne saurait le nier ; mais il paraît moins certain que ces solutions découlent de l'interprétation logique de la doctrine classique que semblent avoir consacrée la législation et la jurisprudence. On sait en effet, que, d'après cette théorie, les sociétés, puis les autres associations et établissements, furent successivement assimilés à des personnes physiques, jouissant en principe des mêmes droits et seulement frappés, comme certaines

1. Voir le livre récent de M. Berthélemy, p. 40.

d'entre ces dernières, d'incapacités variant bien plutôt suivant le caprice du législateur que selon la nature intime des établissements disgraciés.

Ce phénomène s'est produit notamment en matière de congrégations religieuses reconnues d'utilité publique. C'est ainsi qu'il leur a été interdit de recueillir plus du quart de la succession d'un membre à moins que cette succession n'excède pas 10.000 francs (1). De même, l'application aux congrégations de l'ordonnance du 2 avril 1817 relative à l'acceptation des dons et legs faits aux établissements d'utilité publique, donne lieu à des solutions arbitraires. Les libéralités affectées à un service ne rentrant pas dans les attributions normales de l'établissement bénéficiaire ne sauraient lui profiter, au moins d'après certains auteurs : or on décide en général que les services d'hospitalisation et d'enseignement ne font pas partie de la mission légale des congrégations religieuses et, à ce titre on leur refuse l'autorisation d'accepter de telles libéralités.

La Cour de cassation décide également qu'un legs fait à une congrégation non encore reconnue ne saurait lui bénéficier, si la reconnaissance intervient quelque temps après.

1. Loi du 24 mai 1825 art. 5. Il faut reconnaître qu'en fait, les congrégations abusent parfois de l'immense ascendant qu'elles ont sur leurs membres, pour les déterminer à des libéralités excessives souvent préjudiciables à la famille du congréganiste. Mais cette considération ne saurait influer sur la question de principe.

Les congrégations religieuses de femmes ne peuvent être autorisées à accepter que les libéralités faites à titre particulier. En cas d'extinction de la congrégation ou de révocation de l'autorisation, les biens acquis à titre gratuit font retour à la famille du donateur et les autres biens sont partagés entre les hospices départementaux et les autres établissements religieux: (loi du 24 mai 1825).

Cette dernière disposition est une conséquence de la théorie de la fiction suivie par la législation.

La personnalité étant considérée comme une création pure et simple du législateur en vue d'une mission d'utilité dont s'est départi un moment l'Etat chargé du monopole de la satisfaction des besoins collectifs, il doit être reconnu bénéficiaire des acquisitions faites en vue de cette satisfaction, lorsqu'il recouvre la charge de pourvoir au besoin collectif.

Ainsi, le législateur s'est attaché à remédier aux conséquences regrettables de la personnalité excessive accordée aux établissements reconnus d'utilité publique, et, dans cette tâche, il n'a pas ménagé ses rigueurs aux congrégations religieuses. Ces mesures de droit privé et de droit administratif ont encore été aggravées au point de vue fiscal.

En effet, les personnes morales acquittent les contributions directes dans la mesure où elles leur sont applicables, les droits d'enregistrement sur les acquisitions (1) et les aliénations qu'elles font, l'impôt sur le revenu des valeurs mobilières qu'elles peuvent avoir en portefeuille et des emprunts qu'elles contractent. Seuls, les droits de succession leur sont inapplicables en raison de leur durée indéfinie.

Mais si l'on pense aux services que rendent ces établissements à la société, on ne sera pas tenté de leur refuser la petite faveur qui résulte de leur situation spéciale et qui pourrait être considérée comme un dédommagement des mesures tracassières prises par le législateur à l'égard des personnes morales.

Toutefois, ce législateur ne s'est pas piqué de générosité et, jugeant encore insuffisantes les précautions déjà prises contre la mainmorte, il a voulu la frapper d'une taxe spéciale représentant, non seulement les droits de succession que n'acquittent pas les établissements personnifiés, mais encore les autres droits d'enregistrement qu'ils payent, comme tout le monde, au cours des actes juridiques auxquels ils procèdent.

Tel fut l'objet de la loi du 20 février 1849 modifiée par celle du 30 mars 1872, art. 5. La taxe est fixée à 0 fr. 875 par franc du montant de la contribution foncière et, par suite, présente les mêmes vices que ce dernier impôt. Il résulte d'autre part du fait que la taxe est assise sur les seuls biens immeubles, qu'elle

---

1. Au nombre de ces acquisitions doivent être comprises pour les congrégations, les dots apportées par les congréganistes. Instruction 1661, § 4.

n'atteint pas les établissements dont la fortune est toute mobilière, qu'elle est insuffisante pour ceux qui n'en possèdent que peu et enfin qu'elle est excessive pour les personnes morales dont la mission nécessite l'occupation de vastes locaux.

Les congrégations vouées au soin des malades, des vieillards et des indigents ainsi que celles qui s'occupent d'instruction sont dans cette situation.

Tel est dans ses grandes lignes le régime légal auquel sont soumises les personnes morales. On peut observer que la faveur dont elles sont l'objet en théorie consiste en fait à leur créer une situation moins avantageuse que celle qui résulterait de l'exacte application des principes rationnels.

La capacité qui leur est reconnue reste, en définitive, le plus souvent insuffisante à l'accomplissement du but poursuivi et l'impôt spécial qui les frappe ne fait qu'accroître la sévérité du législateur au point de vue du droit privé.

Toutefois, on doit reconnaître que l'existence même de ces établissements n'est jamais mise en péril tant que la faveur de la reconnaissance ne leur est pas retirée : nous allons voir qu'il en est autrement des associations non reconnues d'utilité publique.

§ 2. — **Associations non reconnues d'utilité publique.**

Nous savons qu'au début de ce siècle, le législateur ne parla des associations que pour renouveler les prohibitions émises sous la Révolution. On vit un danger à écarter dans la formation spontanée de sociétés pleinement capables en vue d'un but désintéressé et la puissance publique se réserva de concéder avec parcimonie l'existence juridique à tels groupes que bon lui semblerait, en se réservant en outre un droit de tutelle sur ces groupes. Donc aucune capacité ne fut possible aux associations que cette mesure d'ordre administratif n'était pas venue vivifier. Ces associations n'étaient, au point de vue de la loi positive, rien d'autre qu'un groupe d'individus capables en leur seule qualité d'hommes, mais ne pouvant en aucune façon agir au nom d'un agrégat qui n'était juridiquement qu'un pur néant.

Cette situation des associations non autorisées subsiste encore à l'heure actuelle, bien qu'elle ne corresponde plus aux tendances présentes.

L'inexistence de l'association aboutit à la conséquence suivante : lorsque dans un contrat une personne stipule au nom d'une association de fait ou s'oblige pour elle, elle se trouve, en réalité, avoir stipulé en son propre nom et s'être engagée personnellement, en sorte que le contrat profite uniquement à cette personne. De même, les libéralités faites à un membre d'une association non reconnue ne sauraient être recueillies que par ce membre pour son compte personnel et celles faites à l'association directement sont nulles de plein droit comme manquant de destinataire.

Certains auteurs, pour échapper à ces conséquences

bizarres quoique logiques du système de la fiction, s'en sont un peu écartés et ont remplacé l'inexistence de l'association par une incapacité légale (1). Alors ils obtiennent les solutions suivantes qui ne valent guère mieux que les précédentes :

La personne qui comparaît dans un acte au nom de l'association est déclarée personne interposée à un incapable en vue de tourner la loi et l'acte est nul, tant vis-à-vis de cette personne, que vis-à-vis de l'incapable. En cas d'aliénation, la situation est encore plus singulière, car l'aliénateur ayant perdu à la fois l'« *animus* » et le « *corpus* », le bien est aliéné à son égard tant qu'il n'a pas fait déclarer la nullité du contrat, et le premier venu peut l'acquérir par prescription.

Le fait s'est présenté pour une loge maçonnique de Rodez.

En présence de ces incertitudes de la doctrine classique, la jurisprudence a rendu les décisions les plus contradictoires et il est presque impossible d'en dégager une tendance générale. Souvent, par esprit d'équité, elle s'est ingéniée à donner des solutions en conformité avec l'intention des parties. Pour valider les libéralités, elle a considéré les personnes désignées pour le compte de l'association comme des légataires avec charge, ou refusé d'annuler les dons manuels et donations déguisées sous forme de contrats onéreux.

Dans les célèbres affaires Parabère et Lacordaire

1. Laurent. T. II n° 165.

elle a écarté la prétention des héritiers de la personne qui avait acquis au nom de l'association.

A l'occasion du paiement des impôts mis à la charge des congrégations ou des amendes infligées aux directeurs des associations en contravention avec l'article 291 du code pénal, elle reconnaît à ces associations le droit d'ester en justice.

Enfin, un arrêt du 30 novembre 1857 (1) oblige les congrégations non autorisées à restituer aux ayants droit les biens dont elles se seraient illégalement enrichies.

« Attendu, porte l'arrêt, qu'elles sont responsables vis-à-vis des tiers des engagements par elles pris. »

De plus, une série d'arrêts assez imposante et dont le premier fut relatif à la « société hippique de Cavaillon » a fait à certaines associations, telles que cercles, commices, sociétés de courses, congrégations religieuses enseignantes reconnues par décret, établissements d'enseignement supérieur, une situation intermédiaire entre l'incapacité absolue et la personnalité morale.

On peut dire d'une façon générale, que la jurisprudence réserve les rigueurs de la théorie classique aux sociétés d'agrément, tandis qu'elle y apporte de nombreux tempéraments en faveur des associations d'une utilité générale incontestable, ou jugées telles par elle, d'après certains indices. Un arrêt de la Cour

---

1. Sirey. 58.1.225.

suprême du 2 janvier 1894 dispose que ces associations « ont une certaine capacité qui les rend idoines à procéder dans l'ordre de l'entreprise déterminée par les statuts. » C'est là une conséquence aux exigences actuelles des choses ; la crainte irréfléchie et excessive des corporations qui régnait encore à la rédaction des Codes a en partie disparu ; la loi sur les syndicats professionnels semble même à ce sujet très décisive.

Quant aux associations religieuses, toujours exposées à une dissolution administrative, elles revivent sans cesse ; passent des contrats et cette vie constitue une forme inférieure de capacité.

La tolérance dont elles jouissent leur confère, implicitement au moins, le droit d'occuper un local et de posséder les meubles nécessaires à leur installation. La jurisprudence a reconnu une individualité en cette existence de fait, c'est-à-dire une personnalité juridique suivant la théorie adoptée ; elle se contente d'annuler les acquisitions onéreuses d'immeubles lorsque la personne en nom le demande (1) et toutes les acquisitions gratuites, même les legs faits « *sub conditione* » à un membre, comme contraires à l'ordre public et, bien que l'article 900 du code prescrive seulement de réputer non écrites les clauses illicites. Enfin, elle admet la revendication contre les congrégations des dots et

---

1. Cass. 9 novembre 1859 (S.60.1.137).

trousseaux en cas de retraite ou décès prématurés, à charge, par les réclamants, de rembourser la valeur de l'entretien pendant le séjour à la communauté du membre sortant.

La personnalité ne semble donc reconnue aux congrégations que pour exiger d'elles l'exécution de leurs obligations et leur permettre d'ester en justice. Les acquisitions onéreuses ou gratuites leur sont en principe refusées, bien qu'en fait elles ne soient pas souvent contestées.

La jurisprudence ne paraît pas même s'être écartée de ses errements à cet égard, depuis les lois fiscales récentes. Ici encore, elle s'est bornée à reconnaître la personnalité des congrégations pour exiger d'elles le paiement de l'impôt, sans abandonner pour cela d'une façon définitive la doctrine classique.

Sans doute, à la suite de la régie, elle s'est évertuée à découvrir une base juridique à la perception des impôts nouveaux ; mais, nous verrons, dans la suite de cette étude, que c'était là prétention chimérique, qu'elle dut en effet considérer la congrégation comme une société pour lui appliquer la taxe sur le revenu des valeurs mobilières et au contraire ne voir en elle qu'une indivision, même lorsqu'elle constituait un établissement d'utilité publique, pour asseoir l'impôt d'accroissement. En définitive, il faut renoncer à trouver dans cette jurisprudence fiscale une reconnaissance formelle des congrégations au point de vue civil.

Sans doute, elles ne sont pas illicites puisqu'elles échappent au texte de lois pénales et peuvent, par suite, faire l'objet d'une prévision légale ; mais le droit de dissolution du gouvernement reste intact ; les acquisitions faites par elles sont toujours annulables et l'impôt spécial dont elles sont frappées ne semble guère être que le prix de la tolérance qui leur est accordée.

Si l'on veut essayer de dégager une idée générale de la jurisprudence en matière de congrégation religieuse, peut être apparaîtra-t-il que la situation de ces associations est beaucoup moins avantageuse que celle des autres. La capacité d'acquérir personnellement leur est refusée, de sorte qu'elles doivent user d'expédients plus ou moins imparfaits pour remédier à cette incapacité.

Les tiers auxquels on aura recours pourront n'être pas toujours très scrupuleux et, à coup sûr, disparaîtront un jour ou l'autre, laissant des héritiers qui peut-être voudront exercer des droits auxquels leurs auteurs avaient loyalement renoncé. D'autre part, si ces tiers ont acquis en leur nom personnel les biens dont ils veulent laisser la jouissance à la congrégation, ils devront céder leur droit de propriété à d'autres personnes douées des mêmes intentions. On comprend aisément que dans ces conditions, les congrégations n'aient pas toute la quiétude qu'elles peuvent désirer pour poursuivre dans le recueillement leur méditation mystique de l'Infini.

Aussi, n'est-on pas surpris de constater qu'elles aient cherché à acquérir une plus grande stabilité dans la possession du patrimoine nécessaire à la poursuite de leur but idéal. Elles y sont parvenues en partie par l'emploi des clauses d'adjonction de nouveaux membres et de réversion, en formant des sociétés civiles.

Ce contrat privilégié de la société était sans doute celui qui, par ses privilèges mêmes, pouvait le mieux déguiser une association ; cette particularité que la loi positive l'avait fictivement doué de la personnalité que les congrégations cherchent à recouvrer le désignait tout spécialement à leur choix. Cependant, les différences profondes qui existent entre une personne morale comme l'association religieuse et un simple contrat comme la société, devaient soulever de nombreuses difficultés, et ce n'est qu'à force de modifications apportées à la constitution de la société que celle-ci a pu servir de masque aux congrégations et leur conférer une personnalité fictive en échange de leur personnalité naturelle qui leur était ravie. Si donc il est exact que les congréganistes puissent se servir de leur capacité individuelle d'hommes pour constituer des sociétés, comme leur réelle intention est de rester les simples représentants ou administrateurs d'une œuvre, d'une association, la société n'est qu'une apparence pour l'extérieur.

En fait, la congrégation sous forme de société reste

une association seule propriétaire de son patrimoine où l'on ne trouve aucune part d'associé et dans laquelle la mort d'un membre n'opère aucun changement dans le patrimoine social.

On aurait tort d'ailleurs de reprocher aux congrégations de revêtir ainsi une forme en opposition avec leur nature intime. Elles y sont bien forcées par la loi ou plutôt par la pratique et la jurisprudence et préféreraient mille fois qu'ont les prît pour ce qu'elles sont réellement.

Mais puisque, sans les déclarer illicites, on ne leur laisse pas les moyens de vivre, il est naturel et licite qu'elles cherchent à ce procurer ces moyens nécessaires à une existence qu'on leur laisse en théorie, mais qu'on leur supprime en pratique. C'est le cas ou jamais de dire que la fin justifie les moyens.

D'ailleurs il n'est plus exact que la jurisprudence annule ces sociétés en même temps que leurs actes, les considéraient comme contraires à l'ordre public (1) : Tantôt elles voient en elles de véritables sociétés lucratives constituées entre quelques membres d'une congrégation (2). Tantôt au contraire, et le plus sou-

1. En ce sens cass., 26 février 1849. Sirey, 49, 1, 215. Nancy, 15 juin 1878. S. 78, 2, 289.

2. Voyez. Montpellier, 20 avril 1891. Sirey. 92. 2. 76. Reims, 24 mai 1894. *Revue Générale pratique d'Enregistrement* n° 1894. Argentan, 21 juin 1898, *Journal de l'enregistrement*, n° 25. 551. Mâcon, 15 juin, 1898. J. E. 25.556.

vent, lorsqu'il s'agit d'appliquer les lois fiscales récentes sur les associations religieuses, elle déclare l'identité entre la société qui joue le rôle de personne interposée et le véritable bénéficiaire des actes passés par cette personne (1).

Il semble difficile de voir dans ces hésitations la distinction d'un patrimoine d'exploitation pouvant seul faire l'objet de véritables opérations lucratives comme celle des sociétés, d'avec un patrimoine d'affectation incapable de donner lieu à ces opérations.

La seule chose qui paraisse certaine, c'est que l'on n'annule plus guère les sociétés constituées par les congrégations ni les actes qu'elles accomplissent.

Toutefois, la société par elle-même est toujours un instrument fort imparfait aux mains des associations Il faut remédier aux causes d'extinction dues, soit à la personne des associés, soit à la constitution même des sociétés. On doit faire en sorte que celles-ci soient toujours composées d'un nombre de membres suffisant pour assurer le fonctionnement de l'association qu'elles vivifient.

La prorogation de la société, à l'expiration de la durée pour laquelle elle a été consentie, sera chose facile, mais à la condition qu'il y ait encore des membres ayant la volonté de perpétuer l'association. Il faut pour

1. Cf. cass. 3 janvier 1894. Sirey, 95. 1. 145. Seine, 4 août 1899. J. E. 25.749. Tulle. 1° juin 1899. *Revue générale pratique*, n° 1894.

cela non seulement que la mort ou la retraite de chaque associé ne dissolve pas la société, mais aussi que l'adjonction de nouveaux associés soit possible à chaque instant, sans que le patrimoine de l'association subisse de modification. On est donc forcé d'abandonner complètement les règles propres aux sociétés ; on le fait par l'insertion aux statuts de la double clause d'adjonction et de réversion. Une fois le recrutement des membres assuré, toute la difficulté n'est pas résolue. Par la constitution de la société, on a établi une double fiction : d'une part, le patrimoine de l'association a été réputé appartenir par indivis aux membres de cette association ; d'autre part, ces membres ont déclaré réunir leurs parts indivises pour former une personne morale fictive, mais existante aux yeux de la loi et devenir titulaires de parts sociales. Donc régulièrement, à la retraite ou à la mort d'un associé, sa part lui reste propre ou passe à ses héritiers, suivant le cas, et, si la société ne veut laisser les parts sociales qu'aux mains des membres de l'association, elle devra rembourser à l'associé sortant ou à ses héritiers la valeur de sa part. C'est là une situation ruineuse si l'on réfléchit que l'acquisition de parts par les associés a été purement fictive et que l'association reste seule propriétaire.

Il faut donc de toute nécessité pour écarter une conséquence aussi étrange due à l'application par une association des règles de la société, que les membres de la société soient réputés, lorsqu'ils quittent l'association, n'avoir jamais eu de parts dans le patrimoine commun. C'est en effet ce que stipule la clause de réversion imitée de la tontine, en sorte qu'à la dissolution, le fonds social est censé appartenir exclusivement aux associés alors existants, comme à la création il était déclaré être la propriété des associés existants à cette époque (1).

Mais tout cela n'est au fond qu'une pure fantasmagorie et la seule chose vraie, c'est que l'association a toujours été seule propriétaire et qu'il n'a existé ni société, ni parts sociales, ni réversion des parts des associés sortants au profit des associés restants. La clause de réversion signifie donc en définitive, que l'être moral continue avec les survivants qui sont ce qu'ils étaient avant : des administrateurs de l'œuvre. Il ne faut pas lui chercher d'autre sens.

Quoi qu'il en soit, il faut reconnaître que, grâce à cette personnalité fictive qui s'attache à la forme de la société et permet aux congrégations de faire des acquisitions au delà même de leurs besoins, ces associations

1. L'article 4 des statuts de la société constituée par les Trappistes de la Meilleray est ainsi conçu : « La présente société est consentie sous la condition formelle que tous les biens et produits de l'association appartiendront exclusivement à ceux des associés qui existeront encore au moment de sa dissolution, lesquels les partageront également entre eux ».

Ces termes sont reproduits à peu près exactement par les statuts de toutes les sociétés analogues.

peuvent, par la pratique des clauses d'adjonction et de réversion, constituer une véritable mainmorte plus redoutable que celle des congrégations reconnues, parce qu'elle n'est limitée par aucune mesure de tutelle administrative.

M. de Vareilles-Sommières a pensé calmer les craintes que fait naître cet état de choses défectueux en prétendant d'une part que, quand la société est constituée pour un temps indéfini, chaque associé peut à tout moment exiger le partage du fonds commun (1) ; d'autre part, que quand elle doit expirer au bout d'un certain temps, la mainmorte est forcément temporaire.

Pour enlever toute portée à ces observations, il suffit de faire remarquer au savant jurisconsulte que le vœu d'obéissance auquel sont astreints les congréganistes s'oppose à ce qu'ils suscitent la dissolution de la société pour le plus grand préjudice de la congrégation à laquelle ils se sont consacrés. Même, ce premier obstacle franchi, l'associé en rencontrerait un autre. Les demandes en partage doivent être faites « de bonne foi et non à contre-temps » (1869, cc.), expressions singulièrement élastiques et qui pourront presque toujours être invoquées. Enfin, la faculté de conclure un contrat de société pour une durée très longue assurera une quasi perpétuité, sans mettre en jeu l'article 1869 et chacun sait que les sociétés formées entre re-

1. Art. 1869 du Code civil.

ligieux se renouvellent avec une ponctualité remarquable. Aussi bien, ce n'est pas un article du code qui peut réfréner ce pouvoir de lente immobilisation qu'ont toujours les idées désintéressées qui président aux groupements non lucratifs.

On aurait donc tort de considérer le danger de la mainmorte irrégulière comme illusoire : il a sans doute été exagéré, mais il est réel cependant.

Toutefois, il ne paraît pas très exact de considérer la pratique de clauses d'adjonction et de réversion comme une substitution interdite par la loi. Dans ce sens, on a dit que quand la clause d'adjonction était jointe à celle de réversion, chaque associé perdait l'espoir de bénéficier de la réversion, cette clause n'avait plus le caractère aléatoire et onéreux qu'elle revêt dans le pacte tontinier et donnait lieu à une véritable libéralité, faite d'abord en faveur des associés qui recueillent la part du prédécédé, puis en faveur des adhérents à venir.

Mais il ne semble pas que la présence simultanée de la clause d'adjonction et de celle de réversion donne à cette dernière un caractère contradictoire à sa nature intime, surtout si l'on réfléchit que l'aliénation de la part d'associé, au moins en théorie, est toujours possible au congréganiste. D'autre part, la seconde libéralité, étant supposée faite au profit des membres à venir, c'est-à-dire de personnes incertaines, est nulle de plein droit ; la substitution ne saurait donc exister.

La société avec clause d'adjonction et de réversion qui double une congrégation ne peut davantage être astreinte en qualité de tontine à l'autorisation du gouvernement prescrite par l'article 66 de la loi du 27 juillet 1867. En effet, tandis que la tontine est une simple opération lucrative possible à tous et basée sur la chance de survie indépendamment de toute action, la congrégation constituée en société est un groupe fermé n'envisageant jamais l'éventualité d'un gain. On y trouve donc plus les caractères spéciaux à la tontine et à l'assurance sur la vie, qui ont motivé pour ces opérations la nécessité de l'agrément gouvernemental.

Maintenant que nous avons donné un aperçu des conditions d'existence faites aux congrégations non reconnues, examinons rapidement les conséquences fiscales de cette situation.

Lorsque des personnes physiques mettent leur capacité juridique au service des congrégations et acquièrent en leur propre nom les biens nécessaires à ces associations, elles doivent transmettre leur droit de propriété à d'autres personnes qui, comme elles, laissent aux congrégations la jouissance dont elles ont besoin. Ces transmissions ont lieu par actes entre vifs ou par succession ; mais, dans un cas comme dans l'autre, les droits ordinaires de mutation sont perçus. Sans doute, les aliénations des biens affectés aux congrégations sont un peu moins fréquentes que celles des biens possédés par les particuliers ; et encore, il faudrait se garder à poser ici une règle trop absolue. On sait en effet que beaucoup de familles riches conservent indéfiniment un même patrimoine transmis de père en fils sans jamais acquitter d'autre impôt que le droit de succession de un franc 25 centimes par cent francs, tous les trente-cinq ou quarante ans. A ce point de vue, on peut donc dire seulement que les congrégations sont dans une situation de fait un peu plus favorable que celle de la majorité des contribuables.

De même, en ce qui concerne les dots des congréganistes, le droit de donation ne sera jamais perçu. Mais il y a là une impossibilité matérielle : la congrégation étant déclarée inexistante et toute acquisition lui étant refusée, on s'explique aisément qu'aucun droit de mutation ne puisse être perçu : les dots ne pourront consister qu'en mobilier ou en numéraire et la transmission sera faite de la main à la main comme il arrive tous les jours entre enfants et parents.

Si maintenant nous envisageons le cas fréquent où les congrégations forment des sociétés, avec clause d'adjonction et de réversion, nous constatons qu'elles sont encore soumises au droit commun.

En effet la jurisprudence, au moins jusqu'aux dernières lois fiscales, leur appliquait les règles des sociétés dont elles avaient revêtu la forme. L'apport du congréganiste est assimilé à l'apport en société et donne lieu à la perception du droit gradué, actuellement transformé en un droit proportionnel à faible taux (1), mais qui, en principe, n'est qu'un droit fixe d'acte. La société, à vrai dire, n'a jamais été considérée autrement que comme un agrégat d'intérêts individuels qui subsistent distincts quoique voilés par la personnalité de l'être fictif. Aussi, au lieu de considérer l'apport comme une vente à la société, la loi a pensé au contraire qu'en dépit de la fiction, les associés restaient bien réellement propriétaires de leurs apports, tant que ceux-ci n'étaient pas, à la suite d'une dissolution, attribués à d'autres personnes qu'à leurs précédents propriétaires. En conséquence, la loi fiscale n'a reconnu l'exigibilité d'aucun droit de mutation sur les apports (2), et la jurisprudence a également écarté la perception d'un droit de transcription bien que, quand la société est personne morale, elle joue le rôle d'acquéreur ayant la qualité de purger (3). Les mêmes principes sont applicables aux dots apportées par les congréganistes lorsqu'en entrant dans la communauté, ils font du même coup partie de la société en vertu de la clause d'adjonction. Quant à l'accroissement opéré, au moins en apparence, à la retraite ou au décès d'un associé par l'effet de la clause de réversion, il donne lieu, comme la cession de part dans une société ordinaire, à la per-

---

1. Loi 28 février 1872 et loi du 28 avril 1893.
2. Loi du 22 frimaire, an VII, art. 68, § 3, 4.
3. Cassation, 5 février 1850. Sirey, 1850, 1, 145.

ception d'un droit proportionnel de mutation de cinquante centimes par cent francs.

Ici encore, comme au cas d'apport, on fait abstraction de la personnalité de la société, car celle-ci, en bonne logique et si elle était réelle, empêcherait toute mutation de s'opérer et par suite, l'exigibilité de tout droit proportionnel, car c'est un principe général en matière d'enregistrement que seuls les actes contenant transmission de sommes en valeurs sont passibles d'un droit proportionnel. En matière de tontines au contraire, on a tenu compte de la personnalité que l'autorisation gouvernementale leur confère. Et la Chambre civile de la cour de cassation a, le 1er juin 1858, exempté du droit de mutation les accroissements qui s'effectuent par la mort d'un tontinier, bien que la mutation soit tout aussi réelle que dans les sociétés et la personnalité tout aussi fictive.

Quelle que soit cette anomalie, la jurisprudence appliqua aux sociétés formées par les congrégations les droits ordinaires d'enregistrement. Seulement, jusqu'à l'arrêt des Chambres réunies de la cour suprême du 29 décembre 1868 (1), les accroissements de parts dans les sociétés ne bénéficiaient pas du tarif réduit de 0 fr. 50 0/0 spécifié par la loi de Frimaire pour les « cessions d'actions » et cette règle avait été étendue aux congrégations. Mais, quand la cession des parts eurent été assimilées aux cessions d'actions par l'ar-

1. Sirey, 1869, 1, 133,

rêt précité, le bénéfice de cette assimilation fut accordé aux sociétés de congréganistes (1).

Quant aux droits de timbre, il en était perçu, comme pour les sociétés ordinaires, chaque fois que des titres étaient émis. Enfin la taxe sur le revenu était applicable aux bénéfices distribués par la société, ce qui, sans doute, n'était pas fréquent, mais n'était pas impossible et, en tous cas, était conforme au droit fiscal des sociétés.

§ 3. — Régime fiscal des congrégations avant les lois récentes

Résumons en terminant ce chapitre préliminaire les divers impôts qui frappaient les congrégations religieuses au moment où furent votées les lois dont nous allons aborder l'étude.

Elles n'étaient pas en droit dans une situation privilégiée.

Les impôts directs, cela va sans dire, sont recouvrés sur les membres des congrégations comme sur tous les autres contribuables : l'impôt foncier et celui des portes et fenêtres notamment sont assis sur les biens dont jouissent les congrégations suivant les règles ordinaires ; que ces biens soient la propriété apparente de la congrégation ou de particuliers ou enfin des membres d'une société. La contribution des patentes est acquittée par les congrégations qui souvent, pour

1. Cass. 14 novembre 1877, Sirey, 1878, 1, 44.

subvenir aux dépenses nécessaires à la poursuite de l'œuvre, en même temps que pour fournir à leurs membres l'occasion d'accomplir leur vœu de travail, se livrent à des industries atteintes par l'impôt des patentes. C'est ainsi que les Frères des écoles chrétiennes, recevant quelques élèves payant une faible rétribution, ont été assujettis à la patente (1).

L'impôt direct sur le revenu des valeurs mobilières est, on le sait, un impôt tout spécial aux bénéfices réalisés par le capitaliste dans certaines sociétés et au moyen de certains placements difficiles à dissimuler. Nous aurons d'ailleurs l'occasion de revenir sur ce point. Il n'est donc pas étonnant que les congrégations, qui n'ont pas été visées spécialement par la loi du 29 juin 1872 établissant l'impôt, y échappent en principe pour n'y être soumises qu'à raison des sociétés qu'elles peuvent constituer.

Toutefois, la Cour de Cassation a le 27 novembre 1894 (2) reconnu l'exigibilité de la taxe sur les intérêts des emprunts contractés par les congrégations autorisées. Elle invoque à l'appui de son opinion les termes de l'article 1 de la loi de 1872 qui frappe : 1° les « intérêts et produits des actions des sociétés, compagnies « et entreprises ; 2° les arrérages annuels des emprunts « et obligations des départements, communes et établis- « sements publics ainsi que des sociétés, compagnies

1. Avis du Conseil d'Etat du 6 Mai 1863.
2. Sirey, 96.1.49.

« et entreprises ci-dessus désignées ; 3° les intérêts des
« des parts d'intérêt et commandites dans les sociétés,
« compagnies et entreprises dont le capital n'est pas
« divisé en action ». Mais, comme l'a fait remarquer
notre éminent maître M. Wahl en une note au Sirey
sous l'arrêt précité, le mot « entreprise » invoqué par
la Cour comme s'appliquant aux associations, désigne
plutôt dans le langage courant un commerce ou une industrie exercée par un particulier ou une société et ne
constitue guère qu'une redondance du texte précité.

Les congrégations reconnues semblent plutôt atteintes par la loi de 1872 en ce qui concerne leurs emprunts, en qualité d'établissements d'utilité publique :
on sait en effet que l'expression « établissements publics » a longtemps été employée par le législateur pour
désigner des établissements d'utilité publique et que la
distinction entre ces deux catégories d'établissements
est toute récente. D'autre part, on conçoit fort bien
que les congrégations autorisées soient soumises à la
taxe : elles sont astreintes à tenir une comptabilité
qui mentionnera les emprunts effectués, le paiement
des intérêts. Mais il n'en est plus de même pour les
congrégations non autorisées qui ne peuvent emprunter en leur nom et ne sont pas astreintes à la tenue des
livres. Le législateur qui, en 1872, a surtout cherché à
baser les impôts qu'il créait sur une matière qui ne
pût fuir, a visé les établissements publics et d'utilité
publique, parce qu'il pouvait exercer sur eux un cer-

tain contrôle. Le but lucratif de l'établissement n'a donc pas été pris en considération, pas plus que sa personnalité, puisque les sociétés civiles étaient atteintes, bien qu'en 1872 aucune personnalité ne leur eût encore été attribuée ni par la doctrine, ni par la jurisprudence.

MM. Wahl (1) et Garnier (2) étendent même, contrairement à l'arrêt et aux prétentions de l'administration (3), l'application de la taxe aux emprunts des congrégations non autorisées, parce que la loi vise toute association et toute réunion de personnes dans un intérêt commun et que la faveur de l'autorisation ne saurait être une charge pour l'association.

Il est certain que la loi, comme nous le faisons observer un peu plus haut, n'a pas tenu compte de la personnalité morale pour établir une distinction entre les associations ou sociétés assujetties ; il est encore certain que la nullité des congrégations non reconnues n'est pas opposable au fisc qui est un tiers vis-à-vis d'elles. Mais ces considérations rendent seulement possible l'exigibilité de la taxe sans être suffisantes pour l'établir. En sens inverse, on peut en effet rappeler que la loi a limité l'application de la taxe aux établissements sur lesquels les agents de la régie peuvent exercer un contrôle, et que les congrégations non reconnues ne sauraient être astreintes à tenir une comptabilité. Elles ne peuvent

1. *Loc. cit.*
2. 7ᵉ édit. v° *Impôt direct*, n° 14.
3. Solution de la Régie du 27 mars 1893.

emprunter que sous le nom de particuliers, à moins qu'elles n'aient formé une société civile. Mais, même en les considérant sous ce dernier aspect, elles n'acquitteront l'impôt que si la société est par actions et qu'elle ait émis des titres d'obligations, ainsi qu'on doit l'induire de la référence du paragraphe deux au paragraphe premier de l'article précité. Les sociétés en nom collectif pur et simple ont été exemptées de la taxe sur leurs emprunts comme elles le sont sur leurs revenus (1). C'est là encore un argument en faveur de l'opinion de la Cour suprême.

Enfin la considération que l'autorisation gouvernementale ne peut créer aux établissements qui l'obtiennent une situation défavorable, est tout à fait secondaire si l'on se souvient que les établissements publics ou d'utilité publique paient seuls la taxe de main-morte, sans être moins atteints que les autres établissements par les impôts généraux et enfin qu'ils sont soumis à une tutelle rigoureuse qui leur ôte toute liberté d'action.

Donc les congrégations autorisées acquittent seules, à l'exception des congrégations non autorisées, la taxe sur les intérêts de leurs emprunts : c'est d'ailleurs une simple avance qu'elles font aux capitalistes qui leur prêtent et que vise seuls l'impôt.

Les congréganistes paient, comme tout le monde, les impôts de consomnation et taxes d'octroi. En ce qui concerne le timbre, les congrégations autorisées y

1. Loi du 28 avril 1893.

avaient été soumises à un titre particulier. On les avait longtemps considérées comme établissements publics et, par suite, obligées à tenir des registres en papier timbré. Mais cette dernière prétention a été reconnue mal fondée par une Solution de la Régie du 3 Février 1891 (1). Seul le registre d'engagements de nouveaux membres est assujetti au timbre (2). Les actes passés par les congrégations ou en leur nom sont nécessairement soumis au timbre selon la règle générale des actes destinés à faire titre. Le droit spécial de timbre institué par la loi du 5 juin 1850 et destiné à l'origine à tenir lieu de droit d'enregistrement, à raison de son taux élevé, ne saurait s'appliquer aux congrégations que quand elles forment des sociétés par actions, et qu'il a été crée des titres matériellement susceptibles d'être timbrés (3). Mais on sait que cet impôt est tout particulier aux sociétés.

Vis-à-vis des droits d'enregistrement, la situation des congrégations n'est pas plus privilégiée, en droit tout au moins. L'enregistrement est un impôt sur les actes accomplis ; il ne saurait donc être perçu qu'à l'occasion de ces actes et, si certains contribuables s'abstiennent de ces actes taxés et se trouvent en fait acquitter moins

1. *Journal de l'Enregistrement*, n° 23.512.
2. Décret du 18 février 1809 art. 8.
3. Voir jugement du tribunal de la Seine du 26 mars 1886 rapporté par M. Primot *au Dictionnaire des droits d'Enregistrement*, Tome 6, n° 81

d'impôts que d'autres, on ne saurait le leur reprocher. C'est ce qui se produit pour les congrégations comme pour toutes les associations à durée indéfinie. Elles paient les impôts ordinaires de mutation pour les acquisitions auxquelles elles procèdent.

Une décision ministérielle du 25 juin 1852 par mesure d'équité avait autorisé les congrégations de femmes, qui obtiendraient la reconnaissance d'utilité publique, à ne pas acquitter le droit de vente pour l'enregistrement des actes par lesquels les congréganistes ou les tiers reconnaissaient avoir acquis avec les deniers et pour le compte de la congrégation avant qu'elle fût reconnue. Cette exemption qui a paru une faveur n'était que l'application exacte des principes rationnels : ces personnes qui avaient acquis en leur nom personnel en apparence, mais, en fait, pour le compte de la congrégation, n'avaient été en quelque sorte que des mandataires de celle-ci, ses administrateurs. Mais en 1880, ce régime équitable à l'égard des congrégations prit fin et une décision ministérielle du 3 avril 1880 rapporta la décision de 1852 pour s'en tenir au principe rigoureux du droit fiscal qui n'envisage que la propriété apparente et qui, combiné avec cet autre principe qu'un droit régulièrement perçu n'est pas restituable (1), aboutit à des conséquences vraiment étranges. C'est ainsi que le tribunal de Belley a le 16 mai

1. Art. 60 de la loi du 22 frimaire, an VII.

1894 (1) reconnu l'exigibilité d'un droit de vente sur l'immeuble inscrit au rôle des contributions directes au nom d'une congrégation, bien qu'un premier droit ait été acquitté lors de l'acquisition primitive faite par deux congréganistes ; que le droit de succession eût été perçu après la mort de l'un d'eux et que le gouvernement ait refusé à la congrégation l'autorisation d'accepter la déclaration par laquelle les congréganistes acquéreurs reconnaissaient avoir agi pour le compte et avec les deniers de la congrégation.

En dehors de ces circonstances particulièrement défavorables, les congrégations paient les droits ordinaires, soit qu'elles acquièrent en leur nom si elles sont autorisées, soit que l'acte soit souscrit par quelques congréganistes formant une indivision avec pacte tontinier, soit enfin que la société jointe à la congrégation procède à l'acquisition.

Les actes d'adhésion aux congrégations reconnues donnent lieu à la perception du droit de bail à nourriture (2) lorsque l'apport consiste en un capital ou du droit de vente quand ce sont des immeubles (3). Les apports faits aux congrégations non autorisées constituées en société supportent le droit proportionnel

1. Cf. *Revue générale pratique d'enregistement et de notariat*, n° 802.

2. 0 fr. 20 ou 2 fr. 0/0 suivant la durée du bail. Loi du 22 frimaire an VII art. 69. § 2-5 et §5, n° 2.

3. Arrêt de Cass. Civ. du 7 novembre 1855.

réduit qui remplace le droit fixe primitif. Cette perception est conforme, nous l'avons vu, aux règles suivies en matière de société, bien qu'en réalité l'apport à une congrégation non autorisée soit une mutation au même titre que l'apport à une congrégation autorisée (1).

De même, la perception du droit de 0 fr. 50 0/0 sur les accroissements opérés fictivement dans les sociétés de congréganistes était logique, puisque la jurisprudence, au lieu d'annuler les sociétés comme personnes interposées, les confondait avec les congrégations. Dans la réalité du fait, on le sait, la clause de réversion est un pur correctif à la nature de la société qui ne peut convenir aux associations. Il n'y a ni accroissement ni mutation possible chez une personne morale réelle comme la congrégation autorisée ou non et, à supposer qu'on la transforme fictivement en une indivision, les accroissements devraient supporter les droits proportionnels ordinaires d'après la nature des biens composant l'indivision. Mais, on sait que ces règles rationnelles ont été écartées en faveur de l'indivision privilégiée qui s'appelle la société ; qu'on a réduit le tarif des cessions de parts et accroissements. Il était donc forcé, du moment où l'on méconnaissait la véritable nature de la congrégation pour l'envisager comme cette indivision privilégiée dont on l'obligeait à revêtir la

1. Voyez Naquet. *Traité théorique et pratique du droit d'enregistrement*, 2ᵉ édition, III, p. 60 et suiv.

forme, que l'on appliquât à cette soi-disant société les règles de faveur qui lui sont propres. C'est ce qu'avait décidé la jurisprudence, nous l'avons vu. D'autre part, les mutations opérées par l'effet d'une clause de réversion constituant des mutations à titre onéreux, que la réversion ait lieu à la suite d'une retraite ou à la suite d'un décès (1), il était naturel de n'exiger que le droit de cession de parts entre vifs à titre onéreux sur les accroissements réalisés dans les sociétés de congréganistes. Lorsque les biens affectés aux congrégations non autorisées sont la propriété de particuliers, ils supportent les mêmes droits d'enregistrement que tous les autres; mais, c'est là un cas assez rare, nous le reconnaissons aisément.

Quoiqu'il en soit, l'application du tarif réduit de 0 fr. 50 pour cent aux congrégations non reconnues, si elle aboutit en fait à un régime assez favorable eu égard au faux point de vue où l'on s'est placé, n'est que le résultat logique de l'assimilation établie entre l'association et la société. Considérée sous son véritable aspect, la congrégation non autorisée, aussi bien que celle autorisée ne doit point acquitter de droit au décès ou à la retraite d'un congréganiste, puisqu'aucune mutation ne s'opère.

En résumé, tant au point de vue des impôts généraux qu'à celui des impôts spéciaux aux sociétés, les

1. Arrêt de la Cour de Cass. du 15 décembre 1852. D. 52-1-336 et nombreux arrêts à la suite.

congrégations ne sont pas placées dans une situation privilégiée. Tout ce qu'on peut dire, c'est qu'en fait, elles acquittent peut-être une somme d'impôts moindre que certains contribuables. C'est d'ailleurs là une conséquence inévitable d'un système fiscal basé sur des présomptions et faisant une large part aux impôts sur les actes. M. Wahl, l'une des professeurs les plus distingués de la faculté de Lille, estimait à son cours de législation financière (1) qu'en moyenne les propriétaires d'immeubles paient de 5 à 5.50 pour cent de leur revenu, les industriels 7 0/0 pour le seul impôt de patentes, les porteurs de valeurs mobilières 10 fr. 80 0/0 et même dans les sociétés anonymes de 33 à 65 0/0 du revenu. Voilà pourtant le droit commun auquel on a proposé d'assujettir les congrégations en les taxant comme les sociétés anonymes ! Persuadons-nous bien que si, malgré leur assimilation à la catégorie la plus imposée des contribuables, les congrégations échappent en fait à une partie des charges les plus onéreuses, elles acquittent néanmoins une portion d'impôt supérieure à la moyenne, surtout si l'on réfléchit à la taxe spéciale de mainmorte destinée à compenser pour les personnes morales la faveur qui résulte en fait pour elles du jeu régulier des lois fiscales françaises.

Nous ne reviendrons pas sur le double emploi que fait l'impôt de mainmorte tant avec les droits de muta-

1. Année 1898-1899.

tion entre vifs acquittés par les personnes morales pour les acquisitions qu'elles font, qu'avec les droits de transfert payés par des sociétés anonymes: les chiffres donnés par M. Wahl sont assez suggestifs à ce sujet. La loi de 1849 a été un premier pas fait sur le terrain fiscal pour enrayer le développement de la mainmorte causé par l'application de la doctrine classique de la personnalité morale. Elle n'avait pu atteindre les congrégations non autorisées qui présentaient un danger tout aussi grand, parce que la nouvelle taxe à leur égard eût été dépouillée de toute apparence de raison juridique. Enfin, basé sur l'impôt foncier, celui de mainmorte ne faisait qu'aggraver les inégalités du premier; c'était un expédient fiscal, une arme des combats, sans doute très meurtrière, mais manquant de précision et méconnaissant le principe d'égalité que l'on invoquait. Les lacunes de cet impôt ont encore été aggravées depuis que la fortune publique consiste surtout en valeurs mobilières.

Mais ces considérations sur la taxe de mainmorte ne doivent pas faire oublier l'esprit véritable qui a présidé à son institution en même temps que l'inégalité de traitement qu'elle consacre au détriment des congrégations autorisées.

Maintenant que la situation fiscale des congrégations nous est connue, nous pouvons affirmer qu'elle ne révèle aucune faveur à l'égard de celles-ci.

Mais résumons en terminant ces observations préliminaires les quelques notions que nous avons tenté de dégager.

L'association est une personne juridique existant indépendamment de la reconnaissance légale. Seule elle est propriétaire des biens nécessaires à la poursuite du but idéal qu'elle vise et sa capacité n'est relative qu'à ces biens.

L'application de ces principes fait disparaître les dangers de la mainmorte. Les membres de l'association sont de simples administrateurs qui prêtent gratuitement leurs concours, n'ont aucun but de lucre et aucune prétention à la propriété des biens de l'association. L'association peut avoir des revenus, mais comme elle les affecte à l'œuvre qu'elle poursuit, elle ne saurait faire réaliser de bénéfices à ses membres.

La congrégation est une association douée d'une force spéciale et pouvant rendre de grands services.

Les dangers qu'elle présente en pratique au point de vue économique sont dûs à l'application qui lui est faite d'une personnalité exagérée lorsqu'elle est reconnue d'utilité publique. Un droit de police doit d'ailleurs être laissé à l'Etat pour s'opposer à la formation d'associations ayant un but illicite ou dangereux. Ce droit a été consacré même d'une façon trop absolue par la loi positive qui permet à chaque instant la dissolution par l'autorité administrative; mais en fait, il n'est guère exercé qu'à l'égard des associations religieuses, alors qu'une imprudente tolérance est accordée à certaines associations présentant un danger politique et économique réel ou même prohibées par les lois.

Le législateur, secondé par la jurisprudence, a refusé aux congrégations sur lesquelles il ne pouvait exercer une tutelle rigoureuse, la personnalité dont elles avaient besoin pour subsister. Elles ont dû y remédier par divers moyens qui, tout en ne leur assurant qu'une existence précaire, présentent néanmoins certains dangers pour l'Etat.

Quelle que soit en droit civil la situation faite aux congrégations, elles acquittent en principe tous les impôts de droit commun. Une seule exception relative aux associations reconnues, en ce qui concerne les droits de succession, et dûe à la nature même de ces associations, a été compensée par une taxe spéciale qui déguise mal la préoccupation d'entraver les progrès de la mainmorte par mesure fiscale.

Donc, au point de vue de l'égalité théorique, la seule que l'on puisse souhaiter dans un système d'impôts comme le nôtre, l'institution d'aucune taxe nouvelle et spéciale aux congrégations n'était désirable. On forçait même indirectement une partie d'entre elles à devenir les contribuables les plus imposés.

Si, au point de vue de la mainmorte, l'insuffisance de la taxe créée en 1849 était démontrée, il suffisait d'en élever le taux et d'étendre son application aux valeurs mobilières ; mais cette seconde mesure eût présenté de nombreuses difficultés. Aussi ne valait-il pas mieux donner à la France cette liberté d'association qu'elle implore depuis un siècle, en appliquant les principes rationnels de la personnalité morale, principes qui seuls, nous le savons, peuvent écarter d'une façon absolue le danger de la mainmorte ?

Au lieu de cela, les derniers législateurs se sont bornés à promulguer contre les seules congrégations de véritables lois d'exception d'une application difficile par la raison que les textes de ces lois n'en ont pas donné l'esprit véritable et qu'il eût été impossible de les rédiger en termes moins ambigus sans atteindre directement les principes de liberté de conscience et d'égalité devant l'impôt.

Conformément au plan que nous nous sommes tracé un peu plus haut, nous étudierons d'abord la taxe sur le revenu dans l'application qui en a été faite aux congrégations religieuses.

PREMIÈRE PARTIE

LA TAXE SUR LE REVENU DES VALEURS MOBILIÈRES DANS SON APPLICATION AUX CONGRÉGATIONS RELIGIEUSES.

NOTIONS GÉNÉRALES

L'application de la loi de 1872 aux congrégations suppose une double fiction : 1° Il n'y a pas de société ; 2° Il n'y a pas de revenus distribués. L'esprit de cette loi est également méconnu : elle ne visait que les capitalistes bailleurs de fonds.

Nous nous proposons dans cette partie de notre travail de montrer que l'application aux congrégations religieuses de la taxe sur le revenu, instituée par la loi du 29 juin 1872 n'a été possible qu'à la condition de méconnaître complètement l'esprit qui avait inspiré le législateur de 1872 et de créer une double fiction irrationnelle et antijuridique.

Cette fiction consiste d'une part, à assimiler l'association religieuse à une société lucrative et à supposer aux adhérents de cette association des parts divises qui ne sauraient exister, et, d'autre part, à considérer l'emploi que fait l'association religieuse des revenus qu'elle peut avoir au service de l'œuvre qu'elle poursuit, comme une accumulation de dividendes destinée à être partagée à la fin de la société.

En dehors des obstacles que doit forcément rencontrer un système qui n'a pas de base réelle conforme à la nature des choses, on peut en prévoir d'autres en présence de ce double fait que nous tenterons de dégager : d'un côté que le législateur a visé des associations comme telles et non leurs membres « *ut singuli* », qu'il a voulu taxer lourdement le patrimoine de ces associations et non la fortune personnelle des membres ; d'un autre côté, que ni dans les associations autorisées, ni dans celles qui ne le sont pas, les associés n'entendent confondre leur patrimoine propre avec celui qu'ils reconnaissent à l'association (1). On peut en effet se demander devant cette double constatation s'il était bien adroit à un législateur qui voulait frapper un patrimoine collectif de s'armer d'une taxe destinée exclusivement à atteindre des revenus individuels des bénéfices particuliers (2).

---

1. Cf. Cass. 21 novembre 1898, Sirey. 1899.1.193.
2. Une réflexion analogue pourrait être faite au sujet du droit d'accroissement.

N'était-ce pas s'engager de gaieté de cœur dans une voie où l'on était certain de rencontrer mille difficultés qu'on ne pourrait surmonter qu'à force de mesures exceptionnelles et n'eût-il pas été infiniment plus habile et plus loyal à la fois, de prendre ouvertement du premier coup cette disposition exceptionnelle.

On aurait ainsi évité toutes ces fictions, tous ces à peu près qui dénaturent la réalité des choses en même temps que les lois dont on se réclame.

Pour pouvoir nous rendre un compte exact du bien fondé de ces réflexions, nous avons cru nécessaire de préciser ici, un peu plus que nous ne l'avons fait dans le chapitre préliminaire, les nombreuses différences qui séparent l'association de la société, tant au point de vue du but poursuivi, qu'à celui de la nature intime des deux groupes.

Cette distinction nous servira à dégager la véritable partie de la loi de 1872 et à montrer combien était inexacte la prétention soutenue par les lois récentes d'assurer simplement l'application normale de cette première loi.

Nous étudierons ensuite les difficultés pratiques auxquelles se sont heurtées les lois de 1880-1884.

L'étude des principes rationnels, en nous traçant les principaux traits de l'association, nous a déjà laissé entrevoir l'abîme qui sépare l'association de la société. A la suite d'un éminent maître, nous avons en effet établi que l'association est une personne juridique réelle, seule capable d'incarner un intérêt collectif permanent et que c'est dénaturer l'intention d'un groupe, le but d'une association que de l'obliger à s'abriter derrière la personne individuelle, comme le font les sociétés qui ne sont rien de plus que la juxtaposition d'intérêts distincts quoique semblables. L'enrichissement est, en effet, un but purement individuel, quels que soient les moyens employés pour l'atteindre. Les capitaux ont beau se réunir, les énergies et les activités agir en commun, chacun, en définitive, travaille pour soi exclusivement et entend être rémunéré en proportion des capitaux qu'il a engagés, de la peine qu'il a prise.

Sans doute, les membres d'une association, comme ceux d'une société, mettent à profit l'accroissement de puissance dûe à toute combinaison de forces et c'est là le seul point commun entre la société et l'association ; mais ce n'est qu'une façon de procéder, qu'un moyen : le but, qui seul doit être envisagé, est tout différent. L'association ne procure pas à ses membres d'avantage direct : ce qu'elle vise, c'est la satisfaction d'un besoin collectif. Peu lui importe qu'en fait tel ou tel de ses membres bénéficie ou non du résultat obtenu : il lui suffit qu'il puisse en bénéficier et la satisfaction de chaque associé consistera à savoir que le but idéal poursuivi est atteint. Par exemple, que grâce à l'association dont il fait partie, tel progrès aura été accompli, telle œuvre de valeur aura été vulgarisée, tel sentiment élevé se sera implanté dans le cœur d'un grand nombre d'hommes, telle habitude vicieuse et malfaisante aura été délaissée, etc...

Il ne s'agit plus ici de richesses privées qui se rapprochent en vue chacune de s'accroître plus rapidement que si elle restait isolée, ni, par suite, de bénéfices à distribuer ou à mettre provisoirement en réserve, pour assurer un fonctionnement plus régulier à la Société et diminuer les aléa inhérents à toute entreprise lucrative. Et cela est vrai, même pour les associations qui se livrent accessoirement à des exploitations agricoles ou industrielles. Quelques congrégations religieuses sont dans ce cas. Il ne faut pas oublier qu'une œuvre dont le but est exclusivement idéal n'agit pas sur de purs esprits, comme nous l'avons déjà fait observer, qu'elle agit au contraire sur des êtres physiques et que la nécessité de ressources souvent considérables s'impose à elle. Voilà pourquoi les membres des associations ordinaires versent chaque année une cotisation plus ou moins élevée suivant les exigences du but poursuivi. Lorsque ces seules cotisations suffisent ou même sont supérieures aux besoins de l'œuvre, à la fin de l'année, le reliquat actif est ajouté au patrimoine de l'association ; mais, comme l'accroissement de ce patrimoine n'est pas son but à lui-même, il sera compensé l'année suivante par une extension correspondante de l'action de l'œuvre.

Mais pour certaines associations, comme celles qui

recueillent des orphelins, les besoins sont souvent considérables en proportion du patrimoine possédé. Aussi, ces associations se trouvent-elles dans l'obligation, pour pouvoir atteindre le but qu'elles se proposent, de demander à une industrie ou à un commerce les ressources dont elles manquent.

Mais il ne s'agit nullement par là pour chacun des membres de l'association de réaliser un bénéfice personnel et l'association reste désintéressée.

La congrégation religieuse se trouve précisément dans une situation particulièrement difficile. Cette association est la seule qui absorbe la vie tout entière de ses membres. Elle doit donc subvenir à tous leurs besoins, en même temps qu'à ceux de l'intérêt poursuivi. Or, les congréganistes étant constamment occupés au service de l'œuvre désintéressée, ne peuvent, comme les membres des associations ordinaires, se livrer, en dehors du temps qu'ils consacrent à l'association, à des occupations lucratives qui leur assurent les moyens d'existence. Lors donc que ces moyens d'existence ne leur sont pas procurés par les revenus d'un patrimoine suffisant ou par d'autres ressources, venus du dehors, force leur est de les acquérir eux-mêmes. Mais l'exploitation à laquelle ils pourront se livrer n'aura aucunement le caractère lucratif tant qu'elle servira uniquement à assurer la poursuite du but désintéressé, en permettant de vivre à ceux qui se sont chargés de l'œuvre. Au reste, on ne conçoit pas que des personnes qui font vœu de pauvreté et qui réellement ont une vie très austère, puissent tirer un profit personnel d'une exploitation qui n'est qu'un moyen pour atteindre le but final de l'association. Peu importe que ce but soit éloigné ; s'il est vital, il suffira pour conserver à la congrégation son caractère d'association.

Quelle que soit l'occupation matérielle à laquelle elle se livre, la congrégation n'a en vue que la vulgarisation de la foi, de pratiques pieuses, l'élévation des âmes, la préparation à la vie future en même temps que la glorification de la Divinité.

La considération du but en cette matière est capitale et l'on pourrait dire que c'est d'elle que découlent tous les traits caractéristiques de l'association.

Nous avons déjà indiqué l'impossibilité des bénéfices dans les associations désintéressées ; une autre conséquence du but idéal qui les domine est dans la nature des apports. Nous avons vu que les cotisations ne constituent nullement un placement pour les associés, mais qu'elles sont une simple nécessité, en vue d'assurer l'existence et la permanence de l'œuvre.

Il ne saurait en être de même pour les sociétés : l'apport de chaque associé représente la portion dans laquelle il entend participer aux bénéfices réalisés. Ce n'est plus une gratification qu'il abandonne à un but idéal. L'associé, au contraire, entend rester propriétaire de ce qu'il met en commun, car son droit n'est que paralysé tant que dure la société, et à la condition que cette société ne soit pas perpétuelle.

Nous savons que, très logiquement, la loi de frimaire n'avait pas considéré l'apport en société comme une mutation (1). Il en serait autrement si l'on attribuait à l'associé en échange de la chose qu'il transmet une valeur soustraite à l'aléa social. C'est précisément ce qui se produit dans les associations en général et dans les congrégations en particulier. L'apport y est une tout autre chose que dans les sociétés : c'est une aliénation.

Dépourvus d'« *animus lucri* », les associés ne se contentent plus de rapprocher leurs biens propres pour les faire fructifier sous une même direction et dans une même entreprise. Le but qu'ils se proposent ne peut être atteint qu'au moyen de certains biens qui doivent rester affectés à sa poursuite. Or, il est impossible que cet intérêt collectif ait sans cesse à sa disposition exclusive les biens qui lui sont nécessaires, si les personnes qui les lui fournissent en restent propriétaires privés. Il faut donc de toute nécessité, qu'il y ait translation de propriété des membres à l'association et l'on ne peut même dire que l'associé établit entre lui et l'association une sorte d'indivision provisionnelle susceptible de se transformer en propriété pour l'association ou de revenir au stipu-

---

1. Voir aussi le rapport de Duchâtel au Conseil des Cinq Cents cité par M. Démasures en son *Traité du régime fiscal des sociétés* n° 96, page 108, et Cass. 25 juillet 1893, *J. E.* 23. 662.

lant suivant que l'associé disparaîtra avant ou après l'association. Le membre qui effectue l'apport renonce à tout jamais à exercer un droit quelconque sur le bien apporté : il l'affecte à l'œuvre, à l'intérêt collectif. Il ne saurait donc avoir, tant que dure l'association, ce qu'on appelle dans la société une action, une part d'intérêt, un droit mobilier représentant son droit de propriété qui subsiste sous le voile de la société, et lui donnant droit à une part des bénéfices proportionnée à l'importance de l'apport vis-à-vis du capital social.

Aux membres d'une association, il ne reste que la mise en commun d'une activité et la poursuite collective d'un but désintéressé. Sans doute, on peut appeler cela une part d'associé, mais cette part est dépourvue de toute valeur marchande : elle est personnelle à chaque membre ; intimement liée à la volonté même de ce membre, elle est incapable d'être transmise et toute évaluation de cette part est impossible, puisque chacun l'estime suivant qu'il ressent plus ou moins vivement le besoin collectif.

La convention d'association, loin de se rapprocher du contrat de société, semble bien plutôt échapper aux principes du droit civil. Les actes auxquelles s'engagent les membres d'une association constituent de simples faits d'obligeance dont la sanction est purement morale (1).

1. Cf. Aubry et Rau. *Traité de droit civil.* T. I, § 54, p. 135, T. IV. 314.

D'autre part, les bénéfices matériels qui résultent d'une association ne sont pas profitables à ceux qui ont effectué les apports : il en est ainsi notamment des fondations où les destinataires sont les enfants, les pauvres, les lettres, la science, la Foi, la Patrie...

En sorte que l'apport fait à une association sous forme de cotisation ou de libéralité, peut toujours être considéré comme une donation avec charges qui ne saurait faire acquérir à celui qui l'effectue aucune valeur représentative de ses droits de propriété sur les biens qu'il met en société.

Ainsi, l'association nous apparaît complètement étrangère à la société par son but et par sa nature même. Elle est la représentation d'un intérêt collectif, d'une idée ; est douée de personnalité juridique et distincte des individus qui la composent ; tandis que la société n'est qu'un contrat où les intérêts privés ne sauraient disparaître derrière le voile artificiel que forme l'être fictif.

De cette première et fondamentale distinction découle, par voie de conséquence, ce phénomène que la réalisation de bénéfices est matériellement impossible à une association tant qu'elle conserve son caractère désintéressé, et que même cette association eût-elle des revenus qu'elle n'emploierait pas à la poursuite de l'œuvre qui lui sert de but, que toute répartition resterait impraticable : c'est ce qui apparaît bien clairement si l'on se souvient que les membres d'une association n'ont aucun droit de propriété sur les biens de celle-ci et qu'en retour de ce qu'ils lui abandonnent, ils ne reçoivent qu'un droit purement personnel aux avantages tout immatériels que procure l'association.

Une fois précisées les différences qui existent entre l'association et la société, il sera plus facile de comprendre combien devait présenter de difficultés l'application aux congrégations religieuses, c'est-à-dire à des associations, d'une taxe établie spécialement sur les sociétés.

Tout d'abord, on peut faire remarquer que cette taxe dite, dès sa création, sur le revenu des valeurs mobilières, est très improprement nommée lorsqu'elle s'applique aux associations.

M. de Vareilles-Sommières en a fait la remarque (1); mais il en a donné une raison qui ne paraît pas très concluante.

Il n'y a, selon lui, de valeurs mobilières, ni dans les congrégations non reconnues d'utilité publique, ni dans celles qui le sont ; et cela, parce que dans les premières « les valeurs dont le prétendu revenu est « taxé, sont des parties indivises d'immeubles et de « meubles ; surtout d'immeubles, » et que, dans les secondes, « la seule valeur qui existe est le patrimoine entier de la personne civile, composé presque exclusivement d'immeubles. »

---

1. *Revue de Lille*. Année 1890-1891, p. 292 et suiv.

Le savant auteur semble s'attacher principalement à cette considération que la fortune des congrégations est en très grande partie immobilière. Mais c'est là un point de fait qui peut être exact en lui-même sans influer sur la question de droit qui consiste à savoir si l'association comporte l'émission de valeurs mobilières. Chacun sait en effet, que cette dénomination peut s'appliquer aux actions et parts d'intérêt, dans des sociétés dont le capital est entièrement ou presque entièrement constitué en immeubles et qu'au contraire, elle ne saurait convenir à la part indivise de co-propriétaires de meubles.

L'expression *valeurs mobilières* est toute relative, cela ne fait aucun doute, à une forme assez récente, quoique très répandue déjà, de la fortune publique : aux actions, parts d'intérêt dans les sociétés et titres d'obligations sur ces sociétés ou sur certaines collectivités.

Or, dans une association, dans une congrégation, il ne saurait être question d'action, de part d'intérêt pour les membres de cette association ; on ne saurait donc dire qu'ils possèdent des valeurs mobilières à titre de membres de l'association, de congréganistes.

En sorte que, si la taxe instituée par la loi de 1872, est basée comme son nom l'indique sur le revenu des valeurs mobilières, elle ne pourra s'appliquer aux associations. D'ailleurs, l'exactitude de cette remarque ressort nettement de l'examen, même assez superficiel des circonstances dans lesquelles l'impôt sur le revenu a été institué. Ces circonstances indiquent clairement quel fut l'esprit du législateur et les limites qu'il entendit apporter à l'application du nouvel impôt.

Bien qu'en matière fiscale l'interprétation littérale doive le plus souvent être suivie, nous pourrons constater que le texte voté en 1872 n'a pas reproduit très fidèlement l'intention de l'Assemblée Nationale ou plutôt, lui a attribué une pensée plus générale que celle qui l'animait réellement ; aussi, des abus se sont glissés dans l'application et le législateur dut intervenir pour réprimer sur certains points cette interprétation excessive.

Personne n'ignore que l'Assemblée Nationale eût à créer de nombreuses ressources pour faire face aux charges publiques écrasantes que suivirent les désastres de 1870. Elle ne voulut pas remanier notre régime fiscal tout entier ; autant que possible même, elle s'abstint d'innovations partielles. Cependant, elle fut amenée à voter un impôt nouveau : la taxe de 3 0/0 sur le revenu dont le taux a été élevé à 4 0/0 par la loi du 26 décembre 1890.

L' « income tax » anglais avait d'abord servi de modèle à la Commission du budget rectifié de 1871. Mais, M. Thiers s'était élevé violemment contre un impôt affectant l'ensemble des revenus à cause de l'inquisition dans les fortunes privées qui en serait résulté. De même l'impôt général sur le revenu avait été rejeté (1), pour

1. *J. off.* du 23 décembre 1871. Amendement Wolowski.

divers motifs et notamment parce qu'il frappait les immeubles en dehors de la charge qu'ils supportent déjà, d'après nos lois fondamentales d'impôt qui datent d'une époque où la fortune était encore presque entièrement immobilière.

Cependant, la Commission avait adopté, en réduisant au minimum les cas nécessitant une déclaration et un contrôle, un projet distinguant quatre classes de revenus, comme les cédules anglaises (1). Les rentes sur l'Etat et les revenus immobiliers n'y étaient pas compris ; d'autre part, l'impôt ainsi conçu faisait double emploi avec la contribution personnelle mobilière. Toutefois, il présentait encore, il faut l'avouer, un caractère de généralité suffisante pour ne pas constituer un véritable impôt d'exception.

On avait d'ailleurs réduit autant que possible les valeurs atteintes. Mais l'impôt sur les matières premières fut rejeté le 20 janvier 1872.

La question fut reprise à l'occasion du budget de 1873 et l'on se borna cette fois, à atteindre certaines valeurs mobilières. Le gouvernement repoussait l'impôt général sur le revenu et même l'impôt sur certains revenus parce qu'ils auraient exigé une déclaration des contribuables et le contrôle de l'Administration; mais il acceptait une contribution sur les dividendes dans les sociétés financières com-

1. Cf. *Journal de l'Enregistrement* nos 19, 241.

merciales et civiles productives de « revenus » (1), ainsi que sur les intérêts des créances et obligations sur ces sociétés déjà soumises au contrôle de la Régie à d'autres points de vue. De même, les emprunts contractés par les établissements publics étaient soumis à l'impôt. Pour toutes ces valeurs, la taxe était avancée au trésor par la société ou l'établissement et recouvrée par voie de déduction sur les actionnaires et bailleurs de fonds. De cette façon, aucune déclaration n'était exigée des particuliers et aucun contrôle ne devait s'exercer sur leur comptabilité privée.

La loi du 29 juin 1872, votée au plus vite à la suite d'un rapport sommaire de M. Desselligny (2), consacra ce système sans prendre le temps nécessaire à la rédaction d'un texte destiné à poser les bases d'un impôt entièrement nouveau. Aussi, l'article premier de cette loi est rédigé en des termes généraux beaucoup trop compréhensifs dont la Régie abusera pour étendre l'exigibilité de la taxe en dehors des cas prévus par le législateur.

Il ne faut pas oublier en effet, que M. Casimir Perier n'avait pu, reprenant en son nom les propositions légèrement modifiées de la Commission de 1871, faire accepter l'impôt sur les revenus professionnels et com-

1. Voir le *Journal officiel* du 24 décembre 1880, p. 12.771, col. 3. Discours de M. Chesnelong.
2. *J. off.* du 26 juin 1872, p. 4.382.

merciaux compris en la cédule D. du projet primitif, parce que la nécessité d'une déclaration et d'un contrôle à domicile s'était imposée, et qu'au contraire, la taxe sur les valeurs mobilières avait été admise parce que son recouvrement pouvait être assuré sans que l'on dût édicter d'autres vérifications que celles auxquelles étaient assujetties les sociétés et établissements publics d'après les lois antérieures sur l'enregistrement.

On s'explique ainsi aisément pourquoi seuls les revenus produits par les placements faits dans les collectivités précitées étaient atteints par le nouvel impôt. La logique et l'égalité voulaient que tous les autres placements fussent assujettis au mêmes droits et dans ce sens, une loi du 28 juin 1872 avait établi une taxe de 2 0/0 sur le revenu des créances hypothécaires ; mais, comme les autres créances, pour pouvoir être atteintes, auraient donné lieu à l'inquisition dans la fortune privée, cette taxe fut abolie dès le 20 décembre 1872.

Ainsi, la loi du 29 juin 1872 nous apparaît comme le débris d'une réforme fiscale beaucoup plus générale qui s'est heurtée au principe encore très vivace alors de liberté individuelle. L'Assemblée nationale voulut éviter toute mesure vexatoire. Désirant atteindre une catégorie de revenus que les lois anciennes laissaient indemnes, elle ne le fit que dans la mesure où l'application de son nouvel impôt était compatible ave les susceptibilités légitimes des contribuables. Au reste il faut bien retenir qu'en atteignant les sociétés et établissements, la loi de 1872 ne les visait nullement en eux-mêmes, considérés comme personnes distinctes des associés, mais visait, au contraire, exclusivement les capitalistes qui réalisaient des bénéfices au moyen des capitaux qu'ils engagent ou prêtent. Il s'en suit donc que, seuls, les revenus distribués doivent supporter l'impôt (1).

D'ailleurs, à ce point de vue, la loi de 1872 paraît assez explicite.

« Il est établi, contient l'article 1, une taxe annuelle
« et obligatoire : 1° sur les intérêts, dividendes, revenus
« et tous autres produits des actions de toute nature
« des sociétés, compagnies et entreprises quelconques,
« financières, industrielles, commerciales ou civiles.
« quelle que soit l'époque de leur création ; 2° sur les
« arrérages et intérêts annuels des emprunts et obliga-
« tions des départements, communes et établissements
« publics ainsi que des sociétés, compagnies et entre-
« prises ci-dessus désignées ; 3° sur les intérêts, pro-
« duits annuels des parts d'intérêts et commandites
« dans les sociétés, compagnies et entreprises dont le
« capital n'est pas divisé en actions ».

Ainsi, il s'agit d'une taxe perçue annuellement, sur les produits annuels, c'est-à-dire, forcément les pro-

---

1. Voir en ce sens le *J. off.* du 24 décembre 1880. p. 12.783.

duits distribués et rien que sur ceux-là (1) : le capital social réservé ne paie donc pas la taxe, même lorsqu'il est constitué en partie au moyen de produits réalisés au cours de l'année précédente. Toutefois, cette règle ne s'applique qu'aux revenus prélevés pour la réserve statutaire ou extra statutaire (2). La raison de cette exemption est qu'il ne saurait y avoir véritablement bénéfices quand les revenus de l'entreprise sont absorbés par les besoins sociaux (3). Or, le fonds de réserve destiné par la loi ou par la volonté des associés à parer à certaines éventualités, doit être regardé comme affecté à un besoin social et, comme tel, indisponible.

Enfin, la distribution du revenu ne peut consister que dans une appropriation de ce revenu par chaque associé (4) et, s'il n'est pas procédé immédiatement à cette appropriation, il faut de toute nécessité que les produits, qui ne sont pas encore à la disposition des associés, soient, tout au moins, soustraits aux risques postérieurs de l'entreprise. Les bénéfices qui profiteraient à une personne étrangère à la société ne sau-

1. En ce sens : cf. Seine, 6 juillet 1877. *J. E.* 20.459. Saint-Omer, 26 août 1881, *J. E.* 21.731 C. de Cass., 27 mars 1893. *Rép. de Garnier*, n° 8065. *J. E.* 24.066.

2. En ce sens deux solutions de la Régie du 8 février, 21 avril 1873.

3. Cass. 13 juillet 1870.

4. Voir la déclaration de M. Roger Marvaise, rapporteur au Sénat du budget de 1887, Séance du 23 décembre 1880. *J. off.* du 24. p. 12.776.

raient donc servir de base à l'impôt. Telles sont les sommes prélevées au profit d'indigents (1).

Le fait générateur de l'impôt, il ne faut pas l'oublier, est la distribution, mais la distribution aux associés, c'est-à-dire aux capitalistes, aux bailleurs de fonds que seuls la loi vise. Cette opération fait passer une certaine somme de la caisse sociale dans le patrimoine privé des membres : c'est en cette somme seulement que consistent les revenus taxés. La déclaration faite à ce sujet par M. Magne le 29 juin 1872 en réponse à un contre-projet tendant à l'établissement d'un impôt général sur le revenu, est très catégorique dans le sens que nous indiquons. La Commission tenait expressément à maintenir la distinction entre l'impôt de mutation qui frappe le capital et l'impôt sur le revenu qui atteint exclusivement les revenus réels autres que ceux dûs au travail personnel : la taxe nouvelle ne pouvait donc atteindre les entreprises improductives, c'est-à-dire, dont tous les produits étaient consacrés au maintien du capital social.

Ce principe certain dont s'est inspiré le législateur de 1872 a été méconnu en pratique : l'article 2 de cette loi, dispose qu'à défaut de délibérations des assemblées générales d'actionnaires ou de conseils d'administration, le revenu sera fixé à forfait à cinq pour cent du capital social. S'inspirant des termes généraux

1. Voir le *Traité alphabétique des droits d'Enregistrement* d'E. Maguero. Paris 1892 - 1896. V° *impôt* 4 0/0, n° 129.

de cet article, la Régie avait réclamé la taxe calculée à forfait à des sociétés improductives. Une pétition dénonça aux pouvoirs publics cette perception excessive et en contradiction absolue avec l'esprit de la loi de 1872. Mais le ministre des finances décida qu'elle était au contraire l'exacte application de la loi et la jurisprudence des tribunaux secondaires s'établit en ce sens (1). La Direction générale de l'enregistrement persiste encore actuellement dans sa prétention bien qu'elle ait été formellement condamnée par la Cour de cassation à plusieurs reprises (2).

Le décret du 6 décembre 1872 affirme, lui aussi, par avance, comme en se référant à un principe au-dessus de toute contestation, que la taxe ne peut être perçue sur les sociétés qui cessent de donner des revenus : il dispose en effet, en son article 1, que la liquidation de l'impôt se fait en quatre termes égaux déterminés provisoirement, et calculés sur les quatre cinquièmes du revenu « s'il en a été distribué ». Lorsque ce mode de liquidation a donné lieu à une perception excessive, l'excédent s'impute sur l'exercice courant « mais doit être remboursé si la société est arrivée à son terme ou cesse de donner des revenus ».

Comme la remarque en a été faite un peu plus haut,

1. Voir le *Dictionnaire des droits d'Enregistrement*. Tome VI n° 905.

2. Voir notamment : les arrêts des 13 avril 1886 J. E. n° 25.659 et 27 mars 1893. J. E. n° 24.066.

a loi de 1872 atteignait les capitalistes exclusivement dans les revenus que leur procure leur capital. Il fut même reconnu en 1875 à la discussion de l'amendement Clément, dont nous aurons occasion de reparler, que l'on avait visé uniquement les revenus « obtenus dans les sociétés sans le travail personnel des associés, par cette puissance particulière qui s'appelle l'association de capitaux » (1). L'exposé des motifs de la loi de 1872 présenté par M. Pouyer-Quertier spécifia qu'on laissait de côté les « sociétés en nom collectif, coopératives et autres dans lesquelles le bénéfice réalisé n'est, le plus souvent, que le fruit du travail et de l'intelligence des associés » (2). C'est donc le capitaliste, rien que le capitaliste, qui ne fait pas fructifier lui-même ses capitaux et se contente de toucher ou même de faire toucher ses dividendes, que vise la loi. L'Administration l'avait fort bien compris au premier abord et, par l'instruction 2457 § 1, elle recommandait à ses agents d'épargner « les sociétés commerciales en nom collectif et les parts y afférentes ». Mais, on le sait, les termes du texte avaient excédé la pensée du législateur et la jurisprudence avait consacré les prétentions devenues plus exigeantes de la Régie (3). Aussi, un projet de loi fut déposé pour « remet-

1. Voir M. Primot. *Dictionnaire des droits d'enreg.* T. VI n° 576.
2. Cf. Discours de M. Delsol *J. off.* du 25 décembre 1880, p. 12.841 col. 1.
3. Voyez les jugements d'Angers, 13 juillet 1894, de St Affrique, 22.

tre les choses dans l'état où l'on avait eu l'intention de les placer en 1872 » et « frapper le revenu produit par le capital du commanditaire ou bailleur de fonds qui ne fait pas valoir lui-même ce capital » (1). Le projet n'exemptant explicitement de la taxe que les sociétés en nom collectif, M. Clément rappela, à son tour, que les termes de la loi de 1872 étaient trop généraux, et que, pour éviter à certaines sociétés, que le législateur n'avait pas entendu atteindre davantage que les sociétés en nom collectif, les abus de perception dont ces dernières avaient souffert, il était nécessaire de s'expliquer également à leur sujet (2) : « Contrairement à
« votre pensée, par une rédaction incomplète, la loi de
« 1872 a obligé la Cour de cassation, interprétant les
« textes tels qu'ils étaient rédigés, de déclarer, enten-
« dez bien ceci, là est toute la question, que les socié-
« tés de toute nature, quel qu'en soit le caractère, civil
« ou commercial, étaient frappées ».

Ces citations pourront paraître un peu excessives mais nous avons cru nécessaire d'insister sur le véritable esprit de la loi de 1872, c'est de lui que doit nécessairement s'inspirer l'interprète en présence des expressions aussi vagues et aussi peu juridiques dont s'est servi le législateur. M. Primot, en l'ouvrage sou-

---

juillet 1874, *J. E.* 19.524 et l'arrêt de Cassation du 23 août 1875 au *Journal de l'Enreg.* n° 19.868.

1. Discours de M. Gouin, séance du 1er décembre 1875.
2. Séance du 1er décembre 1875.

vent cité, l'a fait avec beaucoup d'exactitude pour exempter de la taxe les entreprises qui n'ont pas au moins les traits principaux du contrat de société, c'est-à-dire où l'on ne rencontre pas d'apports effectués en vue de partager les bénéfices résultant d'une exploitatation en commun (1).

Il eût de même été conforme à l'intention du législateur de 1872 d'exempter les sociétés civiles qui sont bien plus des sociétés de personnes que des sociétés de capitaux et où le travail des associés est la principale source des bénéfices réalisés. Il peut en effet paraître étrange de voir certaines grandes banques dispensées de la taxe sur leurs gros bénéfices, alors que trois ou quatre cultivateurs associés pour exploiter un domaine y sont assujettis.

L'amendement Clément faisait disparaître cette anomalie, qui, sans doute, n'avait pas encore existé en fait; mais qui pouvait fort bien se présenter, étant donné les termes généraux de la loi et l'interprétation littérale de la cour suprême. Mais, une fois de plus, on préféra rédiger une loi de circonstance, sans vouloir consacrer d'une façon expresse les principes certains qui avaient présidé à la confection de la loi de 1872.

1. Outre les sociétés en nom collectif, les commandites simples en ce qui concerne les commandités, les coopératives et sociétés en participation sont exemptes de la taxe. Loi du 1ᵉʳ décembre 1875.

En résumé, si l'on s'en tient à l'esprit du législateur de 1872, comme semblent l'exiger les nombreuses déclarations des membres de l'Assemblée Nationale, il faut, pour que la taxe sur le revenu soit applicable, que des bénéfices soient encaissés par les membres d'une société, à raison non des services qu'ils ont pu fournir pour la réalisation de ces bénéfices, mais uniquement des capitaux qu'ils y ont engagés. Il en résulte bien clairement que les congrégations ne pouvaient être atteintes par la loi de 1872 et celà, pour plusieurs raisons :

Tout d'abord parce que les congrégations étant des associations et non des sociétés, elles ne pouvaient être visées. Ensuite, elles ne distribuaient aucun bénéfice à leurs membres et la taxe manquait de base. D'autre part enfin, les congréganistes, lorsqu'ils font un apport à la communauté, ne placent pas un capital, mais l'aliènent définitivement. Si donc on assimile les congrégations aux sociétés dont elles revêtent quelquefois la forme, les congréganistes ne jouent pas encore le rôle de bailleurs de fonds qui donne lieu à la perception de la taxe ; ils ne fournissent que des services et reçoivent comme prix une créance, un droit à la vie commune. On peut même dire sans exagération, que la situation du congréganiste est diamétralement opposée à celle de l'actionnaire bailleur de fonds. L'un travaille sans s'enrichir et l'autre s'enrichit sans travailler.

C'est ce dernier seul que la loi de 1872 a voulu frapper (1).

D'ailleurs, en appliquant la taxe aux congrégations, comme à tout autre association, ce n'est plus un particulier qu'on atteint, mais une œuvre : même si l'on attribue fictivement aux congréganistes des parts d'intérêt, ces parts ne leur procurant aucun bénéfice, puisque tous les revenus de la congrégation sont absorbés par les charges qu'elle assume, par les besoins de l'œuvre qu'elle poursuit, la taxe sera forcément acquittée au moyen des fonds dont dispose cette œuvre et non par les congréganistes qui ont fait vœu de pauvreté et abandonnent même au commun de la maison les revenus de leur fortune personnelle, bien loin de retirer un bénéfice de l'association à laquelle ils se sont agrégés.

C'est ce qu'avait admirablement compris M. Chesnelong lorsqu'il disait au Sénat le 23 décembre 1880 que le projet de loi sortait de l'esprit de la loi de 1872,

1. « La loi du 29 juin 1872, dit M. Primot, *op. cit.* n° 1872, frappe exclusivement les produits des parts d'intérêt et les actions, c'est-à-dire les bénéfices personnels des associés. Les associations, qui ne comportent ni parts d'intérêt, ni actions étaient, par conséquent, en dehors de son principe même. Dans le nombre figuraient notamment les congrégations religieuses reconnues, aussi n'est-il jamais venu à l'idée de personne de leur réclamer la taxe en vertu de la loi du 29 juin 1872. Elles y échappaient donc, non par suite d'une fausse interprétation de jurisprudence, mais tout simplement parce que la loi de 1872 n'était pas faite pour elles ».

que, loin de la compléter, il la déformait et la dénaturait, faisant d'une loi d'impôt une loi politique. « En 1872, on avait voulu atteindre des revenus, « aujourd'hui vous voulez frapper des œuvres. Et vous « les frappez parce qu'elles vous sont suspectes et « parce que vous n'en voulez pas : Voilà la vérité » (1).

Ce qui paraissait rationnel pour les loges maçonniques ou la ligue de l'enseignement fut considéré comme une faveur intolérable pour les congrégations. Celles mêmes qui, n'étant pas reconnues, devaient, pour remédier à l'incapacité dont les frappait la loi, se constituer en sociétés, avaient opposé à la régie une fin de non recevoir qui, à coup sûr, était une fraude. Elles ne distribuaient pas de bénéfices. Est-ce que les sociétés dépourvues de conseil d'administration n'étaient pas, par une présomption « *juris et de jure* » réputées distribuer des revenus sur le pied de 5 0/0 des capitaux engagés ? Les tribunaux l'avaient reconnu et même, écartant la preuve de l'improductivité, avaient exigé la taxe, la société fût-elle en perte (2).

1. Dans le même sens : M.F. Boyer *J. off.* du 10 décembre 1880, p. 12.149. M. Gouin *J. off.* du 24 décembre, p. 12.784 et les dénégations des anciens membres de l'assemblée nationale occasionnées par les discours du rapporteur et du sous-secrétaire d'Etat p. 12.779 et suivantes.

2. Cf. Un jugement du tribunal de la Seine du 27 mai 1876. J.E. 20.177. Rép. 4.426 et un arrêt de Cassation du 28 janvier 1879. D. 79.1.293. S. 80.1.87.

Avec un peu de bonne volonté, il eût été facile de comprendre que si les congrégations ne distribuaient pas de bénéfices, c'est qu'elles ne pouvaient en distribuer, parce qu'elles sont des associations désintéressées, destinant leurs revenus à l'œuvre qu'elles accomplissent : opération qui n'a rien de commun avec la mise en réserve provisoire en vue d'une distribution ultérieure aux associés (1).

On aurait également pu se rendre compte avec un peu de réflexion, que ce fait de la non distribution n'était nullement un subterfuge imaginé par les congrégations pour échapper à un impôt qui les atteignait, mais bien une conséquence de leur nature intime.

Ainsi, nous pouvons dès maintenant toucher du doigt la double fiction signalée plus haut : d'une part, la loi de 1872 ayant visé exclusivement des sociétés, ne peut s'appliquer aux congrégations que si l'on transforme ces associations en sociétés ; d'autre part, la taxe, destinée à atteindre des particuliers sur les revenus qu'ils encaissent, était dénaturée puisqu'elle ne pouvait frapper les congrégations en la personne de leurs membres qui ne touchent aucun revenu ; elle ne pouvait trouver de base que si, contrairement à la réalité, on considérait l'emploi que fait une association de ses ressources à la poursuite de son

---

1. Cette façon de procéder, assez fréquente dans les sociétés, donne lieu à la perception de la taxe lors de la distribution. Cassation, 8 janvier 1889. D. 1889.1.131.

but, comme une accumulation de dividendes destinée à être partagée à brève échéance.

Les lois de 1880 et de 1884 ne se sont pas arrêtées devant les difficultés que promettait l'application d'un impôt manquant de base réelle. Elles ont voulu persister dans une assimilation invraisemblable pour paraître rester dans le droit commun et ne purent obtenir un résultat qu'au prix de mesures exceptionnelles et souvent contraires aux principes, malgré leur apparente généralité.

L'examen des conditions d'exigibilité de la taxe et des règles suivant lesquelles elle est calculée et recouvrée sur les congrégations religieuses montrera l'exactitude de ces assertions.

CHAPITRE PREMIER

Circonstances dans lesquelles la taxe est due d'après les lois du 28 décembre 1880 et 29 décembre 1884.

§ 1. — Loi du 28 décembre 1880.

Connexité de la lutte politique et de la lutte fiscale contre les congrégations. — L'amendement Brisson : absence de portée juridique. — Modifications de forme. — Texte trop général. — Interprétation de la Régie. — Exemptions injustifiées. — Inefficacité de la loi.

Il nous a paru nécessaire de rappeler dès maintenant les péripéties par lesquelles sont passées les lois qui ont appliqué la taxe sur le revenu aux congrégations religieuses. Peut-être certains détails que nous relaterons, toujours le plus succinctement possible, paraîtront ils étrangers à l'objet de ce chapitre ; ils auront, du moins, pour but de faire apparaître de suite quel fut le véritable esprit tant des initiateurs des lois que nous étudions, que celui du Parlement qui les a votées et des interprètes qui les ont appliquées.

On peut remarquer tout d'abord que l'amendement Brisson devenu, après modification, les articles 3 et 4 de la loi du 28 décembre 1880, fut déposé par son auteur sur le bureau de la Chambre dès le 18 mars de cette année, c'est-à-dire quelques jours après le rejet de l'article 7 par le Sénat et l'ordre du jour de la Chambre invitant le gouvernement à appliquer aux congrégations non reconnues les lois administratives en vigueur (1).

Cet amendement qui d'ailleurs, dans sa rédaction primitive, contenait, en dehors des dispositions d'ordre fiscal, une véritable réforme de la situation juridique des congrégations, apparaît donc comme une seconde face de la lutte engagée en 1880 contre ces dernières. Les résultats de l'enquête ordonnée en 1876 sur la fortune des congrégations venaient d'être connus et avaient fait sensation, cette fortune ayant décuplé en trente ans (2). Mais, l'application des décrets aux congrégations d'hommes avait fait scandale et le gouvernement avait dû y renoncer pour les congrégations de femmes, se réservant de les atteindre par un autre moyen. C'est ainsi que la décision du 3 avril 1880 avait rap-

1. Séance du 16 mars 1880.
2. *Bulletin de statistique et de Législation comparée de 1880*, p. 249.

porté celle du 25 juin 1852 exemptant du droit de mutation les rétrocessions consenties aux congrégations par leurs membres après la reconnaissance d'utilité publique.

L'amendement Brisson arrivait donc dans le même ordre d'idées. Son auteur disait lui-même à la Chambre : « Il faut que le siècle reprenne ses avantages ; je vous offre un moyen ; il est modeste : on peut en imaginer d'autres (1) ». Il n'était plus question de demander l'égalité de toutes les associations même religieuses, ni de « répudier toute idée de persécution contre les congrégations » comme l'avait fait solennellement quelques années avant ce même M. Brisson au nom des gauches (2).

L'amendement était au contraire franchement hostile aux congrégations, mérite que n'eurent pas les lois qui s'inspirèrent de lui. Rattaché au budget, il avait chance de consacrer la volonté de la Chambre sans que le Sénat, pressé par le temps, osât retarder, par une opposition prolongée, le vote de la loi d'impôt. Le procédé, encore peu usité à cette époque, pouvait paraître irrégulier.

Mgr Freppel, en la séance du 9 décembre (3), montra clairement à la Chambre que chacun des articles

1. *Journal officiel*. Séance du 24 décembre 1880 p. 12. 778. col. 2.

2. Voir au *Journal officiel*, la séance du 12 mai 1872, p. 3.272.

3. *J. off*. du 10 décembre 1880, p. 12. 144.

de l'amendement apportait une dérogation soit aux lois civiles, soit aux lois fiscales. La même démonstration fut renouvelée au Sénat par M. Clément le 23 décembre (1). Mais rien n'y fit et la disjonction de l'amendement fut repoussée, d'ailleurs à une faible majorité (2).

Parmi les dispositions de cet amendement, l'article 4 u projet rappelait l'application de la législation sur les patentes. La Commission du budget pensa bien faire en appliquant aux congrégations le dédoublement du roit fixe de patente prescrit pour les sociétés en nom c ollectif qui paient un droit par associé et, en outre, un droit pour la société. A vrai dire, malgré les différences profondes qui existent entre l'association et la société, c'est encore aux sociétés en nom collectif que l'on pouvait trouver le plus de ressemblance avec les congrégations, au point de vue du rôle du travail personnel des associés dans le succès de l'entreprise, seul point intéressant lorsqu'il s'agit d'appliquer la taxe quatre pour cent aux sociétés. Mais cette assimilation qui avait quelque apparence d'exactitude, ne pouvait servir que pour l'établissement du droit de patente. Pour l'application de la taxe sur le revenu, elle aboutissait à un résultat qui certes ne pouvait convenir, puisque les sociétés en nom collectif sont exemptes de cette taxe ; aussi, la partie de l'article 4 ajoutée par

1. *J. off.* du 24 décembre 12-778.
2. Par 145 voix contre 130.

la commission par suite d'un zèle intempestif, fut prestement retirée au moment où elle allait venir en discussion. Il ne resta donc plus en l'article précité qu'un simple rappel de la législation sur les patentes que la Commission du budget au Sénat put faire disparaître sous prétexte d'inutilité.

C'est l'article 5 du projet qui rendait applicable aux « congrégations, corporations ou communautés sans exception quelle que soit leur dénomination, leur forme ou leur objet » la loi du 29 juin 1872 et le décret du 6 décembre suivant. Le revenu passible de la taxe était déterminé à forfait à 5 pour cent du capital commun évalué selon les lois de l'enregistrement, sans distraction des immeubles qui y seraient compris (1).

C'était une loi d'exception, mais qui n'avait aucune prétention juridique : elle assimilait des associations à des sociétés et les taxait, non sur leurs revenus réels, comme le sont ces dernières, mais sur un revenu « innomé et innomable » dit M. de Vareilles-Sommières, évalué *a priori* à 5 0/0 sans que la preuve contraire fût possible. D'ailleurs, les seules congrégations étaient atteintes, tandis que toutes les autres associations étaient laissées sous le régime institué en 1872, c'est-à-dire exemptes tant qu'elles s'abstenaient de distribuer des bénéfices.

1. Cf. *Contrôleur de l'Enregistrement.*

L'amendement, ne pouvant invoquer aucun principe juridique réel, fut surtout défendu par des raisons d'opportunité. Toutefois, pour faire maintenir son incorporation au budget et, bien plus encore, pour rassurer les modérés, M. Brisson soutint également que cet amendement n'innovait pas sur la loi de 1872 (1). Puis, il montra la magistrature « mettant réellement les congrégations au-dessus de notre droit public et de notre droit civil », et leur accordant « la personnalité civile elle-même refusée par la loi » ; il n'eut plus alors qu'à agiter le fantôme de la mainmorte avec amplification des résultats de l'enquête sur la fortune des congrégations, pour entraîner le vote à la Chambre.

Mais, au Sénat, il fallut avoir plus de ménagements ; le terrain n'était plus le même ; l'utilité des congrégations enseignantes, même non autorisées, avait été affirmée par le rejet de l'article 7. Et, si cette assemblée comptait, elle aussi, des ennemis des congrégations, une part plus large y était faite à l'observation des principes, et l'on devait tout au moins, avoir l'air de les respecter. La commission et M. Roger Marvaise, rapporteur, le sentirent très bien et eurent soin de ne pas présenter au Sénat le texte voté par la Chambre. Ce texte en effet, nous l'avons vu, consacrait, outre une

---

1. Cf. *J. Off.* du 10 décembre 1880, p. 12.147. Voir également les discours de MM. Wilson et Rouvier : *J. Off.* du 24 décembre, p. 12.782, et le rapport de M. Roger Marvaise au Sénat, p. 12.666.

dérogation inexplicable au principe de l'immunité des associations établi en 1872, une rigueur spéciale pour les congrégations. D'autre part, il contenait certaines incohérences qu'il importait de faire disparaître devant le Sénat où elles auraient à coup sûr été relevées. L'article 3 du projet, notamment, rappelait les lois prohibitives des associations religieuses non autorisées, tandis que l'article 5 les englobait dans la dénomination générale d' « associations même de fait existant entre les membres des congrégations reconnues ou non reconnues » et, à ce titre les frappait de la taxe sur le revenu.

Le gouvernement avait en effet voulu atteindre les congrégations de deux côtés à la fois. Mais ces dispositions auraient pu paraître contradictoires à la haute assemblée : on supprima l'article 3 dont l'utilité n'était pas manifeste. La commission eut aussi le tort de ménager les susceptibilités du Sénat et voulut lui éviter la petite humiliation de voter une loi consacrant une dérogation non déguisée aux principes d'égalité devant l'impôt. Aussi M. Roger Marvaise expliqua au Sénat qu'on lui proposait au contraire une loi générale : « Il s'agit de contributions indirectes ; or, « le propre de ces sortes de contributions est d'at- « teindre les actes et les faits, abstraction faite des « personnes qui les accomplissent. C'est en nous péné- « trant de cette pensée que nous nous sommes effor- « cés de donner aux dispositions que nous soumettons

« à votre vote un caractère de généralité en harmonie
« avec le but poursuivi par l'administration de l'enre-
« gistrement. »

Même, cette loi n'était que le complément naturel de la loi de 1872, qui frappait, selon le rapporteur, tous les produits et bénéfices des associations et sociétés sans exception. Sans doute, dans les associations les bénéfices n'étaient pas distribués, mais ils étaient consacrés à l'augmentation du capital social et l'on devait les assimiler aux bénéfices mis provisoirement en réserve dans les sociétés, mais distribués soit un jour, soit l'autre. L'unique portée des mesures fiscales proposées était en effet de « rétablir l'égalité au point de vue de l'impôt entre tous les citoyens. »

Ainsi, l'on invoqua le principe même qu'il s'agissait de violer et M. Chesnelong avait singulièrement raison de dire que parler de l'égalité devant l'impôt, à l'occasion d'un projet tel que celui-là, était une dérision.

Nous savons en effet que la loi de 1872 était toute spéciale aux sociétés et même à une certaine catégorie de sociétés et ne visait que les bénéfices réalisés par chacun des membres de ces sociétés. L'étendre aux congrégations était faire une loi toute nouvelle, une loi toute spéciale, animée d'une esprit tout différent (1).

A la différence du texte voté par la Chambre, la ré-

---

1. Voir le discours de M. Chesnelong au Sénat le 23 décembre 1880. *J. Off*. du 24. p. 12.771 et suivantes.

daction nouvelle de la commission atteignait les congrégations religieuses sans paraître édicter contre elles une mesure d'exception. Elle frappait en effet toutes les sociétés et toutes les associations.

L'article 5, devenu l'article 3, contenait : « L'impôt « établi par la loi du 29 juin 1872 sur les produits et « bénéfices annuels des actions, parts d'intérêt et « commandites, sera payé par toutes les sociétés, alors « même que les produits ne doivent pas être distri- « bués. Les mêmes dispositions s'appliquent aux asso- « ciations reconnues et aux sociétés ou associations « même de fait existant entre tous ou quelques-uns « des membres des associations reconnues ou non « reconnues. »

Malgré l'obscurité de ce texte, on pouvait, à peu près sûrement, affirmer que le second paragraphe était relatif aux associations, tandis que le premier ne visait que les sociétés. La situation de ces dernières était singulièrement aggravée : la loi de 1872 n'atteint que les sociétés qui distribuent des dividendes, et encore, pas toutes ; le nouveau texte, au contraire, frappait toutes les sociétés sans exception et précisait même que l'absence de distribution ne serait pas un obstacle.

C'était aller un peu loin et certaine grande banque aurait pu réclamer. Aussi, le texte définitif porte seulement : « L'impôt... sera payé par toutes les sociétés dont les produits ne doivent pas être distribués. »

La différence est sensible ; on ne vise plus toutes les sociétés, mais seulement celles qui ne doivent pas distribuer de produits, c'est-à-dire, en français, les associations. Quant aux sociétés, on les laisse sous le régime antérieur.

Donc, désormais, le second paragraphe de l'article 3 n'est qu'une explication plus ou moins embrouillée de la première phrase ; c'est une sorte de précaution surérogatoire inspirée par la crainte de laisser échapper les congrégations qu'on s'interdit de nommer. Quoiqu'il en soit, toutes les associations sont atteintes et beaucoup sont frappées qu'on n'aurait jamais eu la pensée de viser, si les congrégations religieuses n'avaient pas existé. Aucune n'échappe à l'impôt : les sociétés de savants comme les confréries de pénitents, les conférences de St Vincent-de-Paul comme la franc-maçonnerie et la ligue de l'enseignement. Pour peu que deux intelligences se touchent, que deux cœurs s'unissent, on verra l'enregistrement apparaître.

Ainsi, même rectifié et généralisé, l'amendement Brisson avait sans doute en apparence une portée moins exceptionnelle et moins spéciale ; mais n'en restait pas moins en réalité en contradiction flagrante avec la loi dont il prétendait n'être que le complément rationnel. Cette loi ne visait que l'actionnaire ou le titulaire de part dans une société ; le fait matériel et palpable de la distribution des bénéfices servait de raison d'être et de critérium à la perception. Désormais, on ne distingue plus entre l'actionnaire qui touche son dividende et la petite sœur des pauvres qui distribue les aumônes qu'elle a reçues. C'est à se demander pourquoi l'on continue à exempter de la taxe les produits que les sociétés emploient à la constitution d'un fonds de réserve ou même simplement aux besoins de l'entreprise, à la réfection du capital social attaqué dans une mauvaise année. Pourquoi ne pas frapper aussi les sociétés en nom collectif, la coopératives et les participations ? Sur ce point, la rédaction de la commission du Sénat était logique : elle atteignait toutes les sociétés et tous les produits ; sans doute, c'était une dérogation plus formelle au principe posé en 1872, mais qui au moins, restait conséquente avec elle-même.

Le texte définitif, au contraire, ne se contente pas d'établir un principe opposé à celui de la loi de 1872 ; il évite même de l'appliquer aux sociétés déjà visées et à celles que ce nouveau principe commanderait d'atteindre, pour en réserver les conséquences aux associations, épargnées jusqu'ici. Il est donc impossible de soutenir que la loi de 1880 est la généralisation de celle de 1872, au seul point de vue des personnes auxquelles elle s'applique. La première en date était une loi fiscale particulière à une classe de contribuables ; la seconde est une loi politique dirigée contre certaines œuvres. On aurait tort en effet, prenant à la lettre les termes généraux de l'article 3 de croire qu'il s'applique à toutes les associations.

« A première vue, dit M. Parmentier (1), il semble
« qu'il ne soit question ni de frocs ni de cornettes, bien
« qu'au fond il ne soit pas question d'autre chose ».

On a permis au Sénat de ne pas se dédire ouvertement en frappant spécialement les congrégations qu'il avait protégées quelques mois auparavant; les susceptibilités de l'opinion publique avaient également été ménagées : que voulait-on de plus ? Chacun savait fort bien qu'en fin de compte la règle générale posée ne serait appliquée qu'aux congrégations. La Régie le comprit aisément et s'acquitta pour le mieux du rôle qu'on lui avait réservé. Il s'agissait, par une subtilité juridique, de soustraire à l'impôt toutes les associations que n'avait pas visées l'honorable M. Brisson. Cette sélection fut accomplie par l'instruction générale n° 2.651 du 20 juin 1881 : d'abord, elle pose des principes qui lui assurent l'application de la loi aux congrégations; c'est là le point essentiel qu'on ne doit pas perdre de vue. Il faut, dit-elle, que la société ne doive pas distribuer de bénéfices, mais cela peut fort bien résulter de la nature même de l'association, tout comme d'une prohibition expresse : de cette façon, que les congrégations s'interdisent ou non la distribution, elles seront toujours atteintes, car leur nature s'oppose à cette distribution. Les congrégations non reconnues dont « l'organisation a également
« ment pour but et pour résultat de conserver tous les

---

1. *Journal des Economistes*, 1891 mars, p. 353.

« produits à l'association » ne sauraient échapper à la loi de 1880 plus que les congrégations autorisées. Ainsi, la loi civile les traite comme un pur néant, la doctrine générale à leur dissolution répute leurs biens vacants et les attribue à l'Etat ; c'est donc l'Etat qui, en définitive, héritera de ces revenus mis en réserve : peu importe ; ils acquittent en attendant le même impôt que les bénéfices encaissés par les actionnaires de sociétés lucratives.

D'ailleurs, l'article 3 a pris soin de le dire, la prohibition partielle de distribution de bénéfices est assimilée à la prohibition totale : les congrégations ne pourront donc échapper à la loi de 1880 sur la majeure partie de leurs produits en se soumettant volontairement à celle de 1872 jusqu'à concurrence des distributions qu'elles déclareront effectuer (1).

La Régie a donc posé un double critérium qui lui a permis d'atteindre sûrement les congrégations : premier résultat conforme aux intentions du législateur. Seulement les conséquences du principe posé sont excessives : c'est une arme qui manque de précision qu'il faut perfectionner. Que les congrégations soient frappées, c'est bien ; mais qu'elles le soient seules, c'est mieux.

Aussi, nous voyons l'instruction 2651 procéder par

---

1. Cf. *Dictionnaire des droits d'Enregistrement*. Tome VI, n° 1343.

exclusions savamment déduites : qu'on en juge plutôt Les travaux parlementaires, dit-elle, laissent carte blanche pour l'application de la loi. Sans doute, la nature de l'association peut, à elle seule, ainsi que je l'ai établi un peu plus haut, s'opposer à la distribution de produits et rendre applicable la loi de 1880, indépendamment de toute prohibition expresse de distribution ; mais ce fait ne se produit que dans les associations ayant « comme les congrégations autorisées, le caractère prédominant de société » (1).

C'est le cas ou jamais de s'écrier avec M. de Vareilles-Sommière (2) : « En entendant ce langage, les juris-
« consultes se croient transportés à Babel au moment
« de la confusion des langues et il leur faut un long
« effort pour restituer aux choses leur vrai nom et aux
« mots leur vrai sens ».

Voilà donc d'une part, les congrégations autorisées qui ont le caractère prédominant de société, alors que ne l'ont pas toutes les autres associations, même parfois « établies sous forme de sociétés telles que cer-
« tains cercles, comices, ouvroirs, loges » (3), bien qu'il leur arrive de « distribuer entre leurs membres les produits qui dépassent les besoins de l'association ». D'autre part, parce que ces congrégations ont le caractère prédominant de société, voilà qu'on suppose

1. Instruction n° 2651, p. 5.
2. *Revue de Lille*, 1890-91, p. 284.
3. *Loco. cit*, p. 6.

toute distribution de bénéfices impossible chez elles et, qu'au contraire, on déclare cette distribution vraisemblable dans des associations que l'on répute désintéressées, puisqu'on ne leur reconnaît pas le caractères de sociétés ! Il est permis vraiment, d'être surpris d'une pareille conclusion surtout que l'instruction précitée prend soin de nous révéler (1) que « le mot « société a, dans l'article 3 de la loi du 28 décembre « 1880, la même signification que dans la loi du 29 « juin 1872 ».

Quoiqu'il en soit, la Régie arrive à ses fins : elle aboutit à cette conclusion que les établissements publics ou d'utilité publique autres que les congrégations, ne peuvent être visés, qu'il en est de même des compagnies d'assurance mutuelle, sociétés de secours mutuels « qui ne sont pas des sociétés proprement dites « réalisant des bénéfices » et aussi, des associations littéraires, scentifiques, cercles, etc. parce que « leur or- « ganisation ne leur interdit pas d'une façon absolue la « distribution de produits ». Les contradictions de ces différentes remarques, destinées à écarter l'application de la loi, saute aux yeux des moins clairvoyants, mais la Régie ne s'y arrête pas et déclare sans sourciller que les congrégations ont « pour but et pour résultat de conserver tous les produits à l'association » et que, pour cette raison elles ont le caractère de véritables sociétés et tombent sous la loi de 1880.

1. Page 5.

La vérité, nous le savons, c'est que toutes les associations sans exception étaient visées par cette loi. Sans doute, M. Wilson, sous-secrétaire d'Etat, avait affirmé, au cours des débats parlementaires, que la nouvelle loi ne pouvait atteindre les compagnies d'assurance mutuelle, les sociétés de secours mutuels, sociétés scientifiques et toutes autres de même nature, parce qu'elle était faite pour les associations prohibant à tout jamais la distribution des bénéfices, « éventua-
« lité qui ne saurait se produire dans les sociétés
« visées, parce qu'elle était contraire à leur essence,
« à leur but et à toute leur organisation ». Cette affirmation était purement gratuite et soutenue par une argumentation spécieuse, mais dénuée de tout fondement. Qui ne voit en effet que ces sociétés d'assurances, de secours mutuels, etc., sont de pures associations et que donner le nom de produits aux secours qu'elles distribuent est une véritable mystification? Rien ne s'oppose à ce qu'une clause de leurs statuts interdise la distribution des bénéfices, sans interdire pour celà la distribution de secours qui est leur but et même, cette clause prohibitive est toujours sous-entendue, puisqu'il s'agit d'associations. La loi de 1880 était donc forcément applicable.

M. Primot justifie les exemptions consacrées par l'Instruction 2.651 en faisant observer qu'elles étaient conformes aux vues des promoteurs de la loi. Telle est en effet la seule explication possible des exclusions fantaisistes auxquelles s'est livrée la Régie. Mais peut-être pourrait-on se demander si c'était là un motif suffisant pour justifier une dérogation aussi formelle aux principes ordinaires d'interprétation juridique et s'il n'eût pas été plus régulier de considérer qu'en définitive, ce qu'on devait appliquer, c'était le texte voté par les deux Chambres et non pas tel ou tel projet de loi adopté par une partie seulement du Parlement.

L'observation stricte de la loi aurait fait vite apparaître tout ce qu'elle avait de ridicule et de rigoureux. M. Primot a encore tenté de justifier autrement la distinction établie par la Régie entre les congrégations et les autres associations ayant pour but le progrès des sciences, des arts et de la morale : « Ces asso-
« ciations, dit-il, se distinguent d'une manière très sen-
« sible des congrégations religieuses... lorsqu'elles sont
« établies en dehors de toute idée de spéculation,
« qu'elles ne se proposent pas de faire fructifier par
« l'industrie de leurs membres ou par des procédés
« comparables à ceux qu'emploient à cet effet les so-
« ciétés ordinaires, en d'autres termes, lorsque leur
« activité sociale ne doit pas s'exercer en vue d'un
« produit à réaliser. Il paraît difficile de regarder com-
« me ayant le caractère prédominant de société une
« entreprise créée dans de telles conditions qui ne
« constitueraient pas une société aux termes de l'arti-
« cle 1832 du code civil, alors même qu'il serait per-

« mis à ses membres de s'approprier à l'époque de
« la dissolution la plus value acquise par son ca-
« pital (1) ». On ne peut qu'applaudir à ces réflexions
d'une exactitude incontestable, mais il est permis de
s'étonner qu'elles ne soient applicables qu'aux associations ayant pour but le progrès des sciences, des arts et de la morale et, pour notre part, nous les croyons tout aussi justes lorsqu'il s'agit des congrégations ou de toute autre association désintéressée.

Au reste, le système de la Régie, nous l'avons remarqué, est singulièrement incohérent : elle assujettit les congrégations à la taxe, parce qu'elles ont le caractère prépondérant de société et d'autre part, elle en exempte les autres associations, parce que leur organisation ne s'oppose pas formellement à la distribution de bénéfices, c'est-à-dire parce qu'elles ont aussi le caractère de société. « D'un coup de baguette, dit
« M. de Vareilles-Sommières, la Direction de l'En-
« registrement, avec l'approbation tacite, ou plutôt
« les ordres secrets du Gouvernement, transforme
« ainsi toutes les associations qui ne sont pas des
« congrégations en vulgaires sociétés civiles ou com-
« merciales qui ont pour objet de distribuer leurs
« produits. » (2) Au moins, aurait-on dû, conformément aux dispositions de cette loi de 1872 dont on se

---

1. *Loc. cit.*, 1359, 1373.
2. *Revue de Lille*, 1890-91, *p.* 300,

réclamait, soumettre ces pseudo-sociétés à l'obligation de déposer dans les bureaux de la Régie la délibération du conseil d'administration constatant l'existence ou l'absence de bénéfices et décidant leur distribution ou leur emploi au fonctionnement de l'entreprise. Il n'en fut rien, et, à ce point de vue, on les considéra sous leur véritable aspect d'associations. A la différence de la chauve-souris de la fable, ces groupes étaient sociétés parmi les associations et associations parmi les sociétés et ne payaient la taxe ni en vertu de la loi de 1880, ni en vertu de celle de 1872.

Est-il étonnant qu'en présence d'une telle différence de traitement entre les associations en général et les congrégations en particulier, ces dernières se soient efforcées de rentrer dans la situation avantageuse qui était faite à leurs similaires laïques ? Peut-on franchement leur faire un bien grand crime et leur reprocher d'avoir manqué au devoir qui incombe à chaque citoyen de supporter sa part des charges publiques, pour n'avoir trouvé aucun charme au plaisir de payer un impôt arbitraire auquel on faisait échapper toutes les autres associations en violant formellement le texte de la loi ?

D'ailleurs, n'avons-nous pas montré qu'en principe, les congrégations avant 1880, n'étaient nullement privilégiées au point de vue fiscal et qu'en fait, elles n'étaient certes pas les contribuables les moins imposés ?

D'autre part, cette extension de la loi de 1872 est apparue à tout le monde une simple mesure politique, une arme de combat, bien plutôt qu'une ressource budgétaire. Il était donc bien naturel que les congrégations se défendissent : elles l'ont fait et à coup sûr plus ouvertement qu'on ne les attaquait. On se plaçait sur le terrain de l'égalité devant l'impôt et l'on s'empressait de violer cette égalité au préjudice des seules congrégations ; qu'y a-t-il d'immoral à ce que celles-ci aient cherché à rétablir l'égalité ? La fraude même et la dissimulation auraient pu se comprendre pour atteindre ce but ; mais elles n'eurent même pas besoin d'y recourir. Elles avaient un droit ; elles en ont usé, rien de plus régulier.

La loi de 1880 visait exclusivement les sociétés et associations qui s'interdisent absolument la distribution des bénéfices, laissant de côté celles où cette distribution n'était pas impossible parce que la loi de 1872 les atteignait. Elle ne voulait assujettir à la taxe que les sociétés où les bénéfices ne seraient jamais distribués (1). La Régie s'était souvenue fort à propos de cette intention pour exempter, contre toute vraisemblance, toutes les associations et même certaines sociétés, à l'exclusion des seules congrégations. Elle leur évitait même la peine d'insérer dans leurs statuts la non impossibilité

---

1. Cf. *J. off.* du 24 décembre 1880, p. 12. 782, col. 2 (Discours de M. Wilson).

d'une distribution. Les congrégations n'avaient-elles pas le droit, elles, de faire cette insertion que l'on présumait chez les autres associations, surtout que la Régie elle-même leur reconnaissait le caractère prédominant de sociétés ? Quelques-unes usèrent de ce droit et échappèrent ainsi à la loi de 1880. Comme, d'autre part, elles ne pouvaient en fait distribuer de bénéfices, bien que la chose ne leur fût interdite, la loi de 1872 ne leur était pas appliquée plus que celle de 1880 : elles s'étaient déplacées de la ligne de tir.

A la Chambre, on présenta cette manœuvre comme une mystification, sans se rappeler que la Régie et la loi elle-même avaient pratiqué les premières ce procédé. Au reste, comme l'a fait observer M. Laurent (1), ce n'est pas éluder la loi que d'user d'un droit qu'elle accorde.

Les congrégations qui se laissèrent taxer, alors que les autres associations étaient exemptes, n'eurent d'ailleurs que peu à payer ou même rien du tout, puisqu'elles déclarèrent, ce qui était la vérité, qu'elles n'avaient point ou presque point fait de bénéfices. Pouvait-il en être autrement chez des associations qui sont des fictions de sociétés pour les besoins de l'Administration, acquittent une fiction d'impôt sur des revenus fictifs ?

Seules, les petites sœurs des pauvres, ayant négligé

---

1. *Principes*, T. XIV, n. 447.

de faire la déclaration de leurs revenus, se virent appliquer la présomption de revenu à cinq pour cent des biens affectés au service des malheureux. La taxe s'éleva à la somme de 4.276 francs, ce qui suppose un revenu annuel de 142.000 francs. Alors qu'en réalité, si elles ont des ressources qui, en une année, peuvent attendre un chiffre assez élevé, elles n'ont aucun revenu net, ne réalisent aucun bénéfice. Mais, on s'en tint au revenu présumé pour la liquidation de la taxe et, en le rapprochant de celui déclaré par les autres congrégations, on constata une telle différence que l'on crut ou feignit de croire à une fraude. D'autant plus que les évaluations budgétaires n'avaient pas été atteintes à beaucoup près.

Le rendement prévu de la taxe avait été calculé d'après les règles du projet Brisson qui basait l'impôt sur un revenu présumé de 5 0/0 des biens de toutes les congrégations. D'autre part, pour établir l'équilibre budgétaire, on avait même fictivement doublé le résultat obtenu par ce calcul. En sorte qu'une somme de 1.350.000 fr. avait été inscrite au budget : or, l'impôt produisit en 1882, 211.000 francs ; en 1883, 170.000 seulement.

Ces résultats qui n'avaient, en eux-mêmes, rien de surprenant furent imputés aux fraudes des congrégations et dès qu'on n'eut plus à craindre du Sénat, auquel un « sang nouveau venait d'être infusé », comme le dit spirituellement M. de Vareilles-Sommières, des velléités de modération, on résolut de rendre meurtrière l'arme trop inoffensive que la loi de 1880 avait mise aux mains du fisc. Le rapporteur de la loi de finances de 1885 et le commissaire du Gouvernement répétèrent à l'envi que les « congrégations avaient passé en se jouant au travers de la loi », invoquèrent l'exemple des petites sœurs des pauvres à l'appui des accusations de fraude qu'ils portaient contre les autres congrégations et demandèrent qu'ont remédiât aux transformations qu'elles avaient subies pour échapper à la loi de 1880. Les congrégations non reconnues, de leur côté, et à la différence de celles reconnues, ne tombaient pas de plein droit sous l'application de la loi de 1880 : il fallait qu'elles se soient interdit formellement la distribution totale ou partielle de leurs produits ou que cette interdiction résultât de leur organisation. (1) Il importait donc de les soumettre dans tous les cas au régime des associations religieuses reconnues.

§ 2. — Loi du 29 décembre 1884.

Le texte de cette loi désigne les congrégations spécialement, mais revêt encore un caractère de généralité que ne comporte pas la pensée du législateur. — Application de la loi aux seules congrégations et associations s'y rattachant.

Pour faire cesser l'inégalité dans la rigueur, un seul

---

1. Cf. Primot, *op. cit.* n° 1292 et Instruction 2651 § 2.

moyen se présentait au législateur de 1884, c'était de revenir au projet Brisson et de désigner nominativement les congrégations reconnues ou non reconnues ; c'est ce qu'il fit par l'article 9 de la loi du 29 décembre 1884 dont le paragraphe premier est ainsi conçu :

« Les impôts payés établis par les articles 3 et 4 de
« la loi de finances du 28 décembre 1880 seront
« payés par toutes les congrégations, communautés et
« associations religieuses, autorisées ou non autorisées,
« et par toutes les sociétés ou associations désignées
« dans cette loi, dont l'objet n'est pas de distribuer
« leurs produits en tout ou en partie entre leurs
« membres ».

Ainsi, le législateur de 1884 consacre l'interprétation de la Régie et la complète en ce qui concerne les congrégations. Comme l'amendement Brisson, il les désigne spécialement pour qu'elles ne puissent plus, en abdiquant leur caractère d'associations pour celui de sociétés, se réfugier sous l'empire, moins dur, de la loi de 1872.

Comme par une fatalité, il a donc été impossible d'enfermer les congrégations dans une formule générale dont elles ne puissent sortir en se déformant un peu. Il a fallu resserrer encore le lacet qui leur était tendu, leur donner une cellule particulière hermétiquement murée : qu'elles déclarent vouloir ou non distribuer des bénéfices, qu'en fait elles en distribuent ou non ; elles paient toujours la taxe et pour la seule raison qu'elles sont des congrégations. Il semble donc encore plus difficile qu'en 1880 de nier qu'on soit en présence d'une loi d'exception et de prétendre appliquer le principe de l'égalité devant l'impôt. Et cependant, telles ont été les prétentions du législateur.

Cette fois encore, on voulut ménager les scrupules de l'opinion publique et, pour la forme, on évita d'abroger les dispositions de la loi de 1880 relatives aux associations autres que les congrégations, dispositions d'ailleurs inoffensives, comme l'avait compris la Régie en évitant même aux associations qu'elles visaient l'humiliation de prendre la forme de vulgaires sociétés lucratives.

Les orateurs qui s'étaient succédé à la tribune de la Chambre avaient tous affirmé avec la plus grande assurance, pour que personne n'en ignorât, qu'on ne voulait en aucune façon placer les congrégations dans une situation qui leur fût particulièrement désavantageuse (1) et, à force de répéter qu'il s'agissait de les faire rentrer dans le droit commun, ils finirent par le croire eux-mêmes. Le droit commun leur apparut être cette situation anormale que la loi de 1880 avait inaugurée.

Il fallut donc mettre dans le texte une phrase qui maintint, au moins en apparence, l'égalité invoquée pour toutes les associations et, puisque cela ne tirait

---

1. *Journal officiel* du 20 décembre 1884.

pas autrement à conséquence, on assujettit au même impôt que les congrégations « toutes les sociétés ou « associations dont l'objet n'est pas de distribuer leurs « produits en tout ou en partie entre leurs membres ».

Ces expressions avaient encore l'avantage de permettre l'application de l'impôt aux associations qui, sans constituer de véritables congrégations ou même de simples associations religieuses, s'en rapprochaient considérablement. A ce point de vue, les travaux parlementaires laissaient la plus entière liberté à l'appréciation des tribunaux et à la discrétion de l'Administration.

Cette faculté fut mise à profit par la jurisprudence. C'est ainsi que le tribunal de Rouen a décidé le 4 octobre 1890 et, après lui, la Cour de Cassation le 23 janvier 1893 (1) que la Société civile de St-Vincent de Paul de Rouen devait la taxe sur le revenu en vertu des lois de 1880-1884 et non en vertu de celle de 1872.

Cette société, quoiqu'en ait dit la Cour de Cassation, ne s'interdisait nullement la distribution de bénéfices. Ses statuts disposaient seulement que la société aurait la propriété des apports et de tout ce qui pourrait lui échoir, notamment par suite d'offrandes pour accroître son développement ; mais ils attribuaient, par l'ar-

---

1. Sirey. 1892-2-127 et 1893-1-481 : Voir aussi un jugement du tribunal de Reims du 13 mai 1899 publié par la *Revue Générale pratique d'Enregistrement et de Notariat*, n° 1854 (*Société anonyme des écoles libres de la Ville de Reims*).

ticle 16, aux associés existant lors de la dissolution le droit aux valeurs sociales, qui comprendraient forcément les bénéfices réalisés aux cours de la société et non distribués jusque-là.

Comme le fait observer fort justement M. de Vareilles-Sommières, le fait que les associés font bourse commune et la répartition des bénéfices entre eux, surtout la répartition différée jusqu'à la dissolution, n'ont rien d'inconciliable : on ne doit donc pas regarder à priori comme une fiction la clause par laquelle ils conviennent qu'à la dissolution de la société qu'ils déclarent vouloir fonder, chacun d'eux prendra sa part des bénéfices réalisés.

Cependant, le tribunal et la Cour ont déduit des statuts que nous avons analysés plus haut que la société n'avait pas pour objet la distribution totale ou partielle des produits. Dans la réalité du fait, nous voulons bien croire qu'ils avaient raison ; mais, ils avaient tort au point de vue où ils s'étaient placés après le législateur et la Régie. Ils traitent la Société de Saint Vincent de Paul en véritable société. Dès lors, c'est le paragraphe premier de l'article 3 de la loi de 1880 auquel s'est référé l'article 9, qui doit régir cette société. Or, nous savons que, depuis sa rédaction définitive, ce paragraphe ne peut atteindre les sociétés proprement dites, pour la bonne raison qu'elles sont toutes lucratives et ont pour but de distribuer des bénéfices.

D'autre part, la Régie admet qu'il suffit qu'une distribution doive avoir lieu après la dissolution de la société, pour que cette dernière soit soumise à la loi de 1872 et non pas à celle de 1880 (1). Or, telle était bien la situation de la société qui nous occupe, les associés devant, à la dissolution de l'association, se partager le fonds social.

La Cour de Cassation semble croire que le fait de la non distribution de produits au cours de la société, a seul été visé par les lois de 1880-1884. Mais les textes de ces lois ne permettent nullement d'induire que le législateur ait refusé d'assimiler la distribution après la dissolution aux distributions faites pendant la durée de la société : les discussions qui ont eu lieu à ce sujet au Sénat prouvent même le contraire (2).

Les rédacteurs du Journal de l'enregistrement (3) critiquent également l'argumentation de la Cour, et préfèrent chercher une justification de l'arrêt dans les termes de l'article 9 visant les sociétés « dont *l'objet* n'est pas de distribuer leurs produits », tandis que l'article 3 de la loi de 1884 atteignait celles « dont les produits ne *doivent* pas être distribués ».

1. Voir le *Répertoire général de Garnier*. v° Congrégations n° 3478, le *Répertoire périodique* du même auteur n° 8.020, l'ouvrage de M. Primot n° 1.346 et la solution du 23 mai 1888 rapportée par le *Journal de l'Enregistrement*, n° 24.018.

2. Voir notamment le discours de M. Wilson le 23 décembre 1880 : *J. off.* du 24 p. 12.781.

3. Journ. Enreg. n° 24.018.

Notre savant maître de la Faculté de Lille, M. Wahl, dans une note au Sirey sous l'arrêt de la cour, critique à son tour cette nouvelle justification de l'arrêt et l'on ne saurait que l'approuver dans le but qu'il poursuit. Toutefois, les raisons sur lesquelles est basée la critique de l'éminent professeur ne sont peut-être pas aussi concluantes qu'il semblerait.

L'interprétation, donnée par le Journal de l'Enregistrement, conduirait, selon M. Wahl, à soumettre à la loi de 1880 même les sociétés qui admettent la distribution en cours d'exercice, pourvu que cette distribution ne soit pas leur but principal : telles sont les associations littéraires, artistiques, etc... que la loi de 1880 n'a pas visées. Mais, nous avons montré au contraire précédemment que le texte de la loi de 1880 visait ces associations, non pas, comme le dit le Journal de l'Enregistrement, parce que leur principal objet n'est pas la distribution de bénéfices, ou même parce qu'elles s'interdisent simplement cette distribution, mais parce que leur nature intime d'association s'y oppose (1).

L'interprétation de l'article 9, ainsi que la conçoit le Journal, ne saurait donc empirer la situation des associations en question, au moins leur situation en droit, car, nous savons qu'en fait on était parvenu sans la loi de 1880 à les exempter de l'impôt. La véritable raison pour laquelle la critique du Journal de l'Enregis-

---

1, Cf. *Instruction générale*, n° 2651, § 2.

trement est mal fondée, paraît être bien plutôt, qu'en 1884, on n'a voulu en aucune façon modifier la situation des associations autres que les congrégations. Les travaux préparatoires sont assez explicites sur ce point et les expressions employées par la seconde loi n'innovent pas sur celles de la première (1).

M. Wahl justifie l'arrêt de la Cour pour les raisons qui vont suivre :

La loi de 1880 était applicable à la Société de Saint-Vincent-de-Paul de Rouen, parce que l'article 3 de cette loi exige, pour laisser une association en dehors de son application, au moins une distribution de produits. Or, dit M. Wahl, une distribution après dissolution porte sur des produits capitalisés, c'est-à-dire sur des réserves qui sont de véritables capitaux. Cette dernière réflexion est on ne peut plus exacte et c'est précisément ce qui devrait faire décider que la taxe 4 0/0 ne peut être applicable à ces revenus capitalisés, ainsi que nous l'avons fait déjà remarquer. Mais, il ne semble pas que cela soit suffisant pour soutenir que le législateur ait voulu atteindre les sociétés qui doivent se partager le fonds social augmenté des revenus annuels.

Le 23 décembre 1880, M. Wilson, sous-secrétaire

---

1. Voir le discours de M. Dauphin au Sénat le 28 Décembre 1884, et l'Instruction générale, n° 2.712, p. 11, ainsi que le jugement précité du Tribunal de Reims.

d'Etat, disait au contraire (1) : « Nous venons deman-
« der au Parlement que pour le cas où nous nous trou-
« vons en présence d'une association dont les statuts
« contiennent cette clause que les bénéfices ne seront
« jamais distribués, pour ce *seul cas*, il vote une dis-
« position qui assujettisse ces sociétés à l'impôt ».
L'orateur explique ensuite que les bénéfices réservés pour une distribution ultérieure, ou même pour
accroître la prospérité de l'établissement, ne sont
exemptés que temporairement de l'impôt et « y deviennent soumis dès que sous une forme ou sous une autre,
ils font l'objet de la distribution qui est le but essentiel de l'entreprise. » Mais il n'en est plus de même
des produits dans les sociétés où la distribution est à
jamais interdite par les statuts : et c'est celles-là que
visait la loi nouvelle : « Je le répète, (disait M. Wilson,
d'une façon non équivoque en parlant du cas où les
bénéfices ne doivent jamais être distribués), ce n'est
« que lorsque nous rencontrons cette clause que la loi
« nouvelle trouvera son application. » C'est sur ces
affirmations explicites que la loi fut votée ; on jugea
même inutile de mettre dans la loi le mot « *jamais
répartis* » que M. Gouin proposait d'y insérer : l'interprétation de la Cour de Cassation prouve, au contraire, que les craintes de M. Gouin étaient fondées.
Mais peu importe ; ce qu'il faut retenir de cette digres-

1. Page 12.784 au *J. off.*

sion un peu longue, c'est que la loi de 1880 ne visait pas les sociétés qui, tout en s'interdisant la distribution des bénéfices au cours de la société, la permettent implicitement à la dissolution et la solution de la Cour suprême semble erronée.

Nous pensons avoir ruiné par avance le second argument invoqué par M. Wahl en faveur de la doctrine de la Cour : cet argument consiste à présenter le discours de M. Wilson comme quelques paroles improvisées dépourvues de sens explicite. Toute l'importance de ce discours nous est au contraire apparue, puisque le vote de l'article suivit aussitôt sans l'adoption de l'amendement Gouin.

Enfin, pense M. Wahl, si la simple prévision d'un partage suffit pour empêcher l'application de la loi de 1880, les congrégations, mentionnées spécialement depuis 1884, doivent seules acquitter l'impôt. Telle est bien, en effet, la réalité du fait, nous avons le regret de le constater : cette solution est d'ailleurs la seule conforme à la secrète pensée du gouvernement et de la majorité de la Chambre. Cependant, il faut bien se garder de la considérer autrement que comme un simple point de fait, résultat d'une interprétation fantaisiste. En droit, et si l'on s'en tient au texte éclairé par les paroles de M. Wilson, d'autres associations que les congrégations peuvent être atteintes. Toutes les associations reconnues notamment, sont incompatibles avec la prévision d'un partage entre leurs membres, aussi bien à leur dissolution que pendant leur fonctionnement.

Il paraît encore inexact de prétendre, comme le fait la Cour suprême, que la clause d'après laquelle, en cas de dissolution, les associés existants auront seuls droit aux valeurs sociales, a exclusivement trait à la liquidation de la société et reste étrangère à la question de non distribution des produits, en sorte que cette société tombe sous l'application de la loi de 1880, parce que son objet n'est pas de distribuer des produits pendant le cours de son existence, bien que la distribution soit prévue pour l'époque de la dissolution.

S'il est vrai que les produits réservés se confondent avec le capital social, il est certain qu'au point de vue de l'impôt, ces produits donnent lieu à la perception de la taxe, en vertu de la loi de 1872, lorsqu'ils sont distribués, quelle que soit l'époque de cette distribution (1).

Cette clause de distribution après la dissolution suffit donc pour rendre la loi de 1872 applicable et exclure celle de 1880, et la Société St-Vincent-de-Paul, traitée par la Cour comme une véritable société, devait échapper à la dernière loi. Mais cette association avait le caractère religieux : elle se rapprochait des

---

1. Primot, *loc. cit.* n° 773. *Traité alphabétique des droits d'enregistrement.* V° *impôt sur le revenu*, n° 101-112.

congrégations et l'on fut bien aise d'invoquer pour l'atteindre les termes généraux des articles 3 et 9. Peut-être eût-il été plus avisé et plus exact de la déclarer association religieuse spécialement visée par l'article 9 : la Cour a préféré appliquer une prétendue règle générale qui n'existe pas ; c'était moins loyal et nous ne pouvons l'en féliciter.

En résumé, d'après le texte de la loi de 1884, en dehors des associations religieuses, ne doivent la taxe que les associations où la distribution des produits est contraire à l'intention, aux vues des associés et se trouve à jamais interdite en tout ou en partie, soit d'une manière expresse, soit par le résultat de combinaisons diverses. Mais en fait, on peut distinguer : — d'un côté les sociétés à répartition qui tombent sous la loi de 1872 ; — d'un autre côté, les congrégations et associations religieuses assujetties à celle de 1880 ; — et enfin toutes les autres associations qui ne s'interdisent pas la distribution et qui, en fait, ne distribuent pas : celles-là ne paient rien. Donc, parmi les associations, seules sont frappées les congrégations, communautés et associations religieuses, désignées spécialement par le texte : voilà le droit commun auquel on les accusait de vouloir se soustraire. On avouera qu'il faut faire preuve d'une rare bonne volonté, pour parler encore d'égalité devant l'impôt en présence d'un tel résultat.

Il est à peine besoin de faire remarquer, en ce qui

concerne les seules associations taxées, qu'on ne se préoccupe pas de savoir à quoi elles emploient leurs revenus et leurs ressources, ni même si elles en ont, qu'on ne tient non plus aucun compte de la forme de société civile ou commerciale qu'elles peuvent revêtir (1) et pas davantage de l'œuvre matérielle à laquelle elles se livrent. A ce dernier point de vue, il avait cependant été entendu formellement au Sénat, à la suite de pressantes questions adressées au gouvernement par les membres de la droite, que les sociétés consacrées uniquement à des œuvres de bienfaisance et ne recueillant aucun profit susceptible d'être distribué ne seraient pas atteintes par la loi (2). Un amendement, déposé par M. Clément, tendant à exonérer les établissements religieux consacrés aux malades, aux infirmes, aux enfants et aux vieillards indigents, avait, il est vrai, été repoussé, mais pour des raisons de commodité : M. Boulanger, commissaire du gouvernement, avait en effet, sans contester l'équité d'une telle mesure, prétendu que cette disposition aurait des difficultés d'application (3).

En février 1897, M. Denys Cochin a fait une nouvel-

---

1. Paris Cassation. 27 novembre 1889 : Sirey 1890. 1, 537. Tulle, 1 juin 1899 : *Revue générale pratique d'Enregistrement et de notariat*, n 1894.

2. Séance du 27 décembre 1884.

3. Même séance, p. 2712.

le proposition dans le même sens (1) ; mais jusqu'ici, le législateur n'a montré aucun empressement à faire cesser une des injustices les plus criantes des lois qu'il a édictées contre les congrégations.

Quoiqu'il en soit, il est un fait certain, c'est que la taxe 4 0/0 sur le revenu est perçue, en dehors des sociétés visées par la loi de 1872, sur toutes les « congrégations, communautés et associations religieuses » et sur elles seules.

Il nous reste donc à déterminer, d'une façon précise, ce qu'il faut entendre par ces expressions, pour avoir une notion exacte des conditions dans lesquelles la taxe est exigible. Cette question, qui se pose également pour l'application du droit d'accroissement depuis 1884, nous retiendra quelques instants. Bien que cette étude doive développer d'une façon un peu anormale le présent chapitre de notre travail, nous avons cru nécessaire de l'épuiser dès maintenant, pour n'avoir plus besoin de la reprendre au sujet du second impôt que nous nous proposons d'examiner plus tard.

§ 3. — **Définition des congrégations, communautés et associations religieuses.**

Evolution de la jurisprudence en ce qui concerne les associations religieuses proprement dites.

Parmi les associations qui nous occupent et que, dans le langage courant, on désigne du mot générique

1. Débats parlementaires de 1897 p. 377.

de congrégations, on peut distinguer d'une part, les congrégations et communautés, et d'autre part, les associations religieuses. En ce qui concerne les premières, il n'est pas besoin d'entrer dans de bien longs développements, attendu que l'accord est à peu près accompli sur leurs caractères propres qui se révèlent d'ordinaire assez clairement. Les secondes nous retiendront un peu plus longtemps.

Les congrégations et communautés peuvent être définies des associations formées en vue de poursuivre à perpétuité une œuvre religieuse, entre personnes du même sexe soumises à une règle commune et liées par un triple vœu d'obéissance, de pauvreté et de chasteté.

M. Dalloz (1) enseigne que la Communauté religieuse est une association de personnes qui s'engagent à vivre en commun, sous l'empire de la même règle et que la congrégation est la réunion de plusieurs communautés vivant sous une direction unique, se proposant le même but et obéissant à la même règle.

On peut encore dire qu'une congrégation à un supérieur général duquel relèvent tous les établissements de la même observance qui sont ses succursales, tandis qu'une communauté est une agglomération autonome à supérieur local sans lien avec les autres maisons ayant adopté les mêmes statuts. (2)

---

1. Dalloz périodique. 1889. 1.25.
2. Voyez en ce sens M. Naquet, deuxième édition, p. 78.

Cependant, un jugement du tribunal d'Orléans du 26 février 1896 déclare que les communautés d'une même congrégation ne sont pas indépendantes de la maison mère et, par suite, que la propriété collective des biens détenus par les communautés appartient à la congrégation.

En somme, il semble bien qu'il n'y ait là qu'une question de mots ; ce que M. Dalloz et le tribunal appellent communauté, M. Naquet le dénomme succursale ; mais tous sont d'accord pour appeler communautés les établissements autonomes obéissant à un supérieur local.

Les congrégations et communautés reconnues sont, nous le savons, des personnes morales publiques dans notre droit positif. Quant à celles qui ne sont pas reconnues d'utilité publique, elles n'ont qu'une existence de fait qui doit être prouvée par des signes extérieurs non équivoques ou même par présomption, selon M. Primot (1). Nous avons vu, en effet, que les congrégations n'existent pas et ne spéculent pas, lorsqu'il s'agit pour elles d'acquérir, mais qu'elles existent et spéculent fort bien quand il s'agit de payer.

Examinons maintenant les associations religieuses. A la différence de ce qui a lieu dans les congrégations et communautés, nous ne trouvons plus ici le lien, si puissant et tant redouté de tous les gouvernements, de

---

1. *Loc. cit.* 1326.

la vie en commun et du triple vœu d'obéissance, de pauvreté et de chasteté. La personne de l'associé n'est plus exclusivement consacrée au but religieux. Le membre de l'association religieuse peut poursuivre un autre but que le but religieux. Il peut aussi faire partie d'autres associations dont l'œuvre est étrangère à la religion. La simple association religieuse dépouille le caractère exclusif que revêt la congrégation et ne diffère plus des autres associations que par son but. Chaque associé ne se consacrera donc à la poursuite du but religieux que pendant le temps, la portion de son existence, qu'il accorde à l'association dont il fait partie. Le membre d'une conférence de St Vincent-de-Paul, consacrera par exemple une heure par semaine à visiter les malades, à leur porter les consolations de la religion.

Cette notion de l'association religieuse est conforme à celle de l'association en général et l'on voit qu'un tel groupement, tant qu'il conserve son caractère propre, ne saurait présenter aucun péril pour l'Etat; il le seconde même dans une de ses fonctions primordiales, assez mal remplie d'ordinaire, il faut l'avouer : dans son rôle moralisateur.

Aussi, n'est-il pas étonnant qu'ici le législateur se soit montré beaucoup moins sévère et beaucoup moins partial que pour les congrégations religieuses ; toutefois, nous avons tort de dire le législateur, car, nous le verrons, la loi est générale et s'applique à toutes les associations religieuses; mais les interprètes surent dégager du texte la pensée exacte qui avait présidé à sa rédaction.

En apparence, il semblerait que les lois fiscales de 1880-1884, visent comme l'ont fait les lois révolutionnaires de 1790-1792, outre le clergé régulier, les « familiarités et confréries » uniquement composées de laïques ; mais ce n'est là qu'un excès de précaution inspiré par la crainte de laisser échapper une association n'ayant pas tous les caractères de la congrégation. Ici encore, comme pour les mots *sociétés ou associations*, on a compté sur la perspicacité de la Régie et des tribunaux pour ramener à de justes proportions la portée des expressions excessives employées.

Le mot « associations religieuses » atteint sûrement, s'il est pris dans son véritable sens, des groupes que M. Brisson et ses amis veulent laisser indemnes ; non pas qu'ils éprouvent quelque sympathie à leur égard, mais parce que ces groupes si nombreux touchent à la presque totalité des citoyens et qu'il faut ménager l'opinion publique.

« Ainsi, dit M. de Vareilles-Sommières, on n'avait
« pas osé proposer ouvertement une loi d'exception et,
« pour atteindre les congrégations, on s'était résigné à
« frapper les autres associations. Mais une fois la loi
« obtenue, comme elle est inique, déraisonnable, funeste
« à l'esprit d'association, un subterfuge en préserve

« les groupes contre lesquels elle n'était dirigée que
« par une nécessité de tactique et les congrégations
« restent seules victimes. Cependant le public, les ju-
« risconsultes et même, sans doute, la plupart de ceux
« qui ont voté la loi, continuent de croire que les con-
« grégations et les autres associations sont, au point
« de vue de l'impôt sur les bénéfices, traitées de la mê-
« me manière ». Cette citation sera peut-être jugée
excessive, nous avons cependant tenu à la faire intégrale, car il nous a paru impossible d'exprimer avec
plus d'exactitude la genèse et l'esprit des lois que nous
étudions, en même temps que le sens et la portée des
mots « associations religieuses » employés par l'article 9 de la loi du 29 décembre 1884.

Le subterfuge auquel fait allusion le très clairvoyant
Doyen de la faculté libre de Lille, n'est ni plus ni
moins que l'interprétation restrictive à laquelle s'est
livrée, sur les ordres secrets du gouvernement, l'Administration de l'Enregistrement. Il fallait rassurer tout
le monde : non seulement les loges ne seront pas
atteintes, mais les confréries de pénitents ne le seront
pas davantage, pas plus que les associations de mères
chrétiennes ou les congrégations d'enfants de Marie.
Il ne suffit plus en effet, pour donner à un groupement le caractère d'association religieuse, qu'il ait un
but désintéressé et religieux, comme une société de
savants est association scientifique parce qu'elle est
désintéressée et poursuit le progrès de la science. Il

faut quelque chose de plus ; d'ailleurs la jurisprudence n'est pas encore bien fixée à l'heure présente sur ce quelque chose. Elle semble s'être attachée successivement à divers critériums et revenir actuellement à une notion plus exacte de l'association. Tant il est vrai que l'on ne saurait méconnaître les véritables principes juridiques sans tomber dans les incertitudes de l'arbitraire. Le texte de l'article 9 commandait d'appliquer la loi à toutes les associations religieuses sans exception ; la Régie et la jurisprudence se sont au contraire inspiré uniquement de l'intention secrète du législateur pour restreindre la portée de ce texte au mépris des règles ordinaires d'interprétation. Par là, elles ont sans doute fait preuve d'à-propos et d'ingéniosité ; mais elles ont eu le tort de prétendre donner un sens juridique à leur œuvre.

M. Béquet (1) définit l'association « le fait de plusieurs « personnes qui se réunissent pour se concerter et « pour agir dans un but commun ». La simple réunion n'implique pas de concert, ni d'engagement réciproque, et n'a pas un caractère suffisant de permanence pour constituer une association. L'indivision a bien ce dernier caractère, mais exclut l'action commune en vue d'un but, parce qu'elle ne comprend

---

1. *Répertoire de droit administratif* V° *Association* n° 1

que des intérêts juxtaposés et que sa nature est essentiellement passive (1).

Sans doute, ce sont là des situations voisines de l'association, mais la dénomination « association » est réservée par la langue du droit aux seules associations désintéressées. Les sociétés, elles, ont un but lucratif, et c'est par là que nous les avons distinguées des associations. Sans revenir sur cette distinction, rappelons-nous seulement qu'elle est basée sur la nature du but poursuivi, but qui détermine à son tour la nature de l'association et qui en est comme le trait caractéristique.

Cette dernière vérité apparaît en effet bien nettement si l'on réfléchit que, dans l'association, on trouve uniquement : d'une part, une entente en vue d'une action continue ; d'autre part, un but commun. La première condition se trouve remplie dans toutes les associations au sens large du mot, tel que le définit M. Béquet, et c'est elle qui caractérise l'espèce *association*.

Dans cette espèce, dans ce genre, comment distinguer les individus, c'est-à-dire chaque association spéciale ? Il faut nécessairement que ce soit par le second aspect sous lequel elle se présente, par son but. Une première distinction permet de dire si l'association est lucrative ou désintéressée ; puis, pour déterminer son nom précis, on examine le but lui-même, l'objet spé-

1. Voir en ce sens un jugement du tribunal de Guingamp du 15 juillet 1892, Sirey 1895,2.87.

cial de l'œuvre poursuivie et alors, on dit que l'association est scientifique, littéraire, religieuse, artistique, etc. Donc, ce qui fait qu'un groupement est une association, c'est ce fait que les individus qui le composent s'entendent en vue d'une action commune ; ce qui fait que cette association est scientifique, religieuse, littéraire... c'est que son action aura un but scientifique, religieux, littéraire. Rien de plus clair et de plus certain.

En définitive, sera religieuse toute association qui se proposera l'accomplissement d'œuvres de charité confessionnelle ou la diffusion d'un certain idéal religieux, et cela, quels que soient les procédés matériels de réalisation employés : soins aux malheureux, éducation, instruction ou apostolat, pratiques religieuses, voire même l'exploitation industrielle ou agricole, lorsqu'elle ne constitue qu'un moyen d'acquérir un capital destiné à étendre le pouvoir de l'ordre, dont le but, éloigné peut-être, mais vital et seul envisagé en réalité, est la grandeur de la religion.

C'est ainsi que certains tribunaux ont décidé en matière de sociétés de bienfaisance ou d'enseignement à caractère religieux, que la destination religieuse manifeste est seule nécessaire, sans qu'il soit besoin qu'elle constitue la fin immédiate que les associés se proposent (1).

---

1. Voir jugements de Perpignan du 9 mai 1892. Cour cassation,

Il résulte des principes que nous venons d'établir, que la présence de personnes laïques ne saurait enlever à une association son caractère religieux, si elle a une destination pieuse ; que cette association pourra même être composée exclusivement de laïcs. Sont dans ce cas les confréries de pénitents ou le tiers ordre de Saint-François, qui est comme le prolongement d'une congrégation dont il adopte les vues et favorise les entreprises.

Mais, si les termes de la loi sont tels qu'ils doivent nécessairement faire tomber sous la loi de 1884 toutes les associations religieuses, solution qui peut-être a paru excessive, même aux adversaires de la religion, M. Primot nous enseigne, après l'Administration, que la loi n'a jamais reçu l'application que dictait son texte impératif. Les travaux parlementaires qui ont précédé le vote de l'article 9 ne donnent d'ailleurs aucune indication dans le sens de cette restriction. Nous savons seulement qu'on a employé les expressions les plus générales pour atteindre à coup sûr toutes les associations religieuses ayant le caractère de congrégations ou s'en rapprochant de près. Quant à la ligne de démarcation à tracer entre ces associations et celles qu'en fait on ne voulait pas atteindre, elle est assez difficile à déterminer dans une matière où règne l'arbitraire.

3 janvier 1894 : Sirey, 1895.1. 145; et de Rouen du 4 octobre 1890 ; S. 1892. 2. 127.

Aussi, bien que quelques tribunaux se soient attachés à la seule solution rationnelle, celle du but religieux pris comme critérium de l'association religieuse (1), la jurisprudence décida assez longtemps dans son ensemble que, par « *associations religieuses* », l'article 9 désigne exclusivement celles qui ont les caractères des communautés religieuses, c'est-à-dire celles où l'on rencontre à la fois « le destination pieuse, la règle spirituelle et le lien religieux ». Le jugement du tribunal de la Seine du 3 Mai 1889, qui a inauguré cette interprétation, porte même que « l'article 9 assimile d'ailleurs à ces dernières (associations) les sociétés formées entre les membres des associations religieuses » (2). M. Primot conclut de cette jurisprudence que l'association doit avoir un but religieux, une règle spirituelle commune aux membres unis par un lien religieux et en déduit qu'on ne saurait considérer comme associations religieuses celles formées entre prêtres séculiers (3) par exemple pour l'exploitation d'une maison d'enseignement, même si le but final est religieux, ou pour la construction et l'administration d'un temple, ni les associations tontinières entre re-

1. Voir notamment, un arrêt de la Cour de Rennes du 22 mars 1887. *Dalloz périodique*. 1887-2.25.
2. Voir Sirey. 1892-2.28.
3. *Op. cit.* n° 1314, où sont rapportées les solutions de l'Administration des 7 et 11 février 1890.

ligieux, sauf dans le cas où la qualité d'associés a dominé chez les acquéreurs (1).

Il ne faudrait pas d'ailleurs se méprendre sur la pensée de M. Primot. Cet auteur, très compétent en la matière, dit sans doute qu'une association n'a pas besoin d'avoir un but exclusivement religieux pour être religieuse (2) ; mais il ne veut pas dire par là que le but religieux ne soit pas nécessaire. Il reconnaît, au contraire, qu'une association formée entre religieux est religieuse dès qu'elle a une destination pieuse ; mais, il fait observer, ainsi que nous l'avons fait nous-même un peu plus haut, qu'il ne faut considérer que la destination principale et non les occupations accessoires, étrangères en apparence à l'objet de la vie religieuse, auxquelles les associés peuvent se livrer. L'exactitude de cette interprétation est incontestable ; on pourrait peut-être seulement lui reprocher de considérer comme religieux le but principal d'une association, par le seul fait qu'elle est formée entre religieux. Il ne semble pas en effet qu'il y ait là un rapport de causalité, une conséquence nécessaire ; nous le verrons un peu plus loin.

Quoiqu'il en soit, l'Administration adopta la doctrine

---

1. Voir également pour les confréries et charités : la Solution du 8 mai 1882 au *Journal de l'Enregistrement*, n° 21.957.

2. *Loc. cit.* n° 1319.

du tribunal de la Seine (1) ; mais celle-ci ne fut pas suivie invariablement par tous les tribunaux. Certains, plus indépendants, avaient pris, eux aussi, des libertés avec le texte, mais s'étaient surtout inspiré de raisons d'équité vis-à-vis des congrégations. Par un jugement du 15 juillet 1892 (2), le tribunal de Guingamp refusa de reconnaître le caractère d'association religieuse à une réunion de Frères qui avaient acheté en commun un immeuble pour le mettre à la disposition de la congrégation dont ils faisaient partie : « attendu que l'association n'est pas religieuse par le
« seul fait qu'elle existe entre religieux, si les associés
« ne travaillent pas en commun à un but religieux, spé-
« cialement visé par leur association particulière, que
« l'association n'est pas davantage montrée religieuse
« par le seul fait que l'immeuble acquis en commun
« par cinq congréganistes est exploité religieusement
« par la congrégation dont les acquéreurs font par-
« tie (3), si ces co-acquéreurs, comme dans l'espèce, se
« sont bornés à acheter et payer l'immeuble sans for-
« mer entre eux une association distincte et particu-

---

1. Solutions précitées des 7, 11 février 1890. Voir aussi M. Weiss : *Pandectes Françaises*, V° *Congrégations religieuses*, n° 850.

2. Sirey, 1895, 2, 87.

3. Il faut remarquer d'ailleurs que cette congrégation acquittait la taxe 4 0/0 à raison de l'immeuble qu'elle occupait. Mais l'Administration réclamait le droit d'accroissement à l'association qu'elle supposait formée entre les acquéreurs de l'immeuble.

« lière pour l'exploitation religieuse de leur achat ».

M. Wahl a critiqué ce jugement :

Il n'y avait pas d'indivision qui n'est qu'un état transitoire, n'ayant pas pour but de donner un emploi à la chose indivise, mais de la maintenir dans l'état actuel jusqu'au jour du partage; car, dans l'espèce, le but d'être utile à la congrégation avait seul déterminé les congréganistes à rester dans l'indivision.

Telle semble bien être la vérité; cependant, l'argumentation du célèbre professeur n'est peut-être pas complètement victorieuse contre la doctrine du tribunal. Ne pourrait-on, en effet, soutenir qu'il n'y avait pas association dans l'espèce entre les acquéreurs indivis, puisque, comme le remarque le tribunal, ces personnes se sont bornées à acheter et à payer l'immeuble, sans stipuler qu'elles seraient unies par une société : (1) il leur manque une activité en vue d'un but. D'autre part, l'indivision n'est qu'un état transitoire, cela est incontestable, mais c'est un état qui peut se prolonger très longtemps et n'empêche nullement de faire fructifier la chose indivise. A la différence de l'association, elle ne saurait avoir un but actif, pas plus pour maintenir la chose dans l'état actuel que pour l'affecter à un emploi déterminé. Cet emploi, reste, en effet, complètement à la disposition des co-propriétaires

---

1. Voir la solution de l'Administration du 24 Février 1882 rapportée au *Répertoire périodique* de Garnier n° 5.518. Voir aussi au même recueil les n°⁸ 5.637, 5.571, 7.891.

et n'influe en rien sur l'état d'indivision qui n'est qu'un fait et non une personne juridique comme l'association. Il semble donc bien que, contrairement à la pensée de M. Wahl, les acquéreurs de l'immeuble en question étaient de simples propriétaires indivis et non des associés. Quant à leur qualité de religieux et au but qu'ils avaient d'être utiles à la congrégation dont ils faisaient partie, ce sont là des circonstances insuffisantes en elles-mêmes pour transformer une indivision en une association, puisque, nous venons de le voir, l'activité en vue d'un but commun faisait défaut. Peu importe donc que le but des congréganistes acquéreurs fût religieux, puisqu'ils ne constituaient pas une association et la solution du tribunal de Guingamp paraît avoir été exacte. Voici donc un cas pour lequel les expressions, pourtant fort générales et très compréhensives, de l'article 9, sont encore insuffisantes au gré du gouvernement et de l'Administration.

La doctrine consacrée par le jugement du tribunal de la Seine, relativement favorable aux associations religieuses, mais en contradiction avec les principes, fut battue en brèche par un arrêt de la Cour de Cassation du 3 janvier 1894, confirmant un jugement du tribunal de Ploërmel en date du 23 juin 1892, et conforme aux conclusions de l'avocat général M. Cruppi (1).

1. Cf. *Sirey* 1895. 1. 145, et *Journal de l'Enregistrement*, n° 24.292.

Cet arrêt s'est nettement séparé du critérium admis par le tribunal de la Seine pour caractériser l'association religieuse. M. Cruppi fit remarquer que cette doctrine était arbitraire et inexacte, qu'elle appliquait aux associations religieuses la définition même des communautés et congrégations, puisque la règle spirituelle et le lien religieux, qu'elle requiert pour l'application de la loi, ne sauraient exister qu'entre religieux. Au reste, comme l'a fait observer fort justement M. Naquet (1), la formule du tribunal de la Seine n'était pas claire. Qu'entendait-il tout d'abord par règle spirituelle ? « Ce n'est pas évidemment, dit le savant auteur, la « règle canonique approuvée par l'autorité ecclésias- « tique compétente, car l'association qui a stipulé des « règles de ce genre n'est autre chose qu'une congré- « gation religieuse. Ce ne peut être non plus l'ensem- « ble des articles de foi de tel ou tel acte, car cet ensem- « ble, ce tout constitue non point une règle spirituelle, « mais la religion elle-même. S'agirait-il d'un règlement « destiné à déterminer la nature des exercices pieux, « leur répétition à certains jours, à certaines heures, « les conditions de la vie en commun etc.. ? mais ce « n'est pas là une règle spirituelle, ce n'est plus qu'un « règlement fixant les engagements réciproques des

---

1. *Traité théorique et pratique des droits d'Enregistrement*, 2ᵉ Edition, p. 80.

« associés et qui constitue le fond même de toute
« association ». D'autre part, qu'était ce lien religieux
que le tribunal exigeait aussi ? Devait-il exister indépendamment de la règle spirituelle, ou bien se confondre avec elle ? Et, s'il y avait règle spirituelle, n'y avait-il pas, du même coup, lien religieux de même que la première manquant, le second faisait également défaut ?

Ces motifs parourent concluants à la Cour qui, s'attachant au but désintéressé de la *Société civile de Ploërmel pour l'instruction primaire*, la déclara une association et, envisageant son caractère religieux, lui appliqua l'article 9. C'était un grand pas fait vers la véritable notion de l'association religieuse; elle n'exigeait plus ce trait particulier aux congrégations que le tribunal de la Seine avait désigné par les expressions vagues et obscures de règle spirituelle et de lien religieux.

Dans l'espèce, l'association était composée de dix-neuf congréganistes et de deux prêtres séculiers. Aussi, n'est-il pas impossible de supposer que la Cour, bien qu'elle ne se soit pas nettement expliquée sur ce point, se soit encore attachée à la composition de l'association pour la détermination du caractère religieux. Au reste, la solution admise était en conformité absolue avec les vues du gouvernement et de M. Brisson qui voulaient atteindre, parmi les associations, celles qui avaient le même but et surtout les mêmes idées que les congrégations et qui, il faut le reconnaître, étaient le plus souvent composées de congréganistes (1). La société civile de Ploërmel était en effet formée presque exclusivement de frères et avait pour but exclusif d'assurer l'œuvre de la congrégation. Sans cette société, l'Institut des Frères eût été un corps sans organes. La qualité d'actionnaires prise par les associés était d'ailleurs purement apparente, puisqu'elle pouvait être ravie aux membres qui feraient preuve de mauvais caractère et que le supérieur général de la congrégation était titulaire de presque toutes les actions et disposait de pouvoirs très étendus. Le tribunal de Ploërmel et la Cour avaient donc eu raison de reconnaître à la Société le caractère d'association.

Dans cet ordre d'idées, M. Guillemin en un article paru à la *Revue d'Enregistrement* (2) soutient que par les mots *associations religieuses*, le législateur a voulu désigner les organes représentatifs des intérêts temporels des congrégations sous quelle forme qu'elles dissimulent leur action (3). En faveur de son

---

1. Voir notamment en ce sens le discours de M. Roger Marvaise au Sénat le 25 décembre 1880, p. 12. 840. col. 2 et ceux de MM. Wilson et Brisson à la Chambre le 28 décembre 1880.

2. R. E. n° 1926, p. 121.

3. La même idée semble avoir inspiré le projet de loi que M. Brisson a déposé dernièrement (*Journal des débats* du 16 février 1900).

opinion, M. Guillemin invoque le discours de M. Brisson à la Chambre du 9 décembre 188) et les déclarations faites par M. Ribot le 12 décembre 1880 (1). « Les sociétés religieuses, dit-il, ce sont les sociétés « auxiliaires des congrégations qui leur permettent de « vivre. Les associations religieuses, ce sont les fédé- « rations entre un établissement congréganiste et un « groupe d'individualités cléricales dans le sens large « du mot, qui, dans un esprit religieux lui prêtent le « secours de leur capacité personnelle pour l'élever, « malgré les lois, à la puissance d'un être moral ». Donc l'association religieuse serait placée par la loi fiscale sur la même ligne que les congrégations religieuses auxquelles elles se rattachent, sans toutefois se confondre avec elles.

Il semble bien en effet résulter des déclarations précitées que l'on voulait frapper les sociétés civiles ou associations de fait qui gravitent autour des congrégations et l'interprétation de la jurisprudence, à ce point de vue, paraît irréprochable : on sait qu'elle déclare associations religieuses toutes les sociétés qui servent de masque juridique aux congrégations. Mais alors, pourquoi ne pas être logique jusqu'au bout et reconnaître la personnalité à ces associations que l'on taxe comme telles ?

---

1. *J. off.* du 10 décembre 1880, p. 12, 152 et du 13 décembre, p. 12. 236.

— 197 —

Quant à l'explication proposée par M. Guillemin, bien qu'elle soit très soutenable et paraisse même très vraisemblable, il semble qu'il faille la considérer seulement comme une partie de la vérité : l'expression « *association religieuse* » comprend bien, cela est certain, ces sociétés qui doublent les congrégations et qui d'ailleurs sont d'une part de véritables associations, malgré le nom qu'elles prennent, et, d'autre part, ont un but religieux incontestable. On peut encore s'inspirer de l'idée de M. Guillemin pour décider plus facilement qu'une association poursuit un but religieux quand elle est formée de religieux.

C'est ce qu'ont fait une solution de l'Administration du 5 juin 1890 (1) et M. Primot (2) ainsi que le tribunal de Montpellier le 19 novembre 1894 et la Cour de cassation le 18 octobre 1897 (3). Mais il faut bien se garder d'une exagération en ce sens telle que l'ont commise plusieurs solutions de la Régie (4) qui ont refusé le caractère religieux à des associations formées dans un but pieux entre religieux relevés de leurs vœux après la dissolution de la congrégation et restés dans le clergé diocésain. La dénomination d'association

1. Cf. Traité alphabétique de Maguéro, v° Congrégations religieuses, n. 19.

2. *Op. cit.*, n. 1329.

3. Répertoire périodique de Garnier, n. 7157.

4. Voir ces solutions des 10 janvier, 24 février 1890, 28 janvier 1891 rapportées dans l'ouvrage de Maguéro, *loc. cit.*, n. 19, 22.

religieuse, nous l'avons vu, s'applique en dehors des sociétés de congréganistes ou des associations entre « individualités cléricales » qui se proposent le soutien d'une congrégation, à toute association ayant un but religieux, en supposant, bien entendu, qu'on s'en tienne à l'interprétation littérale que la Cour de cassation déclare obligatoire en matière fiscale.

M. Wahl, dans sa note au Sirey sous l'arrêt de 1894, est d'un avis opposé. Selon lui, une association, pour être religieuse, doit nécessairement être composée de religieux et cette condition suffit. Les travaux préparatoires, pense l'éminent professeur, montrent que la loi de 1884 vise les associations entre religieux, mais ils ne prouvent pas que le but religieux soit nécessaire à l'association religieuse « et c'est encore un point sur lequel il ne saurait y avoir doute », dit-il en citant à l'appui de son opinion plusieurs décisions judiciaires : ce sont les jugements du tribunal de la Seine du 3 mai 1889, de Saint-Flour du 8 juillet 1891 et de Rouen du 4 octobre 1890 (1).

L'opinion que M. Wahl présente comme admise sans discussion, à savoir que le but religieux de l'association n'est pas requis, lui est particulière ou à peu près. On peut en effet citer en sens inverse la majorité des auteurs, même parmi les agents de l'Administration (2).

1. Voir Sirey, 1892.2.28. 1890.2.127. 1894.2.284.
2. Voir notamment MM. Primot, *op, cit.*, n. 1310-1319. Ma-

— 199 —

Quant aux monuments de jurisprudence invoqués par le savant auteur, ils ne semblent pas décisifs.

Le jugement du tribunal de la Seine, relatif à l'école Fénélon, refuse de reconnaître le caractère d'association religieuse à l'établissement, précisément parce qu'il considère son but principal comme étranger à la religion et purement lucratif. Le tribunal de St-Flour déclare religieuse une association entre personnes qui n'ont pas prononcé de vœux; mais cela n'exclut pas la nécessité de la destination pieuse, bien loin de là; c'est au contraire par cette circonstance que le jugement reconnaît l'existence d'un lien religieux entre les associés. Enfin, le jugement du tribunal de Rouen que nous avons déjà étudié à un autre point de vue, frappait la Société St-Vincent-de-Paul, non en qualité d'association, mais en celle de société qui s'était interdit la distribution des produits.

M. Wahl a cru voir une nouvelle confirmation de l'idée que le but religieux de l'association n'est pas requis, dans la jurisprudence d'un jugement du tribunal de Dreux du 4 juillet 1893, confirmé en cassation le 4 février 1896 (1). Ce jugement a qualifié association religieuse la « Société de la Cour Pétral » formée entre religieuses, dans le but apparent déclaré aux statuts,

---

guéro. V° Congrégations, n. 16. Naquet, *loc. cit.*, p. 85. Cruppi, Sirey, 1895.1.145.

1. Sirey, 1897, 1, 374.

d'exploiter et d'améliorer les immeubles apportés en société. Le tribunal et la Cour ont d'abord montré que cette société était en réalité une association au moyen de différentes clauses des statuts : sur ce point, M. Wahl est absolument d'accord avec nous. Mais, nous ne croyons pas pouvoir le suivre lorsqu'il prétend que le but principal de l'association n'était pas religieux et que cela n'a pas empêché l'application de la loi fiscale. Si l'on veut bien se reporter aux termes de l'arrêt, on se convaincra au contraire, que la considération du caractère et du but religieux de l'association a été déterminante pour la Cour. Celle-ci s'est en effet attachée, à la suite du tribunal de Dreux, à établir, au moyen des circonstances de la cause, que l'association avait un but religieux seul réel et n'ayant rien d'incompatible avec celui stipulé dans les statuts. Peu importe d'ailleurs qu'en fait l'appréciation de la jurisprudence ait ou non été conforme à la réalité ; l'essentiel est qu'elle ait cru reconnaître un but religieux. On peut donc affirmer que la nécessité de ce but, pour la détermination du caractère de l'association religieuse, n'a nullement été rejetée par la jurisprudence, et que celle-ci, au contraire, tend plutôt à l'affirmer. Nous verrons même que des arrêts récents donnent au but religieux une importance primordiale.

Mais, revenons à la seconde affirmation de M. Wahl : il est nécessaire et suffisant, pour qu'une association soit religieuse, qu'elle soit composée de religieux. La même opinion est encore émise par le savant maître dans une note sous un arrêt de cassation du 14 avril 1897 rapporté au Sirey (1). Mais, dans une note antérieure (2), le but religieux avait été envisagé en même temps que la qualité des membres de l'association. Il semble donc qu'une légère fluctuation se soit révélée, dans la pensée de M. Wahl sur la question.

Tout ce qu'on peut induire des travaux préparatoires dans le sens de l'opinion combattue l'a été par M. Guillemin, nous l'avons vu : il n'en résulte nullement que le législateur ait visé exclusivement les associations de religieux.

On ne peut non plus invoquer le langage courant : comme le fait observer M. Naquet, on appelle vulgairement associations religieuses des associations de laïcs ayant un objet religieux, telles que les confréries de pénitents, les associations des Mères chrétiennes etc., établies pour honorer spécialement un mystère ou un saint, pratiquer certains exercices de dévotion. Au reste, ces considérations ne sauraient être décisives ni dans un sens ni dans l'autre.

Il est plus important de remarquer avec M. Naquet (3)

1. *Cf*. Sirey, 1898, 1.289.
2. Voir note sous jugement du tribunal de Guingamp du 11 juillet 1892, S. 95.2.87.
3. *Loc. cit.*, p. 85.

— 202 —

que, si les congrégations et communautés sont composées exclusivement de religieux, cela prouve seulement que ce sont des associations de religieux, mais non pas des associations religieuses, comme le dit M. Wahl. Il est bien évident qu'une association de religieux formée, comme l'école Fénelon, dans un but lucratif, ou même dans un but désintéressé autre que la religion, n'est pas une association religieuse.

D'ailleurs, qu'on veuille bien l'observer, M. Wahl ne pousse pas son raisonnement jusqu'aux conséquences logiques qu'il comporte : ainsi envisagée, l'association religieuse devrait ne comprendre, comme les congrégations, que des personnes appartenant toutes au même clergé et au même ordre. Or, M. Wahl déclare lui-même que ce fait importe peu : « Si non le mot asso-
« ciation religieuse ferait double emploi avec ceux de
« congrégation et communauté ». Donc, l'association pourrait comprendre des prêtres séculiers, mais pas de laïcs, semble-t-il ; solution qui ne paraît guère plus exacte que la précédente, au point de vue de l'interprétation littérale.

Au reste, M. Naquet adresse à cette solution une critique qui n'est pas heureuse (1) : « Tous les auteurs
« dit-il, admettent qu'une association n'a pas besoin
« d'être formée entre personnes appartenant au culte
« catholique pour tomber sous les prescriptions de la

1. *Op. cit.*, p. 86.

« la loi de 1884. Or si, parmi les membres d'une asso-
« ciation, il en est de non catholiques, il est bien évi-
« dent que tous les membres ne seront pas des reli-
« gieux » : et M. Naquet cite à l'appui de son opinion
MM. Primot (1) et Maguéro (2). La conclusion du
savant auteur n'est pas très exacte en elle-même,
car, si les personnes n'appartenant pas au culte catholique sont, par exemple, membres d'une congrégation
protestante, ce qui n'est pas impossible, bien que ces
congrégations soient extrêmement rares, l'association
n'en sera pas moins formée entre religieux. En outre,
cette conclusion fût-elle vraie qu'elle ne prouverait
rien. L'association, composée comme l'a supposé
M. Naquet, ne saurait être en effet une association
religieuse et cela, parce que son but ne sera à coup
sûr pas religieux. Il faudrait pour cela, puisque l'association comprend des catholiques, des protestants,
des mahométans, etc..., qu'elle se propose à la fois la
gloire du catholicisme, du protestantisme, de l'isla-
misme, ce qui est impossible. Tandis qu'une telle asso_
ciation pourra fort bien être politique, littéraire, morale
même.

D'ailleurs, ce que MM. Primot et Maguéro, cités par
M. Naquet, disent avec beaucoup de bon sens, c'est
seulement qu'une association n'a pas besoin d'être for-

1. *Op cit.*, 1316-1317.
2. V° Congrégation, n°˙ 12, 32, 99.

mée en vue de soutenir ou de propager la religion catholique pour être religieuse ; qu'elle peut tout aussi bien viser les autres religions, mais une religion à la fois nécessairement. Il ne semble pas en effet que le but puisse être religieux s'il n'est pas spécial à un culte et, par suite, l'association composée exclusivement d'adeptes d'une même religion, qu'ils soient laïcs ou religieux, cela importe peu. Tous seront donc catholiques si l'association religieuse est catholique. Au reste, comme le remarque très exactement M. Wahl, la reconnaissance de l'association par le pouvoir ecclésiastique n'est pas requise (1).

Ainsi, nous venons de voir une première évolution de la jurisprudence vers l'interprétation rationnelle et littérale du texte de l'article 9 ; dans une dernière phase, nous allons assister à une application presque complète des véritables principes. La considération du but religieux devient prépondérante, et sert en quelque sorte de critérium à l'association religieuse.

Un premier pas avait été fait dans cette voie, peu après l'arrêt de 1894, par les tribunaux de la Seine et d'Orléans (2). Ils avaient reconnu l'existence d'une association religieuse entre les acquéreurs d'immeubles qui se proposaient le fonctionnement de l'œuvre de la congrégation à laquelle ils appartenaient.

1. Voir dans le même sens Primot, *loc. cit.*, n° 1310.
2. Voir *Revue pratique de Garnier*, nos 8.893 et 9.217.

Un jugement du tribunal de Reims du 13 mai 1899 (1) dispose que la jurisprudence, aujourd'hui fixée sur ce point, impose l'application des lois de finance dans leur sens littéral et que le législateur avait entendu frapper, par l'expression *associations religieuses*, les réunions de personnes qui ne présenteraient pas le lien nécessaire pour former une congrégation.

Le tribunal de la Seine est encore plus explicite (2).

Selon lui, l'union en vue d'une action durable et permanente, morale et religieuse, suffit pour constituer l'association religieuse.

Enfin, un jugement du tribunal de Tulle du 1 juin 1899 s'attache, lui aussi, au but exclusivement religieux d'une société civile présentant les caractères d'une association, pour lui appliquer la loi de 1884 (3).

Donc peu importent désormais la composition ou la forme extérieure d'une association, du moment où son caractère religieux est démontré.

Les incertitudes par lesquelles est passée la jurisprudence, pour la détermination de l'association religieuse, ne nous sont elles pas un témoignage assuré des écueils auxquels se heurte l'interprète d'un texte

---

1. Voir ce jugement à la *Revue générale pratique d'enregistrement et de notariat*, n° 1854.

2. Jugement du 4 août 1899, rapporté par le *Journal de l'Enregistrement*, n° 25.749 (Société civile de la chapelle réformée évangélique).

3. *Revue générale pratique*, n° 1894.

qui s'écarte des règles juridiques, d'une loi mal conçue, appliquant un impôt mal nommé, à des contribuables mal désignés ?

Tout d'abord, nous avons constaté que la loi de 1872 ne pouvait atteindre les congrégations religieuses. Elle ne frappait qu'une classe particulière de contribuables et ne s'attaquait qu'aux revenus produits par le placement des capitaux. On ne pouvait donc sans modifier complètement l'esprit de cette loi, sans violer son texte en un mot, sans faire une loi nouvelle et spéciale, recouvrer l'impôt qu'elle mettait à la charge de certains particuliers, sur des œuvres dont le caractère est précisément de ne pas procurer de revenus à leurs membres et qui se distinguent très nettement de ceux-ci. Au lieu de voter cette loi spéciale indispensable pour atteindre les œuvres que l'on visait, le législateur a préféré, à l'instigation de la Chambre Haute, tenter de donner à sa loi, qui, au fond, reste une loi d'exception, un caractère de généralité qu'elle ne pouvait revêtir. Il a prétendu tout d'abord qu'elle était la simple conséquence de la loi antérieure considérée comme une disposition d'ordre général et qu'elle s'appliquait à toutes les associations. Puis, comme cette adaptation était impossible et n'avait abouti dans la pratique qu'à des résultats dérisoires, il dût prendre des mesures plus particulières aux œuvres qu'il voulait frapper. Mais, cette fois encore, par une sorte de pruderie, il désigna en dehors de ces œuvres, la catégorie toute entière dont elles faisaient partie, d'où les difficultés réelles que rencontrèrent les interprètes pour se conformer à la véritable intention du législateur sans violer ouvertement les termes d'un texte le plus souvent beaucoup trop général et quelquefois au contraire, encore insuffisant. C'est ainsi que nous avons vu la Régie et les tribunaux admettre des exceptions impossibles à justifier, si l'on observe les règles de l'interprétation littérale.

Nous allons au chapitre suivant examiner de nouvelles difficultés occasionnées par ce fait que l'impôt sur le revenu appliqué aux congrégations religieuses manquait de base réelle.

CHAPITRE II

Détermination du revenu imposable.

§ 1.— Loi de 1880.

Base de perception assez équitable ; mais l'application aux associations des règles suivies pour les sociétés ne pouvait donner de résultat sans des mesures exceptionnelles.

Les lois des 28 décembre 1880 et 29 décembre 1884 se sont proposé d'atteindre les produits susceptibles d'être obtenus par les congrégations au moyen des travaux auxquels elles se livrent.

Tout en déclarant vouloir leur faire acquitter des impôts équivalents à ceux payés par tous les citoyens, le législateur les a soumises à un régime spécial.

La loi de 1880, telle que l'a interprétée la Régie, a cherché à assimiler la taxe qu'elle établissait, à celle de 1872 au point de vue des contribuables qu'elle atteignait : c'est un point que nous nous sommes efforcé de dégager au chapitre précédent. Nous allons voir maintenant qu'elle tenta de continuer cette assimilation au point de vue de l'assiette de l'impôt, mais que la loi de 1884 dut, ici encore, comme elle l'a fait pour le premier point de vue, abandonner les prétentions de la première loi et baser l'impôt sur la fortune présumée, en sorte que le nom d'impôt sur le revenu devint tout à fait impropre. C'est d'ailleurs là un résultat qu'il était facile de prévoir, comme nous l'avons fait observer au chapitre précédent.

L'amendement Brisson, dans sa première rédaction, n'avait pas cherché à dissimuler le caractère d'impôt sur le capital que revêtait la taxe sur le revenu appliquée aux congrégations. Il portait en effet que la valeur imposable était fixée à 5 0/0 du capital commun évalué selon les lois de l'enregistrement, sans distraction des immeubles qui y sont compris.

Cet amendement, voté à la Chambre, fut, on le sait, considérablement modifié par la Commission du Sénat pour lui faire dépouiller, au moins en apparence, le caractère exceptionnel qu'il revêtait dans la première rédaction.

L'article 3 de la loi porte en effet, que « le revenu
« déterminé 1° pour les actions d'après les délibéra-
« tions, comptes rendus ou documents prévus par le 1er
« paragraphe de l'article 2 de la loi du 29 juin 1872
« et 2° pour les autres valeurs, soit par les délibérations
« des conseils d'administration prévus par le 3e para-
« graphe du même article, soit par la déclaration des

« représentants des sociétés et associations, appuyée
« de toutes les justifications nécessaires ; soit, à défaut
« de délibérations et de déclarations, à raison de 5 0/0
« de l'évaluation détaillée des meubles et des immeu-
« bles composant le fonds social. »

Cette disposition appliquait donc aux congrégations le régime des sociétés. Nous ne renouvellerons pas les critiques déjà adressées à cette assimilation ; elles subsistent dans toute leur force ; mais, une fois la congrégation considérée comme une société, il était logique de lui en appliquer les règles dans la mesure où elles n'ont rien d'incompatible avec la nature de l'association. Cette mesure, à vrai dire, était fort restreinte, à cause des profondes divergences qui séparent les deux institutions.

Ainsi, les délibérations des conseils d'administration ou les déclarations des représentants des congrégations devaient se borner à indiquer le montant des produits de l'association, c'est-à-dire, suivant la doctrine et la jurisprudence, l'augmentation du fonds social. Mais elles ne pouvaient parler de dividendes distribués.

Il y avait donc là une première particularité. Dans les sociétés, aucune taxe n'aurait été exigible sur les produits constatés tant qu'ils n'étaient pas consolidés sur la tête des sociétaires, tandis qu'elle l'était de suite pour les congrégations et autres associations visées par la loi de 1880.

Toutefois, l'on doit reconnaître, à l'honneur de la

commission du Sénat, que cette loi consacrait une équité relative : en principe, l'impôt ne portait que sur les revenus nets, réels des associations. Ce principe se traduisait par une détermination exacte de ces revenus toutes les fois qu'elle était possible.

Une délibération de l'assemblée générale des actionnaires, sur le compte rendu annuel, lorsque l'association s'était constituée en société par actions ; une délibération du conseil d'administration ou une déclaration des représentants, dans les autres cas, fixait d'une manière précise les produits nets en tenant compte à la fois des recettes, c'est-à-dire de tout ce qui était échu à l'association, et des dépenses de celle-ci.

A cet effet, un bilan annuel était dressé. On portait à l'actif les biens appartenant à l'association d'après leur estimation en valeur vénale, l'usufruit et la nu-propriété n'étant comptés que pour l'estimation propre à ces démembrements de la propriété (1) et les fruits naturels destinés à la consommation n'entrant pas en ligne de compte (2).

En ce qui concerne les dons reçus à charge d'affectation à une œuvre improductive, la Cour suprême a décidé le 29 mai 1888 (3) qu'ils ne devaient être portés à l'actif que jusqu'à concurrence de « la plus value

---

1. Voir le Traité de M. Primo', n° 1423.
2. Maguero. *Traité alphabétique*, v° *Congrégations*, n° 65.
3. *Journal de l'Enregistrement*, n° 23.041. Sirey, 1890, 1-86.

« qui pourra résulter pour le fonds social de l'emploi des dites sommes ».

Cette solution se justifie assez bien, si l'on s'en tient, comme l'a fait notre savant maître M. Wahl en une note au Sirey, aux affirmations de M. Roger-Marvaise rapporteur du budget de 1881 au Sénat (1). La loi nouvelle ne voulait, selon lui, atteindre que les produits échappant à celle de 1872; l'impôt ne pouvait être perçu que sur la valeur obtenue en déduisant des recettes les dépenses qui les absorbent sans créer une valeur équivalente (2).

Dans le même ordre d'idées, on faisait figurer au passif, sauf le cas de fraude, les subventions allouées à une œuvre destincte de l'association qui les fournit (3). La Régie avait, en effet, en matière de société, considéré ces subventions comme de véritables charges ; mais, pour les congrégations, elle était autorisée, selon M. Primot (4), de la considération qu'à la différence de la loi de 1872, celle de 1880 frappe les produits dès qu'ils sont réalisés, pour considérer les allocations dont il s'agit comme des produits passibles de la taxe.

Quoiqu'il en soit de ces détails, qui cependant avaient

---

1. *J. off.* du 24 décembre 1880, p. 12.776.

2. Voir M. Démasures en son *Traité du régime fiscal des Sociétés*, n° 258.

3. En ce sens M. Maguéro en son traité : n° 65, v *Congrégations*.

4. *Dictionnaire des droits d'Enregistrement*, t. VI, n° 1425.

leur importance, toutes les associations constituées en sociétés ou reconnues d'utilité publique pouvaient, par l'un des moyens indiqués à l'article 3, donner pour base à la perception de la taxe leur revenu réel. Celles des congrégations non reconnues qui ne formaient pas de sociétés régulières et que la loi considérait comme de simples sociétés de fait pouvaient faire la déclaration prévue par le texte précité, en établissant un compte de leurs recettes et dépenses appuyé des pièces justificatives.

Au reste, cette faculté spéciale aux associations atteintes par la loi de 1880, ne constituait aucune mesure de faveur à leur égard. Elle avait été adoptée à la suite d'un amendement de M. Cherpin qui fut défendu par son auteur avec des raisons très équitables (1).

La loi de 1872 visait des sociétés qui, toutes, ont un conseil d'administration et dont la destination est de distribuer des bénéfices. Il était donc logique de déterminer la valeur imposable d'après les délibérations des conseils d'administration qui ont lieu annuellement dans ces sociétés pour la fixation des dividendes, et, à défaut de ces délibérations, par un forfait que les sociétés pourraient toujours écarter s'il leur était préjudiciable, en présentant leurs comptes.

En 1880, la situation était différente. Beaucoup de

---

1. Voir le *Journal officiel* du 25 décembre 1880, p. 12,839 et 12,845.

sociétés de fait dépourvues de conseils d'administration, puisqu'elles ne distribuent pas de bénéfices, étaient atteintes. Elles consistaient, le plus souvent, en une réunion de quelques personnes qui désignaient l'une d'elles pour être leur représentant et diriger l'entreprise. On ne pouvait donc exiger de ces sociétés la délibération d'un conseil qu'elles n'avaient pas, et, puisqu'un représentant jouait le rôle de celui-ci auprès d'elles, il était tout naturel de s'en rapporter à sa déclaration en lui demandant les garanties désirables de sincérité. La Régie n'avait d'ailleurs qu'à se servir des armes dont elle disposait contre la fraude, lorsqu'elle la soupçonnait.

A défaut des délibérations et des déclarations dont il vient d'être question, le revenu était fixé à forfait. La présomption d'un intérêt de 5 0/0 produit par les biens des congrégations est le plus souvent injustifié : cela est certain (1) ; aussi est-il regrettable que la Haute assemblée ait refusé de substituer à cette présomption, comme le proposait M. Paris (2), l'expertise qui est presque de droit commun en matière fiscale. L'application du forfait aux congrégations, qui n'avait pas, à leur égard, la même raison d'être que pour les sociétés, contenait en outre une particularité. Dans la loi de 1872,

1. Voir le discours de M. Delsol au Sénat le 24 décembre 1830 ; p. 12.492, col 2.
2. Même séance.

le forfait à 5 0/0 sur le capital était calculé d'après le prix moyen des cessions de parts pendant l'année ou seulement, à défaut de cessions intervenues, sur le capital social tel qu'il avait été déterminé dans les statuts, sans que les améliorations ou plus-values apportées aux biens composant ce capital influassent sur la base du calcul (1). En procédant de la sorte, on évitait l'arbitraire, puisqu'on calculait le revenu à un taux qui n'avait rien d'excessif pour les sociétés et sur une valeur réelle.

Dans la loi de 1880, au contraire, le forfait était fixé sur la valeur brute des meubles et des immeubles, sans distraction des charges et quelle que fût l'affectation des biens : on sait en effet, que, pour la plupart des associations, cette affectation est improductive ou à peu près.

Quoi qu'il en soit, l'application du forfait était rare en raison des facilités d'y échapper. On aurait tort cependant de croire qu'elle soit restée inconnue avant la loi de 1884. Pour certaines associations en effet, qui n'ont pas de conseil d'administration, il est très difficile d'établir un bilan et de fournir à la Régie les justifications qu'elle exige, soit à cause de la multiplicité des recettes et des dépenses, soit à cause de la subtilité de certaines distinctions à établir au sujet des dons reçus avec affectation improductive ou des subventions

---

1. Voir le Traité de M. Maguéro v· *Impôt sur le revenu*, n⁰ˢ 175,176.

accordées à certaines œuvres, nous l'avons vu. Les Petites Sœurs des Pauvres notamment durent subir le forfait. Leurs bénéfices sont nuls, puisqu'elles emploient les produits de leurs quêtes à l'érection d'hôpitaux où elles donnent leurs soins gratuitement. En raison de l'importance des locaux qu'elles doivent occuper pour accomplir leur œuvre, elles payèrent une taxe de 4.276 francs qui suppose un revenu imposable de 142.000 francs, alors qu'en réalité, leurs deux millions d'immeubles sont improductifs.

Cette congrégation fut la seule un peu importante qui ait adopté le forfait ; il s'en suivit naturellement qu'elle paya beaucoup plus que les autres pour lesquelles la taxe avait été calculée sur le revenu net qui est insignifiant. Cette disproportion était la preuve palpable de l'exagération du forfait appliqué aux associations ; mais elle fut interprétée autrement.

Les orateurs du gouvernement avaient affirmé en 1880 que, tout en faisant œuvre charitable, les congrégations trouvaient le moyen d'accroître leur patrimoine et de réaliser de beaux bénéfices en utilisant, par exemple, le travail des enfants qu'elles recueillent. On n'avait pas réfléchi que c'était pour elles une nécessité sans laquelle elles n'auraient pu accomplir leur œuvre, entretenir ceux qu'elles accueillaient et tout le monde était persuadé que les congrégations n'étaient au fond que des sociétés lucratives d'une nature spéciale. Aussi, on les soupçonna d'avoir fait des déclarations inexactes.

Une autre circonstance put favoriser l'erreur.

L'amendement Brisson avait liquidé la taxe pour toutes les congrégations d'après le forfait à 5 0/0 et le chiffre obtenu d'après cette liquidation avait été inscrit au budget, malgré les modifications apportées au texte de l'amendement. Il en résulta forcément que les recettes prévues ne furent pas atteintes, à beaucoup près, puisqu'elles étaient calculées sur une base fictive que la loi avait abandonnée. Mais, on préféra donner à ce fait la même explication qu'à la disproportion signalée plus haut, et l'on en conclut « que les congrégations avaient passé en se jouant au travers de la loi » (1).

Il apparut que le seul moyen de leur faire acquitter l'impôt était de supprimer les dispositions de faveur introduites en 1880 par le Sénat et de revenir à la rédaction primitive de l'amendement Brisson. Ce dernier, on l'a vu un peu plus haut, établissait un véritable impôt sur le capital; mais on le présenta comme appliquant aux congrégations le droit commun des sociétés auquel la loi de 1880 avait dérogé (2). Nous savons, au contraire, que le forfait de 5 0/0 n'est appliqué qu'à des sociétés qui peuvent toujours le faire écarter

1. Voir la Séance du 24 Décembre 1884 à la Chambre.
2. Voici le discours de M. Boulanger à la Chambre le 20 décembre 1884.

en présentant une délibération de leur conseil d'administration.

On déclara également, en vue d'obtenir l'établissement du forfait, que, sous la loi de 1880, l'Administration était désarmée contre les congrégations qui opposaient des « résistances considérables. » Cette assertion, à coup sûr, manquait d'exactitude. Si les documents fournis ne paraissaient pas présenter un caractère suffisant de sincérité, l'Administration pouvait les écarter et en cas de contestation, les tribunaux auraient décidé si les défiances de la Régie étaient justifiées. Sans doute, les mots « justifications nécessaires » employés par la loi manquaient de précision ; mais il n'en pouvait guère être autrement, ces justifications pouvant varier suivant la matière de la déclaration. Au reste, l'Administration, profitant de la latitude que lui laissait le texte avait, en l'Instruction 2651, § 14, posé en principe que les justifications devaient être détaillées à moins d'impossibilité, résultant de la nature des recettes et des dépenses. Une telle exigence était certainement en dehors de la loi, puisque, sur la proposition de M. Paris, on avait remplacé au Sénat, les mots « justifications détaillées » par ceux de « justifications nécessaires » (1). D'autre part, bien qu'on ait écarté les moyens de contrôle inquisitoriaux, comme l'avait fait la loi de 1872 pour les sociétés, l'Instruction préci-

1. Cf. Démasure. *Loc. cit.*, n° 258. B.

tée exigeait un état détaillé de l'actif et du passif, alors que l'article 3 ne demandait qu'une déclaration faite « conformément à l'article 16 de la loi du 22 frimaire an VII » c'est-à-dire librement.

La Chambre ne fut pas informée de ces précautions prises par la Régie et crut à l'impossibilité où elle déclarait se trouver d'avoir des documents absolument certains.

Le Sénat ne tint pas compte non plus des inexactitudes du forfait que l'honorable M. Batbie lui avait signalées très clairement et l'article 9 fut voté :

§ 2. — Loi de 1884.

Les congrégations sont soumises à un forfait particulièrement rigoureux et inexact qu'on ne saurait justifier à aucun point de vue.

« Le revenu est déterminé à raison de 5 0/0 de la « valeur brute des biens meubles et immeubles possé- « dés ou occupés, à moins qu'un revenu supérieur ne « soit constaté ». Telle est la teneur de l'article 9 en ce qui concerne la valeur imposable.

Une première remarque s'impose à la seule lecture de cette disposition. Sous les lois de 1872 et de 1880, le forfait, lorsqu'il trouvait à s'appliquer, était obligatoire aussi bien pour l'Administration que pour les sociétés et l'on a tout lieu de croire que les sociétés lucratives qui consentaient à cette application n'y éprouvaient point de préjudice, au contraire. En 1884, il n'en est plus de même ; le forfait est obligatoire pour la congrégation, mais plus pour l'Administration qui peut, au moyen d'investigations au siège social et même de simples présomptions, établir que le revenu est supérieur au forfait. Sans insister ici sur le caractère inquisitorial que revêtent les moyens mis à la disposition de la Régie pour faire cette preuve, caractère qu'avait formellement évité la loi de 1872, nous l'avons vu, qu'il suffise de remarquer que le fisc s'introduit chez le contribuable pour s'y livrer à des recherches vraiment vexatoires. Puis, quand ces recherches n'ont pas conduit à un revenu de 5 0/0, il demande alors la permission de se retirer et de dire : « Vous avez un revenu obligatoire de 5 0/0, nous ne l'avons pas trouvé dans vos livres, mais nous ne serons pas contents à moins de 5 0/0 ». Ainsi, le forfait cesse d'être un simple moyen de déterminer un revenu, il devient un pis-aller pour l'Administration. Ce n'est pas tout.

Sous les lois de 1872 et de 1880, il suffisait de prouver la non distribution de bénéfices ou la non réalisation de ces bénéfices pour que le forfait ne pût s'appliquer (1). La question avait même été débattue au Sénat et le représentant du gouvernement avait

---

1. Cassation. 27 mars 1893. Rep. de Garnier n° 8065, Maguéro : *Traité alphabétique.* V° impôt sur le revenu n° 191.

donné à ce sujet, les garanties les plus formelles (1).

Depuis 1884, les congrégations se voient appliquer le forfait, même si elles prouvent qu'elles n'ont pas de bénéfices (2), même s'il est constant qu'elles ont essuyé des pertes énormes.

Toutes les mesures équitables des lois antérieures sont donc abrogées : on ne cherche plus, pour le calcul du forfait, à se rapprocher le plus possible du revenu réel en tenant compte de diverses particularités, telles que l'affectation des biens échus, les charges qui grèvent les libéralités recueillies et l'on arrive ainsi en fait à attribuer aux biens des congrégations un revenu qui souvent varie de 8 à 10 0/0. Celles de ces associations qui se consacrent aux œuvres de charité sont les plus mal traitées, bien qu'elles rendent à la société d'incontestables services : on fait l'inventaire des meubles et des immeubles de toute sorte employés à soigner les vieillards et l'on déclare aux religieuses qu'elles font un bénéfice net de 5 0/0. Sans doute, certaines congrégations poursuivant des œuvres d'une ampleur indéfinie ont, en dehors des subventions qu'elles reçoivent, des ressources considérables qui leur sont strictement nécessaires et ne servent jamais qu'à la poursuite et à l'extension de l'œuvre ; mais la taxe sur le revenu n'est pas destinée à frapper les

1. *J. Off.* du 25 décembre 1880, p. 12. 838. col 3.

2. Jugement du tribunal de la Seine du 24 mai 1889. *Journal Enregistrement*, n° 23. 261.

sacrifices que font tous les catholiques par exemple pour l'œuvre de la propagation de la Foi et les deniers qu'ils confient à cet effet à une congrégation.

C'est qu'en effet, la nouvelle loi taxe les capitaux dont les revenus ont été affectés, par les personnes qui les ont donnés à la congrégation, à une œuvre, à une fondation : il est alors impossible de découvrir l' « utilité juridique » à laquelle l'Administration prétend s'attacher pour percevoir la taxe.

Même dans le cas où les biens des congrégations n'ont aucune affectation nécessaire, l'application du forfait consacre encore pour elles une situation tout à fait désavantageuse.

Les valeurs mobilières qui ne rapportent à personne plus de 3 ou 3 1/2 0/0 produisent aux seules congrégations un revenu supérieur (1). Un résultat singulier se produit dans le cas où une congrégation est membre d'une société. La Cour de cassation avait décidé en matière de société que la taxe 4 0/0 était exigible une première fois sur les revenus touchés par la société actionnaire et une seconde fois sur les mêmes revenus encaissés par les membres de celle-ci (2). C'est là une conséquence de la théorie de la fiction.

Cette solution très critiquable, qui aboutit à doubler

1. Il est facile de prévoir que, malgré l'abaissement de l'intérêt légal à 4 0/0 qui vient d'être voté, le revenu présumé des congrégations continuera d'être de 5 0/0.

2. Cass. 9 novembre 1886. S. 88. 1. 33.

la taxe sur les revenus, a été étendue aux congrégations par la Régie, comme les travaux parlementaires permettaient de le prévoir. (1)

En matière immobilière, on comprend également que le forfait est manifestement exagéré. Tandis que les sociétés se servent de leurs immeubles comme d'un instrument de travail et de bénéfice et que ces immeubles ne représentent bien souvent qu'une faible partie du capital social, les congrégations sont presque toujours obligées d'occuper d'immenses locaux pour accomplir leur œuvre d'enseignement ou de charité sans en tirer un profit appréciable.

Le forfait ne pouvant se justifier à aucun point de vue d'équité, on a tenté de l'expliquer en faisant observer qu'il était employé également en matière de patentes (2). Outre que cette raison ne peut empêcher le forfait d'être une mesure exceptionnelle, elle ne saurait être invoquée ici semble-t-il, ainsi que l'a fort justement fait observer M. Batbie (3).

En effet, l'impôt des patentes est basé sur un revenu présumé d'après des signes extérieurs, tels que la nature de la profession, les locaux occupés ; mais c'est là un procédé employé en France pour atteindre la ma-

---

1. *J. off.* chambre : 20 décembre 1884, p.2.991. Sénat 27 décembre 1884, p. 2.010 3° col.

Maguéro, *loc. cit.*, v° congrég. n° 48.

2. Voir le discours de M. Dauphin au Sénat, 27 décembre 1884.

3. *J. off.* Sénat 27 décembre 1884, p. 2015.

tière imposable sans user de moyens inquisitoriaux. Les inexactitudes sont excusées par la nécessité dans laquelle on se trouve de ménager la susceptibilité du contribuable. Mais en notre matière, on ne saurait invoquer cette excuse, puisque précisément la loi méconnaît cette susceptibilité et permet à la Régie de rechercher si les revenus ne sont pas supérieurs au forfait.

La même observation servirait à réfuter l'argument que l'on pourrait tirer de la loi du 21 avril 1832 sur la contribution personnelle mobilière.

Enfin, il ne paraît pas que l'on puisse alléguer en faveur du forfait que cette mesure exceptionnelle est rendue nécessaire par les dissimulations de capitaux mobiliers dont les congrégations sont accusées. Cette accusation fût-elle vérifiée, qu'elle ne pourrait encore permettre d'attribuer des revenus imaginaires aux biens que l'on connaît. On ne doit fonder ni une présomption légale, ni un impôt sur un soupçon de fraude. Celle-ci même fût-elle certaine, que des mesures répressives seraient seules permises. Chacun sait, par exemple, que les valeurs mobilières au porteur ne sont presque jamais comprises dans les déclarations de succession et pourtant, le législateur ne pense pas par compensation à exiger une taxe plus élevée sur les immeubles et les titres nominatifs.

Le forfait de 5 0/0 ne paraît donc pouvoir se justifier à aucun point de vue. Les inexactitudes qu'il établit ne sauraient non plus s'expliquer par une nécessité destinée à sauvegarder les libert's des contribuables, ou à établir une compensation fiscale.

L'impôt ainsi établi devient un impôt sur le capital, car il est certain que « les collectivités taxées pour une « somme dépassant leur revenu, seront obligés de « payer le reste sur leur capital » (1). On aura donc à la fois des sociétés taxées d'après leur revenu et d'autres d'après leur capital, alors qu'on prétend les soumettre toutes au même régime.

En 1880, M. Delsol (2) avait prévu qu'on ne pourrait obtenir un résultat qu'à la condition d'édicter des mesures toutes spéciales qui dénatureraient la taxe sur le revenu. En matière de succession, on part du revenu pour déterminer le capital imposable ; mais ici, c'est tout le contraire : on ne connaît pas le revenu, et on cherche à l'établir d'après l'évaluation préalable du capital. On se trouve dans une sorte de cercle sans issue ; car, pour évaluer d'une façon précise le capital, il faudrait connaître le revenu, avoir les éléments de l'évaluation du capital, lesquels font absolument défaut. Les frères des écoles chrétiennes peuvent avoir un capital considérable bien que leur revenu soit insignifiant.

On en est donc réduit à établir une présomption lé-

---

1. Voir le discours de M. Batbie au Sénat le 27 décembre 1884. *J. off.* du 28, p. 2010.

2. *J. off.* du 25 décembre 1880, p. 12842, col. 1.

gale dont la seule justification est qu'on ne peut faire autrement pour appliquer l'impôt sur le revenu à des groupes qu'il ne pouvait atteindre par sa nature propre et pour le baser sur une valeur imposable qui n'existe pas.

De sorte qu'en fin de compte, la taxe est dûe d'après la fortune présumée et calculée sur les valeurs brutes. Peu importe qu'il y ait des revenus ou non, que les congrégations thésaurisent ou emploient leurs revenus en charités ou en aumônes : le capital sert toujours de base à l'impôt, et, comme il est nécessairement invisible en partie ou facile à dissimuler, il faut bien tenir compte des éléments visibles et impossibles à dissimuler. Nous le verrons un peu plus bas, c'est là aussi la seule raison à invoquer pour soumettre à la taxe les biens simplement occupés.

Mais, avant d'aborder cette question, il convient de nous demander quels biens le législateur a entendu désigner par l'expression « biens possédés » ; l'article 9 de la loi du 29 Décembre 1884 porte en effet que « le « revenu est déterminé à raison de 5 0/0 de la valeur « brute des biens possédés et occupés. »

A. — *Biens possédés : La Régie invoque deux principes opposés pour déterminer la valeur imposable. Situation désavantageuse qui en résulte pour les congrégations.*

Les lois fiscales de 1880-1884, n'étant basées sur

aucun système juridique, se sont trouvées dans le plus cruel embarras pour exprimer leur pensée.

Leur conception manquant elle-même de netteté et de logique, l'écueil auquel elles se sont heurtées n'a rien qui doive surprendre. Les associations non reconnues étaient, en droit privé, frappées d'une incapacité absolue et cependant, la loi fiscale devait les considérer comme très réelles pour les soumettre à l'impôt. D'où les expressions ambiguës et vagues pour désigner la propriété des congrégations non autorisées. Le mot « possédé » fut choisi, sur la proposition de M. Ribot (1), pour exprimer ce droit de propriété.

L'Instruction de la Régie n° 2712 nous apprend en ce sens que les biens « possédés sont ceux dont « la propriété ou l'un de ses démembrements appar- « tient à l'association ». Il ressort en effet des travaux parlementaires qu'on avait évité l'emploi du mot « appartenant à » pour ne pas reconnaître implicitement une existence juridique aux associations non autorisées.

Plusieurs difficultés se sont présentées dès le début de l'application de la loi de 1884, tant au sujet du mot « possédés » qu'à celui du mot « occupés ». Nous indiquerons rapidement ces difficultés où le manque d'idée directrice du législateur se traduisait par des solutions contradictoires de la jurisprudence.

Une première question a été soulevée à propos des

---

1. *J. off.* Chambre, 11 décembre 1880.

fruits civils et naturels. Ces fruits, logiquement, doivent être déclarés capitaux possédés, dès leur entrée dans le patrimoine de la congrégation. Seulement, comme ce principe aurait conduit à des double emplois par trop criants, l'Administration l'a écarté en matière de provisions destinées à la consommation, ou de fermages échus, (1) de créances ayant pour objet le traitement représentant le fruit du travail des congréganistes.

En ce qui concerne les biens possédés à titre d'usufruitier par les sociétés ou associations soumises à la taxe sur le revenu, ils n'étaient, sous les lois de 1872 et de 1880 et ne sont encore, pour la détermination du revenu net imposable quand il est supérieur à 5 0/0, comptés que pour la valeur de l'usufruit. L'Administration prétend au contraire, qu'en ce qui concerne le calcul du forfait à 5 0/0 prescrit par la loi de 1884, ils doivent être évalués en toute propriété, attendu que la congrégation peut en retirer les mêmes produits que si elle en était propriétaire.

Le raisonnement ne paraît être que spécieux.

Il est bien vrai qu'un usufruit procure les mêmes revenus qu'une toute propriété ; mais cette considération est-elle donc si importante au point de vue qui nous occupe ? L'avantage réel qu'une congrégation

1. Voir la solution de la Direction Générale du 25 Novembre 1887, rapportée dans M. Primot, *op. cit.* n[o]s 1392. 1393. 1395.

re tire des biens qu'elle possède est complètement laissé de côté, puisque l'on fait entrer en ligne de compte les biens grevés de charges fort onéreuses et ceux complètement improductifs à raison de leur destination, comme les chapelles. Ce que l'on frappe, ce n'est plus le revenu net, c'est le vingtième du capital apparent et la loi n'envisage que « la valeur brute des biens ». Or la valeur d'un usufruit est nécessairement inférieure à celle de la toute propriété et cette valeur seule devrait supporter l'impôt. M. Maguéro qui, sur ce dernier point, est d'un avis opposé, ne se base pas moins sur la remarque que nous venons de faire, pour décider que la créance contre une faillite ou un individu en déconfiture ne doit être comptée que pour sa « valeur réelle et non pour son capital » (1).

Le trouble qui résulte en toute cette matière d'un point de départ erroné se manifeste encore à propos de la nu-propriété. L'Administration s'était d'abord attachée à la définition qu'elle avait donnée des biens possédés en son Instruction 2712 où elle considérait que la taxe atteignait en réalité le vingtième des biens et non leur revenu. Elle avait, en conséquence, déclaré que la nu-propriété devait être estimée à sa valeur propre et servir au calcul du forfait (2).

1. Maguéro, *loc. cit.*, n° 50.
2. Voir une solution de la Direction générale rapportée dans le livre de M. Primot n° 1405.

— 230 —

Mais la jurisprudence, ici, comme en matière d'usufruit, en a décidé autrement, envisageant exclusivement l'utilité juridique recueillie. La nu-propriété ne peut, selon elle, servir de base au calcul du revenu, puisqu'elle ne saurait en produire (1) et « qu'il n'apparaît « nulle part dans les lois de 1880-1884 que la législa- « tion ait songé à atteindre les biens improductifs non « détenus par leur propriétaire. »

La loi précise en effet, dit le tribunal, qu'elle ne frappe que les biens susceptibles de revenus et possédés ou occupés ; « or telle n'est pas l'espèce, puisque « le titre de rente dont il s'agit, improductif pour la « congrégation, est « possédé » par l'usufruitière, la- « quelle est étrangère à la congrégation. »

L'inexactitude de ces assertions apparaîtra bien évidente à toute personne qui aura parcouru les travaux parlementaires ayant précédé le vote des lois précitées, ou même qui réfléchira aux applications de la loi de 1884, telle qu'elle est rédigée. Nous avons fait observer un peu plus haut, que beaucoup de biens improductifs et non susceptibles de revenus sont atteints par la taxe. Il ne paraît pas non plus, comme l'a décidé l'Administration (2), que les biens appartenant en nu-propriété à la congrégation ne soient pas possé-

---

1. Cf. Jugement du tribunal de Versailles du 14 décembre 1888, rapporté par le *Journal de l'Enregistrement* n° 23.291.

2. Voir la solution du 9 mars 1889 insérée au *J. E.* n° 23.291.

dés par elle, dans le sens de la loi de 1884, et qu'ils soient seulement des biens dont la possession est détachée au profit d'une autre personne, pour ne revenir au nu-propriétaire qu'à la cessation de l'usufruit.

La vérité, ainsi que l'enseignent MM. Garnier et Maguéro (1), c'est que la congrégation nu-propriétaire détient incontestablement l'un des démembrements de la propriété dont parle l'instruction 2712 précitée, qu'elle le *possède* au sens de la loi de 1884, tel qu'il nous est apparu un peu plus haut. Cela est certain, puisque la nu-propriété, comme l'usufruit, comme la pleine propriété, est un bien.

Au reste, le tribunal de Versailles n'a peut-être rendu qu'une solution d'espèce en s'attachant à cette particularité de la cause que la nu-propriété de la congrégation portait sur un meuble et qu'en cette matière, le détenteur de l'objet a seul la possession.

L'Administration a adopté la doctrine du tribunal de Versailles et M. Primot ajoute aux considérants du jugement les raisons suivantes qui ne paraîtront peut-être pas plus concluantes. « Pour que le revenu évalué « à 5 0/0 du bien occupé ou possédé par une congré- « gation entre tout entier dans le calcul du revenu « imposable, il faut incontestablement, dit le savant « auteur, que ce bien soit possédé ou occupé exclusi- « vement par la congrégation ; ceci posé, on peut ad-

---

1. Répertoire général de Garnier, v° congrégations, n° 100. — Traité alphabétique de M. Maguéro, *eodem loco*, n· 51.

« mettre que, si un bien est à la fois possédé par une
« congrégation et occupé par une autre, la taxe est
« dûe deux fois sur le 5 0/0 de la valeur totale de ce
« bien qui est possédé exclusivement par l'une et occu-
« pé exclusivement par l'autre », et cela, dit à son tour
M. Maguéro (1), « parce que l'immeuble loué est un
« capital productif pour la congrégation propriétaire
« et qu'il contribue à *l'effort de l'institution* de la
« seconde congrégation à laquelle il procure aussi des
« produits ». La solution indiquée par MM. Primot et
Maguéro est exacte en elle-même, mais nous ne pensons pas que ce soit pour les raisons invoquées : si la
taxe est due deux fois, c'est parce qu'elle frappe d'une
part la congrégation qui a un droit réel sur le bien,
qui le possède ; et d'autre part celle qui l'occupe, soit
en vertu d'un droit réel, soit en vertu d'un droit de
créance, comme au cas de bail que nous examinerons
un peu plus bas. La discussion parlementaire ne laisse
aucun doute à ce sujet.

Ainsi se trouve écartée par avance la conclusion de
M. Primot dans le cas où le bien appartient en nu-
propriété à une congrégation, en usufruit à une autre
et qu'il est loué à une troisième. Contrairement à l'a-
vis de cet auteur, il semble bien que toutes trois doivent la taxe, car deux possèdent, soit la nu-pro-

---

1. *Op. cit.*, n° 62. Voir aussi en ce sens une solution du 19
décembre 1888 et un jugement du tribunal de Castres du 7 août
1890.

priété, soit l'usufruit, et la troisième occupe. On ne saurait prétendre que la possession de l'usufruitier est entière et exclusive de toute autre, dans le sens que la loi de 1884 a donné au mot possession; car l'usufruit et la nu-propriété, nous le répétons, sont deux biens distincts et qui peuvent être possédés séparément. C'est le cas de dire avec le vieil adage « *Dura lex sed lex* ».

Mais alors, dit M. Primot, pour être logique, il faut établir dans tous les cas « l'évaluation du droit incorporel appartenant à la congrégation », que ce droit consiste en un usufruit, un droit d'usage ou un droit de bail, ce qui aboutit à rendre illusoires les précautions prises par la loi de 1884 et à désarmer l'Administration. Telle est en effet la conclusion que semblent dicter le texte de la loi, les débats parlementaires et les principes juridiques, puisque la loi de 1884 a substitué à la recherche du revenu réel comme base de l'impôt, la détermination de la valeur brute des biens, sur le vingtième de laquelle la taxe sera perçue.

Au reste, M. Primot reconnaît lui-même que la doctrine que nous soutenons « repose sur des motifs très plausibles », et nous savons que l'Administration l'applique pour fixer la valeur des créances d'après la solvabilité du débiteur et celle du droit d'usage qui, dans le système inverse, serait manifestement exagérée, puisqu'elle correspondrait à la valeur de la toute propriété.

Quant aux conséquences favorables aux congrégations que M. Primot reproche à notre théorie, il ne faudrait pas les exagérer ; car si, d'une part, les congrégations gagnent à ce que l'usufruit ne soit compté que pour sa valeur, elles perdent à ce que la nu-propriété entre en ligne de compte pour le calcul du forfait, alors que, dans la théorie de l'Administration, elle ne saurait servir de base à l'impôt. Il peut même arriver, nous l'avons vu, que le même bien supporte trois fois la taxe.

Donc, tout ce qu'on peut dire, c'est que les deux solutions en présence sont rigoureuses et que l'Administration a le plus souvent adopté la moins rationnelle, se réservant de revenir à l'autre dans les cas où les conséquences de son système lui paraissaient excessives ou au contraire trop favorables. On ne saurait donc trouver ici d'idée directrice bien marquée.

Nous en voyons une nouvelle preuve dans une matière que nous indiquerons très rapidement : il s'agit des biens séquestrés.

Au cours des travaux parlementaires, on avait déjà agité la question de savoir si les biens des congrégations dissoutes mis sous scellés devraient être comptés pour le calcul du forfait. M. le Comte Desbassayns de Richemont avait dit notamment avec beaucoup de force : « Nous verrons si nous assisterons
« à ce spectacle extraordinaire d'une même autorité
« empêchant d'une main les propriétaires d'entrer chez

« eux et exigeant de l'autre un impôt sur les bénéfices
« qu'ils seront censés avoir tirés de leurs propriétés
« confisquées. » (1) Telle était en effet la conséquence
logique du texte adopté et la cour de Cassation l'a
reconnu (2).

Cette interprétation est conforme à la définition du
mot « possédés » contenue en l'Instruction 2.712 ; mais
il est manifeste qu'elle est contradictoire à la pratique
suivie par la Régie en matière d'usufruit, car on ne saurait ici invoquer l'utilité juridique retirée du bien par
la congrégation dissoute.

En définitive, les diverses solutions admises par
l'Administration sont inspirées tantôt du principe que
l'impôt est basé sur un revenu et tantôt du principe
inverse qu'il frappe le capital.

B. — *Biens occupés : Application de l'impôt aux locaux loués. — La taxe en fait est basée sur la fortune présumée et non sur le revenu.*

Nous allons constater, à l'occasion des biens occupés
par les congrégations, que l'on s'est écarté à nouveau
du principe admis pour les biens séquestrés.

L'Instruction 2712, la même qui définit le mot « possédés » d'une façon qui suppose la taxe basée sur le

---

1. *J.off.* du 25 décembre 1881. p. 2.838. col 3.
2. Arrêt du 14 avril 1897. Sirey. 1898. 1. 239.

capital, enseigne qu'est occupé tout bien sur lequel les congrégations exercent une jouissance personnelle, soit par elles-mêmes, soit par leurs membres, ou les sociétés civiles formées entre eux, du moment que la détention permet aux congrégations de s'en attribuer les utilités juridiques. Nous voici donc revenus à cette fameuse formule en vertu de laquelle la Régie taxe l'usufruit comme la toute propriété, mais qu'elle sait méconnaître pour soumettre au forfait les biens grevés de charges qui absorbent ou dépassent les revenus et les biens séquestrés.

« La direction de l'enregistrement, dit spirituel-
« lement M. de Varcilles-Sommières, (1) veut bien
« avertir ses agents qu'ils ne doivent pas considérer
« comme occupés les châteaux et maisons où quelques-
« uns des membres d'une congrégation sont isolément
« et temporairement employés comme précepteurs.
« Qu'on ne dise point, après cela, que la loi de 1884
« n'est pas appliquée avec une extrême modération ! »
La critique, à vrai dire, n'est peut-être pas très exacte, car il semble difficile de prétendre que les biens occupés par les congrégations en vue d'en retirer les utilités juridiques soient autres que ceux où habite la congrégation et où elle accomplit les œuvres susceptibles de lui procurer un revenu.

Dans cet ordre d'idées, l'Administration avait cepen-

1. *Revue de Lille*, 1890-1891, p. 296.

— 237 —

dant voulu exiger la taxe à propos d'un immeuble exploité par des congréganistes, moyennant une faible rétribution pour le compte d'un curé de paroisse qui supportait les pertes et encaissait les profits de l'exploitation. Sans doute l'immeuble pouvait, à la rigueur, être considéré comme occupé par les congréganistes ; mais il était douteux qu'il le fût par la congrégation dont ceux-ci faisaient partie et l'on ne pouvait à coup sûr prétendre que cette congrégation en retirait « une utilité juridique ». C'est ce qu'a décidé le tribunal de la Seine.

D'ailleurs, il semble que, dans la loi de 1884, l'expression « biens occupés » ne soit pas seulement destinée à établir une présomption du revenu analogue à celle qui sert de base à l'impôt des patentes ou à la contribution personnelle mobilière. Elle a encore un autre but : c'est de rendre inutiles les transformations juridiques subies par les biens des congrégations dans l'intervalle des deux enquêtes auxquelles ils donnèrent lieu. L'importance totale de ces biens n'avait pas sensiblement diminué, mais le chiffre des biens occupés avait augmenté de 130 millions qui avaient disparu des biens possédés. Il y avait certainement là une petite manœuvre imaginée par les congrégations pour échapper au feu de l'ennemi et c'est ce qui avait fait dire à la Chambre que « si l'on établissait le forfait que sur les biens dont les congrégations sont propriétaires, on n'arriverait qu'à un résultat singulièrement amoindri ».

Le mot « occupés », à ce point de vue, devenait donc synonyme du mot « possédés » et restait étranger à la considération des revenus que la congrégation pouvait retirer.

Ainsi, nous le constatons une fois de plus, les expressions employées par le législateur étaient à double entente et il était bien difficile de savoir au juste s'il entendait établir un impôt sur le capital ou sur le revenu présumé.

Mais, admettons avec la Régie qu'en calculant le forfait sur les biens occupés, la loi avait eu pour principal but d'établir une présomption légale du revenu d'après les éléments visibles et impossibles à dissimuler. Tout ce qu'on peut dire en faveur de cette présomption, c'est qu'elle s'impose du moment où les moyens géométriques font défaut, comme le fait observer notre éminent maître M. Wahl.

Mais on ne saurait méconnaître que la présomption est toujours un moyen fort imparfait et qu'elle est particulièrement critiquable en matière de congrégation.

A la Chambre on invoqua, pour soumettre les locaux occupés au forfait, l'exemple des Chartreux. Ils n'ont que la jouissance précaire d'un immeuble et réalisent néanmoins, grâce à cette jouissance, d'assez gros bénéfices ; le fait est incontestable. Mais il est non moins incontestable que la situation des Chartreux est exceptionnelle et que le plus souvent, loin d'être pour les congrégations une cause de bénéfices, les immeubles qu'elles occupent ne sont pour elles qu'un bien indispensable à l'accomplissement d'une œuvre peu ou pas lucrative. On ne saurait contester, par exemple, que les deux ou trois millions d'immeubles occupés par les Petites Sœurs des Pauvres ne leur rapportent pas 5 0/0.

Quelles que soient les conséquences, souvent désastreuses pour les congrégations, auxquelles conduit l'application du forfait aux biens occupés, on ne peut prétendre que le législateur n'a pas entendu atteindre les immeubles occupés à titre de locataire :

M. de Vareilles-Sommières cependant l'a soutenu (1). Selon lui, la loi ne vise que les biens dont la jouissance est laissée gratuitement aux congrégations. Le savant Doyen de la faculté libre de Lille ne conteste pas qu'une maison louée puisse être une source de revenus pour le locataire, lorsqu'elle est un instrument appliqué à l'exercice de son commerce, de son industrie ; mais il estime que cette éventualité ne saurait se produire pour les congrégations. C'est là une vérité pour certaines d'entre ces dernières, mais pas pour toutes ; on l'a fort justement fait observer au Sénat (2).

Au reste, la critique qui précède est commune à toutes les présomptions ; elle concerne exclusivement

1. Voir *La Revue de Lille*, 1890-1891.
2. Voir la séance du 27 décembre 1884, *Journal* du 28, p. 2011 2117 et suivantes.

le point de vue de l'équité qui doit forcément passer au second plan, lorsqu'on déclare obéir à une nécessité.

Mais, M. de Vareilles-Sommières invoque encore en faveur de son opinion la déclaration faite au Sénat par M. Dauphin, rapporteur, en réponse à un discours de M. Batbie. Il fallait, selon M. Dauphin, prendre les mots « biens occupés » dans un sens particulier et entendre par là, non pas ceux que les congrégations ont « pris à bail, mais ceux dont elles sont proprié-
« taires et dont, pour échapper au fisc ou à des mesu-
« res de police, elles ont fait passer fictivement la
« propriété sur la tête d'un tiers (1) ».

Pour apprécier la portée de cette déclaration, il faut parcourir l'ensemble des travaux préparatoires. Or, il n'y apparaît nulle part que l'expression « biens occupés » ait été prise exclusivement dans le sens indiqué par M. Dauphin. Sans doute nous savons déjà que le législateur avait voulu remédier aux transformations par lesquelles le patrimoine des congrégations avait passé en partie ; mais il suffit de rappeler que le Commissaire du gouvernement avait justifié le mot « occupés » en citant l'exemple des Chartreux, pour prouver que ce mot était entendu dans son sens juridique habituel et ne supposait nullement la gratuité de la jouissance. Les Chartreux, on le sait, n'ont pas

---

1. *J. Off.* du 28 décembre 1884, p. 2014.

la disposition gratuite des locaux qu'ils occupent. Ils paient à l'Etat une redevance annuelle de cinq cents francs, et sont tenus à certaines autres charges assez lourdes énumérées au décret de concession.

D'ailleurs, le sens sous lequel M. Dauphin avait présenté l'expression précitée n'avait nullement été adopté par les adversaires de la loi qui opposèrent les dénégations les plus formelles aux assertions du rapporteur : « Il semble que je dise des choses extraordinaires », répartit M. Dauphin : « Oui, très extraordinaires » répliqua M. Buffet et le baron de Lareinty d'ajouter : « Surtout pour un magistrat. » Enfin, un sénateur de droite : « Vous affirmez ce que vous ne savez pas. »

Ne pourrait-on aussi dire, avec M. Manau, Procureur Général, que l'explication du rapporteur n'est qu'incomplète ou mal exprimée ; qu'en tous cas, étant restée isolée, elle ne saurait modifier le texte qui est assez clair sur le point spécial.

M. Batbie avait fait porter l'effort de la discussion sur les locaux loués et M. Dauphin voulut lui montrer que ce n'était pas là la généralité des cas.

De même encore, on peut faire observer que, dans une séance postérieure, le commissaire du gouvernement obtint le rejet de l'amendement Clément tendant à exempter de la taxe les biens affectés à une œuvre charitable, en prenant le mot « occupés » dans son sens large et en déclarant que, comme pour les établissements industriels, le local était un instrument de bénéfices. Or à ce point de vue, peu importe que la jouissance soit gratuite ou onéreuse.

Enfin, il semble bien que l'interprétation de M. Dauphin ne fit pas impression sur le Sénat, puisque de nouvelles protestations contre l'injustice de la loi à ce sujet furent encore élevées et que l'article 9 ne fut voté qu'à une très faible majorité.

Donc, en définitive, il est bien certain que les biens loués doivent être comptés pour le calcul du forfait, ainsi que l'a reconnu la Cour de Cassation le 27 décembre 1893 (1).

Telles sont les difficultés auxquelles a donné lieu l'interprétation des mots « biens possédés et occupés » employés par la loi de 1884.

L'étude à laquelle nous venons de nous livrer confirme, nous l'espérons, la remarque que nous avons faite au début de ce chapitre : l'application de la taxe sur le revenu aux congrégations religieuses ne fut possible qu'à la condition de méconnaître le véritable caractère de cette taxe pour la transformer en un impôt sur la fortune présumée.

Mais cette transformation ne fut même pas faite d'une façon catégorique ; on se servit de termes ambigus qui permirent à la Régie de considérer l'impôt tantôt comme basé sur le capital et tantôt comme visant le revenu.

1. Sirey, 1894. 1.513.

Il en est résulté des solutions contradictoires qu'aucune idée directrice bien précise ne semble avoir dictées.

Nous allons dire quelques mots au chapitre suivant d'une dernière série de difficultés qu'a occasionnée l'application de la taxe 4 0/0 aux congrégations religieuses ; elles sont relatives aux règles de perception et de recouvrement.

CHAPITRE III

Recouvrement de la taxe sur le revenu.

§ 1. — Forme, délai et lieu de paiement. — Pénalités. — Sévérité excessive.

Maintenant que les établissements débiteurs de la taxe sur le revenu en vertu des lois récentes nous sont connus, ainsi que les valeurs sur lesquelles cette taxe est basée, il reste à indiquer rapidement les moyens de contrôle et de recouvrement dont dispose l'Administration. Ces questions n'ont guère qu'un intérêt pratique qui ne saurait modifier les critiques adressées jusqu'ici à l'impôt que nous examinons ; nous verrons toutefois qu'une situation exceptionnelle est encore faite sur ce point aux congrégations religieuses.

Une déclaration détaillée faisant connaître distinctement la consistance et la valeur des biens possédés et occupés par les congrégations doit être remise par elles au bureau de leur siège social, dans le trimestre de janvier, pour l'année écoulée.

Cette règle n'est applicable que depuis 1884 ; il nous a paru inutile de rappeler les prescriptions de la loi de 1880 qui ne sauraient avoir qu'un intérêt historique.

Une seule déclaration est requise, même pour les congrégations ayant des succursales autorisées par décret (1).

Les contraventions à ces prescriptions sont punies : 1° d'une amende de 100 à 5.000 francs pour chaque contravention ; 2° d'un droit en sus pour omission ou insuffisance d'évaluation dans les déclarations.

Sans entrer dans le détail de l'application de ces pénalités, on peut remarquer que la première est d'une sévérité excessive qui ne se rencontre plus actuellement en matière d'enregistrement, surtout si l'on observe qu'une amende est due à raison de chaque déclaration omise.

§ 2. — **Moyens de contrôle et procédure du recouvrement.**

1° Voie de la contrainte. 2° Expertise même en matière mobilière. 3° Procédure spéciale de la loi du 23 août 1871 étendue aux congrégations.

En ce qui concerne les moyens de contrôle dont dispose l'Administration, nous avons déjà fait remar-

---

1. En ce sens : Jugement du tribunal de la Seine du 11 mars 1899, *J. E.*, n° 25.729.

quer incidemment que, sans la loi de 1880, les déclarations devaient être corroborées par les justifications nécessaires et que la Régie avait même exigé abusivement des justifications détaillées.

Les modes de preuve autorisés par l'article 3 de la loi de 1880 consistent en l'emploi de la procédure spéciale en matière d'enregistrement, c'est-à-dire la procédure par voie de contrainte, chaque fois qu'elle se borne, pour établir l'inexactitude des déclarations, à invoquer les actes ou écrits opposables aux parties et régulièrement parvenus à sa connaissance.

En outre, le paragraphe 4 de l'article précité permet deux moyens de contrôle. L'un est emprunté à la loi de Frimaire et ne saurait soulever la critique : c'est l'expertise. Sous la loi de 1880, l'expertise pouvait être employée pour démontrer l'insuffisance des déclarations ou évaluations fournies et donnait par conséquent à la Régie toutes les garanties désirables; bien qu'on ait prétendu le contraire, la remarque en a été faite.

Sous la loi de 1884, elle sert à contrôler la valeur des biens possédés et occupés, que ces biens soient des meubles ou des immeubles (1).

L'expertise, à vrai dire, n'est pas un mode de preuve toujours accordé à l'Administration et la loi du 22 Frimaire an VII ne l'autorise qu'en matière de transmission immobilière. Ici encore, on s'est donc écarté du droit

1. Instruction n° 265.

commun à l'égard des congrégations ; mais, en raison de leur situation particulière, des précautions spéciales se comprenaient assez bien, il faut le reconnaître.

Le tribunal de Beaune et, après lui, la cour de Cassation, par son arrêt du 24 juillet 1894 (1) ont cependant refusé à la Régie le droit d'appliquer l'expertise aux valeurs mobilières : « Attendu, porte l'arrêt de la Cour, que l'article 3 de la loi du 28 décembre 1880, par sa référence aux articles 17, 18, 19, de la loi du 22 frimaire an VII, restreint aux vérifications des déclarations relatives aux immeubles, l'emploi de l'expertise spéciale réglementé par ces articles ».

M. Wahl en une note au Sirey a critiqué cette jurisprudence, ainsi que l'avait déjà fait M. Primot au Dictionnaire des droits d'enregistrement (2). L'article 3, disent ces auteurs, avec beaucoup de bon sens, porte que l'inexactitude des déclarations pourra être établie *conformément* à l'article 17... de la loi du 22 frimaire. Or, la loi n'ayant pas spécifié qu'il s'agit seulement d'immeubles, rien n'oblige à restreindre la preuve de l'inexactitude à cette matière. D'autre part le mot « conformément » signifie que l'insuffisance pourra être établie « *au moyen* de l'expertise dans la forme prescrite par la loi de frimaire ». Telle était en

---

1. Beaune. Jugement du 31 octobre 1889. S. 1890-2-119. Cass. S. 1895, 1-361.
2. Tome VI, n° 1439.

effet la rédaction primitive du projet (1), rédaction qui n'a été modifiée dans la suite que pour ajouter un mode de preuve nouveau et tout exceptionnel.

L'interprétation de la jurisprudence a encore le grave inconvénient d'aboutir à un résultat tout opposé à celui visé par la disposition précitée : elle rend l'expertise impossible, même en ce qui concerne les immeubles. En effet, si par le mot « conformément » la loi avait voulu dire que l'expertise ne pourrait être employée que dans les cas où la loi de frimaire l'a permis, c'est-à-dire pour les transmissions d'immeubles, ce mode de preuve ne serait jamais possible en matière d'impôt sur le revenu. L'article 3 serait donc inintelligible sur ce point.

N'est-il pas bien plus simple et plus conforme à l'intention manifeste du législateur d'admettre que le renvoi à la loi de Frimaire concerne uniquement la procédure à suivre, les formes à observer ?

M. Wahl croit nécessaire d'ajouter à cette argumentation qui paraîtra peut-être péremptoire, des considérations tirées des principes.

L'expertise est permise à l'Administration toutes les fois que le paiement d'un droit est obligatoire et que ce mode de preuve peut donner des résultats sérieux. La loi de Frimaire n'assujettissait à l'enregistrement dans un délai fixe que les transmissions d'immeubles ;

1. Sirey. *Lois annotées* 1881, p. 685.

il est donc naturel qu'elle n'ait permis l'expertise qu'à leur égard. L'eût-elle également autorisée en matière de meubles, que, le plus souvent, cette arme serait restée inefficace entre les mains de la Régie, à cause de la facilité des dissimulations.

La loi du 28 février 1872 a, dans le but de procurer de nouvelles ressources au Trésor, assimilé, au point de vue de l'exigibilité du droit de mutation et, à celui de la répression des contraventions, les fonds de commerce aux immeubles. Les cessions de ces fonds sont donc nécessairement assujetties à l'impôt et, comme la nature des biens qu'ils comprennent rend les dissimulations difficiles, on comprend aisément que l'expertise ait été appliquée.

La taxe sur le revenu, à son tour, est obligatoire pour les congrégations, et les meubles qu'elles possèdent consistent le plus souvent en installations d'hôpitaux, de classes, objets consacrés au culte ; ils ne peuvent guère échapper à la vigilance du fisc. L'application de l'expertise est donc tout indiquée.

Sans doute, la loi de 1872 n'admettait pas l'emploi de ce mode de preuve pour contrôler les revenus des assujettis (article 5). Mais nous savons qu'on ne saurait prétendre, et c'en est là une nouvelle preuve, que les lois de 1880 et 1884 n'ont fait qu'étendre l'application de la loi de 1872. A chaque pas, au contraire, nous avons constaté des différences considérables au point de rendre l'impôt sur le revenu méconnaissable.

Ainsi, en 1872, on ne frappe que des revenus réels encaissés par les actionnaires qui veulent savoir si on leur donne ce qui leur revient et qui, pour cela, instituent des conseils d'administration, des conseils de surveillance. Ils vérifient eux-mêmes les écritures et les comptes de ces conseils. Dès lors, était-il besoin de faire expertiser par l'Administration les revenus distribués ? Et celle-ci ne disposait-elle pas d'une base beaucoup plus sûre et beaucoup plus précise en prenant simplement connaissance des comptes-rendus aux actionnaires, comptes que ceux-ci ont intérêt à examiner et à rectifier s'il y a lieu ? D'autre part, à défaut de délibérations d'assemblée générale ou du conseil d'administration, le revenu était fixé à forfait à 5 0/0 du capital social déterminé d'après la valeur vénale des actions et parts d'intérêt. C'était là un fait matériel qui rendait l'expertise inutile.

Pour les congrégations au contraire, il en était tout autrement, même sous la loi de 1880. On frappait cette fois des revenus dont les associés ne bénéficiaient pas et qu'il était le plus souvent, en raison de la nature de l'association, impossible de déterminer d'une façon précise, puisque tout restait « au commun de la maison. »

Lorsque ces associations avaient revêtu la forme de sociétés, c'était uniquement pour les besoins de la vie extérieure, pour acquérir une personnalité que leur refusait la loi positive. Mais, d'assemblées d'actionnaires, de délibérations de conseils d'administration opérant la répartition des dividendes, il ne pouvait en être question, puisque l'association est désintéressée. Un simple compte des recettes et dépenses constatait, s'il y avait lieu, le reliquat annuel que l'on affectait à l'extension de l'œuvre ou aux subventions fournies à d'autres œuvres. L'expertise avait donc sa raison d'être, puisque les déclarations souscrites par les représentants des congrégations ne présentaient plus les mêmes garanties d'exactitude, l'intérêt individuel des associés n'étant plus mis en jeu.

Le forfait lui-même ne pouvait plus être contrôlé, par une simple vérification du prix moyen des cessions de parts; il fallait établir l'exactitude des évaluations données aux biens meubles et immeubles et alors l'expertise ne portait plus sur le revenu, mais sur la valeur de ces biens.

Depuis 1884, le forfait est obligatoire et l'on conçoit fort bien que l'expertise soit nécessaire à l'Administration pour contrôler l'exactitude des déclarations en capital.

On voulait d'ailleurs, comme l'avait fait remarquer à la Chambre M. Rouvier, rapporteur (1), édicter tous les moyens de preuve dont l'emploi n'était pas incompatible avec le fonctionnement de l'impôt.

Enfin, M. Wahl dit avec raison qu'une loi bonne ou mauvaise doit faire en sorte que son application ne

1. *J. off.* du 24 décembre 1880, p. 1302. Sirey : *lois annotées*, 1881, p. 18.

puisse être frauduleusement évitée, car, d'une part, il y a avantage qu'une bonne loi soit strictement observée, et, d'autre part, le respect de toute loi, ainsi que la nécessité de faire apparaître les vices d'une loi mauvaise, rendent encore son application intégrale désirable.

En adoptant la théorie de la jurisprudence, on admettrait que le législateur a, par une lacune inexplicable dans l'organisation des moyens de contrôle, permis aux congrégations de dérober une partie considérable de leur actif.

On ne peut prétendre non plus, comme le fait le tribunal de Beaune, que le législateur ait reculé devant une mesure inquisitoriale, puisque le Code de procédure fait de l'expertise un moyen d'inquisition général que la loi de Frimaire a refusé d'appliquer aux meubles pour un tout autre motif et enfin, puisque les agents de l'Enregistrement soumettent les congrégations à une inquisition infiniment plus vexatoire par la vérification de leurs livres de comptabilité de toute nature.

L'opinion soutenue par MM. Wahl et Primot a d'ailleurs été formellement consacrée par la loi du 16 avril 1895. Cette loi, sans doute, est relative à la taxe d'accroissement, mais elle emploie les mêmes termes que celle du 29 décembre 1884 relative à l'impôt sur le revenu et s'attache à n'exiger qu'une même déclaration pour la perception des deux taxes : elle édicte donc les mêmes moyens de contrôle.

Ces moyens comprennent encore, pour la taxe sur le revenu, tous les genres de preuve du droit commun : enquêtes, interrogatoires sur faits et articles, présomptions de toute nature : armes exceptionnelles refusées d'ordinaire à la Régie.

Seule, la loi du 23 août 1871, article 13, les a instituées pour combattre les dissimulations de prix dans les ventes, partages, échanges. Et cependant les lois de 1880-1884, par la généralité de leurs termes, étendent cette procédure même à la preuve de simples inexactitudes non intentionnelles dans les déclarations. C'est là une sévérité dont on n'a pas d'exemple (1).

La preuve testimoniale peut être invoquée pendant dix ans et le serment supplétaire, chose anormale à propos de l'impôt, pourra, sur un commencement de preuve testimoniale, être déféré par le juge.

Ces mesures exceptionnelles se concilient mal avec la prétention, souvent émise, de ne pas innover sur la loi de 1872 et de rester dans le droit commun de l'enregistrement. Ce droit commun est renfermé dans des limites très étroites ; il ne permet à l'Administration de prouver l'inexactitude ou la dissimulation, qu'elle prétend avoir constatée, qu'au moyen de déclarations ou d'actes émanant des parties et quelquefois, nous l'avons vu, par expertise.

Cette innovation faisait donc revêtir à la loi fiscale

1. Discours de M. Chesnelong au Sénat, *J. off.* du 24 décembre 1880, p. 12,773.

un caractère inquisitorial qu'on s'était attaché en 1872 à lui éviter.

Le projet Brisson, voté à la Chambre, avait lui-même été moins sévère et s'était contenté du droit commun en matière fiscale, et la référence à l'article 13 de la loi de 1871 avait été introduite au Sénat presque sans que personne s'en fût préoccupé.

Au reste, la disposition tout à fait exceptionnelle consacrée par cette dernière loi était la conséquence d'un malentendu (1), et les difficultés d'application qu'elle présente l'ont empêché de produire de bons résultats. Elle a en outre le grave inconvénient de déroger aux caractères spéciaux à la perception des droits d'enregistrement : la rapidité du recouvrement et l'économie des frais. Enfin, elle favorise les délations et peut occasionner les investigations les plus préjudiciables au commerce.

Toutefois, malgré ces nombreux inconvénients, cette sévérité du législateur pouvait s'expliquer en matière de vente et de partage. La dissimulation dans ces actes peut en effet porter atteinte aux droits les plus respectables, tels que ceux de la femme, du mineur, du créancier hypothécaire. D'autre part, le fait de la dissimulation est simple et assez facile à établir.

En matière d'impôt sur le revenu, le trésor seul peut

---

1. Voir l'exposé des motifs de la loi des finances du 11 janvier 1875 : *J. off.* p. 12.847.

être lésé et la procédure exceptionnelle s'applique à de simples inexactitudes qu'il sera difficile de prouver, puisqu'elles sont le résultat de comptes longs et compliqués.

Cette rigueur excessive qui subsiste encore pour l'impôt sur le revenu a été supprimée par la loi du 16 avril 1895 pour le droit d'accroissement ; mais, en fait, comme la même déclaration sert à la perception des deux taxes, la situation n'est guère changée.

§ 3. — Caractère inquisitorial des vérifications. — Poursuites.

L'impôt frappe directement les congrégations et non les congréganistes personnellement. Critique de la théorie inverse de la Régie au triple point de vue des principes, des textes et de la possibilité du recouvrement.

Si maintenant, nous envisageons le droit de communication dont dispose la Régie, vis-à-vis des congrégations religieuses, nous pouvons encore remarquer qu'il revêt un caractère vexatoire en opposition avec les principes directeurs de notre législation fiscale, qui se sont toujours attaché à éviter l'inquisition chez le contribuable. Il faut reconnaître toutefois que ces principes avaient déjà été laissés de côté à plusieurs reprises et notamment à propos des impôts spéciaux aux sociétés par actions. Mais, outre que le droit de communication était limité aux documents de comptabilité (1), il ne s'adressait qu'à des administrations publiques ou à des sociétés qui ont, elles aussi, une certaine publicité. Les comptes de ces dernières, en effet, sont destinés à être contrôlés par les actionnaires parfois fort nombreux et la comptabilité privée de chacun de ceux-ci reste à l'abri des investigations du fisc. Enfin, les vérifications sont faites au siège social, c'est-à-dire dans des bureaux et ne causent aucune gêne aux associés dans leur vie privée.

Appliqué aux congrégations, c'est-à-dire à des personnes qui font vie commune et retirée du monde, le droit de communication revêt un caractère particulièrement pénible pour les contribuables. Lorsqu'on vient prendre connaissance des livres et registres des congrégations, c'est comme si l'on entrait chez les particuliers et qu'on leur demande de produire leur registre de recettes et de dépenses. Ne serait-il pas bien naturel que souvent ces particuliers répondent qu'ils n'en ont pas?

On a donc étendu un droit exorbitant consacré exceptionnellement en matière de sociétés par actions.

Quoiqu'il en soit de ces dispositions spéciales sur lesquelles nous ne voulons pas insister davantage, les lois de 1880 et de 1884 déclarent que le recouvrement de la taxe sera suivi comme en matière d'enregistrement.

---

1. Art. 7 de la loi du 21 juin 1875.

Aux termes de l'Instruction 2651, § 23, les poursuites doivent être dirigées contre les représentants de la société chargés de souscrire les déclarations. La Cour de Cassation a décidé en ce sens que la contrainte est valablement décernée contre la supérieure générale d'une congrégation autorisée.

Quant aux « associations non reconnues ou sociétés « de fait », l'instruction précitée les déclare, « comme « les sociétés légalement formées, débitrices directes de « la taxe ». C'est là un grand pas fait dans la voie de l'assimilation des congrégations autorisées à celles qui ne le sont pas ; cette solution, dictée par les termes de l'article 9, est conforme à la jurisprudence récente sur la personnalité morale.

Mais, par une singulière inconséquence, la Régie ajoute qu'en cas de poursuites à exercer contre les congrégations non autorisées, il conviendrait, à défaut de représentants de fait notoirement chargés de la gestion de leurs intérêts, de « mettre en cause tous « les membres connus, tant en leur nom personnel « que comme représentant la société ou l'association ». S'il était logique d'assigner les membres comme représentants de la société, il était contradictoire au principe posé plus haut que les congrégations sont débitrices directes de la taxe, de citer les membres en leur nom personnel : c'était retomber dans l'antique erreur qui consiste à considérer les membres d'une association et, en particulier, d'une congrégation, comme propriétaires indivis du patrimoine de l'être moral. Aussi, la Cour de Cassation a, le 21 novembre 1898, confirmé un jugement du tribunal de la Seine du 4 juin 1897, qui refusait à la Régie le droit de poursuivre individuellement sur leurs biens propres les membres d'une congrégation non autorisée (1).

Cette assimilation des deux sortes d'associations avait déjà été faite par l'arrêt du 27 janvier 1896 (2) et consacrée implicitement par la loi du 16 avril 1895 qui semble avoir calqué la formule qu'elle emploie sur la loi de 1884 relative aux deux taxes : « congrégations, communautés et associations religieuses ».

Nous allons tenter de démontrer que cet arrêt récent est conforme aux principes généraux du droit et à l'esprit des lois sur les congrégations, qu'il fait une saine interprétation des termes du texte et enfin, qu'il n'a nullement pour conséquence, comme on l'a prétendu, de rendre vaine dans la pratique l'œuvre du législateur. Pour faire cette démonstration, nous emprunterons la majorité de nos arguments au rapport remarquable de M. le Conseiller Voisin.

Tout d'abord, qu'il nous soit permis de faire une remarque préliminaire qui pourra également servir de conclusion : si l'Administration a élevé pour la première fois en 1897, depuis qu'elle est chargée du recouvre-

1. Sirey, 1899.1.193.
2. Sirey, 1897.1.292.

ment des impôts sur les congrégations, la prétention de pouvoir poursuivre les membres des congrégations non autorisées sur leurs biens personnels, alors que cette poursuite lui est impossible contre ceux des congrégations reconnues, ne semble-t-il pas que le véritable motif en soit la difficulté énorme qu'elle éprouve à recouvrer un impôt mal conçu et qu'elle demande en réalité à la jurisprudence de combler une lacune de la loi ou, pour mieux dire, de faire disparaître une conséquence inévitable d'une loi rédigée en violation des principes juridiques ?

Or, il est à peine besoin de le faire remarquer : quelque difficulté d'application que puisse présenter une loi, le rôle des tribunaux n'est nullement de suppléer à cette loi, de lui faire produire des effets qu'elle n'a pas prévus ; mais seulement de déterminer le sens et la partie du texte en s'inspirant de l'esprit de la loi.

I. — *L'arrêt est conforme aux principes généraux.*

Faisons abstraction pour un moment du texte même des lois fiscales sur les congrégations ; les principes généraux du droit n'en conduisent pas moins, à eux seuls, à repousser les prétentions de l'Administration, conformément à l'arrêt précité.

A ce point de vue, le pourvoi de la Régie invoque l'autorité de MM. Laurent et Pont. Ces auteurs considérables, décident que, quand une société est obligée, ce n'est pas elle qui est débitrice, mais bien les associés qui se trouvent liés (1). C'est en se conformant à ce principe que la loi du 29 juin 1872, en son article 3 qui établit un impôt sur les produits et bénéfices annuels des actions et parts d'intérêt dans les sociétés, décide que cet impôt « est avancé, sauf leur recours, par les sociétés » de sorte que la taxe du revenu est une dette de l'associé dont la société est seulement tenue de faire l'avance.

Ces solutions sont on ne peut plus rationnelles et équitables et pourquoi le sont-elles ? Parce que la loi de 1872 considère la société sous son véritable jour, c'est-à-dire comme une simple réunion d'intérêts individuels rapprochés un instant et couverts pendant ce temps du voile de la société, mais qui subsistent toujours distincts et réapparaîtront à la dissolution de la société. Et cela parce que la société, nous le savons, n'est personne morale que par l'effet d'une fiction et que sa nature intime s'oppose à ce qu'elle soit réellement cet être moral dont la loi lui donne le nom pour les commodités des affaires. La loi de 1872 a donc soulevé le voile de la personnalité pour atteindre directement les associés qui seuls peuvent être atteints, puisque seuls ils existent en tant que sujets de droits. Ce que la loi fiscale a frappé alors, ce n'est pas la société, nous

---

1. Laurent, *Droit civil Français*, t. 26, n° 357. Pont. *Traité des Sociétés*, n° 667.

l'avons vu à maintes reprises, ce sont les capitalistes et rien que les capitalistes au moment où ils mettent dans leur bourse l'intérêt que rapporte leur capital.

Nous sommes donc absolument d'accord avec la Régie sur ce point; mais où nous nous séparons nettement d'elle, c'est quand elle vient dire et, avec elle, M. Wahl notre savant maître, dans sa note sous l'arrêt, que ce qui est vrai des sociétés, l'est aussi des associations, des congrégations. MM. Laurent et Pont, dit-elle, considéraient les sociétés civiles régulièrement constituées comme ne donnant pas naissance à un être moral. D'où il suit que leur doctrine précitée sur la responsabilité des sociétés est, de tout point, applicable aux sociétés de fait comme les congrégations non reconnues, qui, elles aussi, sont incontestablement dépourvues de toute personnalité civile. En réalité, dit M. Wahl, les membres des congrégations non autorisées sont seuls co-propriétaires, passent seuls les contrats et sont seuls tenus des dettes qui en proviennent. Par suite, ils sont seuls tenus également des impôts établis sur les congrégations, car la loi qui établit un impôt lie les redevables et les place de plein droit dans la même situation que s'ils avaient contracté l'obligation de le payer. Il est bien vrai, pense M. Wahl, que les lois de 1880-1884-1895 ont assimilé les congrégations autorisées aux non autorisées, pour les soumettre aux mêmes impôts, dans les mêmes circonstances, sur les mêmes biens et suivant les mêmes règles de calcul; mais là se borne cette assimilation et l'on ne saurait l'étendre aux règles de poursuite, sans admettre que la loi fiscale a voulu apporter une exception à un principe de droit commun, d'autant plus que cette exception serait préjudiciable au trésor. L'expression « congrégation » n'est donc, comme celle de société, qu'une abréviation destinée à désigner l'ensemble des associés.

Les principes d'où découle l'opinion qui précède nous ont déjà paru erronés. Le droit commun qu'on invoque n'existe nulle part et n'est que le résultat des doctrines enseignées et répétées sans contrôle de génération en génération. En réalité, nos lois ne disent nulle part que l'association n'est pas une personne morale et la jurisprudence tend à admettre qu'elle en est une. Or, les congrégations sont des associations, personne ne le conteste ; c'est donc aller contre la réalité des faits que de prétendre que les congréganistes se considèrent comme propriétaires indivis des biens de l'association. Ils savent fort bien, au contraire, que la congrégation est destinée à leur survivre et, quand ils y entrent, ils font complet abandon de leur apport et ne demandent qu'à participer à la vie commune en travaillant au service de l'œuvre. S'ils ont des revenus personnels, ils les donnent à la congrégation et, lorsqu'un reliquat est constaté, il est employé au développement de l'œuvre ou d'œuvres similaires. Toutes ces choses sont connues de chacun et nous les avons déjà indiquées à plusieurs reprises, mais il est nécessaire de les rappeler souvent, puisqu'on s'obstine à vouloir considérer les congréganistes comme des actionnaires et des co-propriétaires du patrimoine de l'association.

Il était donc impossible que la loi de 1880 fût une simple application de celle de 1872 : à l'inverse de celle-ci, elle vise en effet, non plus les associés, mais bien les congrégations elles-mêmes en tant qu'êtres que l'on veut faire disparaître.

« La taxe sur le revenu, dit M. Garnier (1), imposée
« par les lois de 1880 et de 1884, est une dette sociale.
« Il est difficile de concevoir que des membres d'une
« association qui ne reçoivent ni dividendes, ni revenus,
« soient personnellement débiteurs d'une taxe assise sur
« un revenu ». Il semble bien en effet que les congrégations religieuses, à la différence des sociétés ordinaires, soient instituées débitrices définitives de la taxe sans recours contre leurs membres. Comme le dit M. Garnier, on concevrait difficilement au surplus que ceux-ci fussent tenus d'un impôt au sujet d'un revenu qu'ils ne touchent pas. Comme le fait observer le tribunal de la Seine, les membres de l'association ne pourraient être tenus d'acquitter la taxe due par celle-ci, que s'ils en avaient contracté l'engagement, soit par eux-mêmes, soit par l'entremise d'un mandataire ;

---

1. *Répertoire périodique*, n. 9.188.

ce n'est que dans les sociétés et, à raison de leur nature, que le paiement des dettes sociales incombe à tous les associés personnellement.

Au reste, on ne voit guère de raison pour soutenir comme le fait M. Wahl que l'assimilation des congrégations non autorisées aux congrégations autorisées devrait être écartée sur le seul point des poursuites. Qu'une congrégation soit reconnue ou non, les caractères qu'elle revêt et qui prouvent qu'elle seule est débitrice de l'impôt sont toujours les mêmes : les congréganistes ne touchent pas plus de revenu dans un cas que dans l'autre ; ils ne doivent pas plus l'impôt dans la seconde que dans la première.

L'allégation que la théorie de la Cour apporte une grave exception au droit commun ne paraît pas plus exacte que la précédente. Et, tout d'abord, est-on autorisé à invoquer le droit commun quand on est en présence de lois qui font payer une taxe sur le revenu là où aucun produit n'est distribué ? Nous sommes ici en présence de lois faites pour des situations exceptionnelles, dit M. Voisin. Mais quel est donc ce droit commun qu'on invoque ? Nous savons en effet qu'aucun texte de loi ne régit la question ; le champ était donc libre et même on a soutenu que les lois fiscales que nous étudions ont, les premières, rendu le service de poser implicitement un principe pour fixer les incertitudes de la jurisprudence et faire disparaître les erreurs de la doctrine (1).

En présence de cette pénurie de textes, la jurisprudence, nous l'avons fait observer, a, malgré quelques hésitations, reconnu à certaines associations une personnalité assez étendue, et avait même tiré vis-à-vis des associations en général des conséquences d'équité, de leur existence de fait. Spécialement, en matière de congrégations religieuses non reconnues, elle a toujours écarté la responsabilité personnelle et directe des membres de ces associations, alors qu'elle l'admet en matière de sociétés. Aussi, est-ce à juste titre que le tribunal de la Seine s'est inspiré d'un arrêt de la Chambre civile en date du 30 décembre 1857 (2), rendu à propos de la congrégation non reconnue dite de Picpus, obligeant cette congrégation à restituer aux ayants droit les biens ou valeurs dont elle s'était illégalement enrichie, mais n'autorisant les intéressés à poursuivre les membres de l'association que sur les biens qu'ils détenaient pour elle : « Attendu, porte
« l'arrêt, qu'une congrégation religieuse non auto-
« risée... constitue entre ceux qui ont concouru à
« sa formation une société de fait nécessairement
« responsable vis-à-vis des tiers des engagements
« qu'elle a pris, soit que ces engagements résultent
« de contrats ou de quasi contrats, soit qu'ils

1. Voir la thèse de M. Epinay. Lille, 1896, et depuis la dissertation de M. Michoud précitée.
2. Sirey, 1858. 1. 225.

« dérivent de délits ou de quasi délits. » Il est donc inexact de prétendre, comme le fait la Régie, que la solution admise par l'arrêt de 1857 n'est applicable que quand il s'agit d'obtenir la restitution de valeurs qu'une congrégation non reconnue s'est indûment appropriées et qu'elle ne saurait plus l'être au recouvrement d'un impôt auquel cette congrégation a été formellement et spécialement assujettie par la loi. Dans les deux cas, l'obligation est identique, le pourvoi le reconnaît lui-même dans un autre passage : « La loi qui éta-
« blit un impôt, dit-il, lie les contribuables et les
« place de plein droit dans la même situation que
« s'ils avaient contracté l'obligation de le payer. »
Rien en effet n'est plus personnel que le payement d'un impôt : pour être redevable, il faut que la loi vous ait directement atteint. Or l'article 9 a atteint, non les congréganistes, mais la congrégation elle-même. Elle est donc engagée vis-à-vis du fisc comme elle peut l'être vis-à-vis des tiers et elle doit être déclarée responsable à l'égard du premier de la même façon qu'à l'égard des seconds. Autrement dit, ses membres ne pourront être poursuivis que sur les biens qu'ils détiennent pour elle.

En résumé, la solution admise par la Cour était conforme aux principes généraux du droit dont se réclame à tort l'Administration, sans qu'il fût nécessaire qu'une loi spéciale vînt fixer la responsabilité et ses limites. Son exactitude sera encore moins incontestable quand nous aurons montré qu'un texte formel est venu déclarer que les impôts qu'il établit seront payés par les associations autorisées et non autorisées.

II. — *L'arrêt est conforme à l'interprétation littérale du texte.*

Selon l'Administration et M. Wahl, l'interprétation littérale, justifiée lorsqu'il s'agit d'assujettir les congrégations autorisées à l'impôt (1), n'est plus admissible à l'égard des congrégations non reconnues, car elle conduirait à admettre, qu'en les assujettissant à la taxe, le législateur a fait une œuvre vaine puisque, ces congrégations n'ayant pas d'existence juridique, l'impôt n'aurait pas de débiteurs. M. Wahl ajoute à ce sujet que le but des lois fiscales a été uniquement d'empêcher les congrégations de se créer une situation particulière, sans qu'on se soit jamais demandé si la Régie aurait une action contre la congrégation ou contre ses membres.

Sans nous occuper pour le moment de cette dernière assertion, faisons seulement remarquer, tout d'abord, avec M. le conseiller Voisin, que nous sommes ici en présence de lois faites pour des situations exceptionnelles et qui, par conséquent « ne peuvent être inter-
« prétées que dans les termes mêmes où elles ont été

---

1. Cassation, 27 novembre 1889. Sirey, 1890, 1, 537.

« rédigées. » Donc, aucune considération tirée soit des travaux parlementaires, soit de l'esprit du législateur ne saurait faire écarter l'interprétation littérale d'un texte suffisamment explicite.

Mais, l'Administration et M. Wahl opposent le raisonnement suivant : Avant la loi de 1880, les congrégations, bien que visées par la loi de 1872, y échappaient en fait puisqu'elles ne distribuent pas de dividendes. La loi de 1880 a voulu supprimer cette immunité et a dit en son article 3 : « l'impôt établi par la loi de 1872... sera payé par toutes les sociétés dans lesquelles les produits ne doivent pas être distribués. ». La loi de 1884 n'a fait que reprendre ces termes en désignant spécialement les congrégations comme elles l'étaient dans l'amendement Brisson dont la loi de 1880 avait consacré la pensée en la dissimulant sous des termes généraux. Les seules associations visées étaient donc « les congrégations, corporations et communautés sans exception » comme le portait l'amendement (1) et l'on ne s'occupait pas de l'action de la Régie qui restait soumise au droit commun et déterminée par la loi de 1872. Ce qui le prouve, c'est que, si l'on avait voulu par les termes de l'article 3 disposer que la congrégation non autorisée serait personnellement débitrice de l'impôt de 4 0/0, pourquoi n'aurait-on pas rédigé

---

1. Sirey, *Lois annotées*, 1881, p. 67, 3ᵉ col.

l'article 4 de façon à lui faire exprimer la même idée pour l'accroissement? Cette anomalie montre bien que l'article 3 n'a pas la signification que lui donnent le tribunal de la Seine et la Cour suprême.

Sans insister sur l'inexactitude des affirmations relatives au but réel des lois fiscales récentes, ou au droit commun en matière de poursuites, qu'il suffise d'observer que l'article 3, porte que l'impôt sera payé *par les sociétés et associations,* alors que la loi de 1872 disait en son article 1 : « Il est établi une taxe annuelle : 1° sur les intérêts, dividendes etc... » Il est donc facile de comprendre que la première loi frappait les bénéficiaires des intérêts, dividendes etc. ; tandis que l'article 3 atteint les associations et il ne pouvait en être autrement, nous le savons.

L'article 4, dit-on, est moins catégorique ; il contient seulement que, « dans les sociétés ou associations « civiles, les accroissements opérés sont assujettis au « droit de mutation ». Sans doute, cela ne signifie pas expressément que les associations où s'opère l'accroissement sont débitrices directes de la taxe ; mais aussi cela ne dit pas davantage que ce soit les associés qui doivent la payer. On peut même soutenir que l'article 4 suppose le contraire. Il s'agit en effet d'une mutation. Qui doit payer le droit proportionnel sur cette mutation? L'acquéreur. Quel est l'acquéreur? La congrégation sans aucun doute.

D'ailleurs, l'article 9 intervenu en 1884 marque bien

que l'on avait toujours considéré l'association comme seule débitrice tant du droit d'accroissement que de la taxe sur le revenu. Cet article, en effet, dispose que les impôts « établis par les articles 3 et 4 de la loi du « 28 décembre 1880 seront payés par toutes les con-« grégations... autorisées ou non autorisées », et il n'apparaît nulle part dans les débats préparatoires que cette conséquence spéciale et certaine de la rédaction admise en 1884 ait jamais fait l'objet d'une discussion.

M. Wahl fait remarquer qu'en 1880 M. Ribot avait déterminé la Chambre à ne pas parler des associations non reconnues pour ne pas les reconnaître indirectement. Cette observation est exacte, mais au fond, elle ne change rien à la loi. Si on a employé une périphrase pour désigner les congrégations non reconnues, c'est là une question de pure forme et l'on n'en visait pas moins ces congrégations. D'ailleurs, la périphrase avait un autre but : celui d'atteindre les sociétés que les congrégations s'adjoignent pour remédier à l'incapacité dont les frappait la loi positive.

La forme trop générale de la loi de 1880 a du reste disparu en 1884 où les congrégations non autorisées sont expressément désignées et puisque l'interprétation littérale s'impose en cette matière toute exceptionnelle, qu'on lise donc l'article 3 de la loi de 1880 et l'article 9 de celle de 1884 : il apparaîtra nettement que ni l'un ni l'autre de ces textes n'établit de distinction entre les diverses congrégations et que tous deux, au contraire, mettent l'impôt à la charge des associations qu'ils visent. C'est une vérité reconnue depuis longtemps qu'ils n'est pas permis de distinguer là où la loi ne distingue pas (1). Il est donc impossible de soutenir, comme l'a fait l'Administration, que le texte doit être suivi littéralement pour les associations religieuses autorisées, légalement responsables, mais ne saurait plus l'être pour celles qui ne le sont pas ; que pour celles-ci, la loi a entendu viser et atteindre, sous une forme abrégée de langage, les membres mêmes qui les composent, et les constituer personnellement et sur leurs biens propres débiteurs de l'impôt sur le revenu.

« L'affaire actuelle, dit M. le Conseiller Voisin, donne, « plus que toute autre, la preuve de l'utilité et de la « nécessité de cette interprétation littérale ». Seule elle peut sauvegarder les intérêts de tous ; défendant les droits du trésor contre les habiletés et les subtilités des redevables et protégeant d'autre part les intérêts des redevables contre les extensions que l'Administration elle-même cherche à donner aux textes législatifs.

1. Cassation, 27 novembre 1889. Sirey, 1890. 1. 537.

III. — *L'interprétation de la Cour n'empêche pas le recouvrement de l'impôt.*

Il reste à réfuter une allégation, qui, sans doute, à elle seule, eût été insuffisante pour faire écarter l'interprétation commandée par les principes, le texte et l'esprit de la loi, mais qui aurait pu faire penser que la loi présentait une lacune à combler.

La Régie prétend en effet qu'une loi ne peut être interprétée que dans le sens où elle en a un et que la théorie de la Cour rend l'œuvre du législateur stérile, puisque le trésor n'a plus de débiteur et que le recouvrement de l'impôt est désormais impossible contre les congrégations non autorisées. « Les associations dont « il s'agit, dit le journal de l'*Enregistrement* (1), étant « dépourvues d'existence légale, sont par là-même in- « capables de posséder aucun patrimoine saisissable ».

S'il en est ainsi, on peut se demander, comme on l'a fait au cours des débats parlementaires, comment elles peuvent être obligées de payer un impôt sur le revenu d'un patrimoine qui n'existe pas.

Mais cette contradiction ne saurait nous étonner ; nous l'avons relevée plusieurs fois déjà : si on taxe les congrégations non reconnues, et l'on ne s'en fait pas

1. J. E., n° 25.221.

faute, c'est donc qu'elles ont un patrimoine. Ce patrimoine n'est certes pas un mythe, puisqu'on le redoute tant ; il existe donc réellement et l'on ne voit plus quelle impossibilité il peut y avoir à ce que la Régie, quoique dépourvue d'action directe sur les biens personnels des congréganistes, décerne contrainte contre la congrégation et saisisse utilement tout au moins la fortune mobilière de celle-ci. Le plus souvent, du reste, dès le premier acte de procédure, la congrégation s'exécute pour éviter les frais d'un procès, et, lorsqu'elle forme opposition à la contrainte, tout ce qui est meuble devient, dès que cette dernière est validée, le gage de l'Administration. Sans doute, celle-ci n'a pas l'hypothèque judiciaire sur les immeubles dont jouissent les congrégations ; mais le gage sur les meubles sera presque toujours suffisant et, dans tous les cas, rien ne s'oppose à ce que la Régie exerce son droit d'action directe devant les tribunaux pour obtenir un jugement qui lui confère hypothèque. La jurisprudence est constante sur ce dernier point.

Assurément, comme le remarque M. Garnier (1) le recouvrement de l'impôt rencontre moins de difficultés dans les congrégations autorisées ; mais il y a aucune impossibilité absolue à ce recouvrement, d'autant plus que la Régie peut exercer son recours sur les biens que les congrégations possèdent en fait sinon en droit, et dont

---

1. *Répertoire périodique*, n. 9.188.

les prête-noms n'ont que la propriété fictive. Il est en effet logique de le décider ainsi, puisque la loi base ses impôts sur ces biens et emploie à cet effet les mots « possédés et occupés », et que la jurisprudence tend actuellement à reconnaître la personnalité de toutes les associations.

Dans cette voie, la Cour de Cassation a même été jusqu'à frapper de la taxe d'accroissement un immeuble acquis par la supérieure d'une congrégation autorisée à laquelle l'autorisation d'acquérir cet immeuble avait été refusée par le gouvernement (1).

Sans doute, la fictivité de la propriété des prête-noms ne sera pas toujours facile à établir ; mais ces difficultés ne sont que la conséquence directe de la situation anti-juridique qui est faite aux associations non reconnues. Tout en maintenant leur incapacité et leur inexistence, on prétend leur faire payer de lourds impôts ; il est tout naturel que l'application de ces lois soit presque impossible et nous voyons même qu'elle n'est possible que parce qu'en matière mobilière il est dérogé à la rigueur du droit strict pour permettre à ces associations de posséder.

Nous voici arrivés à la fin des critiques qu'a relevées cette première partie de notre étude concernant spécialement la taxe sur le revenu.

1. Cassation, requêtes, 14 novembre 1898.

Si nous voulons dégager une idée générale et résumer l'ensemble de nos observations, nous dirons :

La taxe sur le revenu des valeurs mobilières instituée en 1872 frappait les particuliers à raison des bénéfices qu'ils touchent pour les capitaux qu'ils ont engagés dans les sociétés ou prêtés à ces sociétés.

Cet impôt spécial, seul débris d'un système général d'impôts sur les revenus, a subsisté en raison des facilités pratiques de recouvrement qu'il présentait.

Les lois récentes sur les congrégations religieuses ont prétendu l'étendre à des collectivités pour lesquelles il n'avait pas été créé et auxquelles il ne pouvait s'appliquer, attendu, qu'étant des associations, les collectivités ne distribuent aucun revenu.

Les différences fondamentales qui existent entre la société et l'association ont donné lieu à de graves et nombreuses difficultés qui tenaient à la nature même des choses et qu'on n'est parvenu à surmonter qu'à force d'expédients et de dispositions exceptionnelles.

C'est ainsi, qu'au point de vue des circonstances dans lesquelles la taxe est dûe, la confusion établie entre l'association et la société a forcé le législateur à frapper, au moins en principe, toutes les associations ; et la jurisprudence à tempérer dans la pratique cette rigueur pour les associations autres que les congrégations ou associations similaires que l'on voulait seules atteindre.

Au point de vue de l'assiette de l'impôt, la même

confusion a fait percevoir la taxe sur une base fictive dans la détermination de laquelle l'arbitraire fut seul suivi.

Enfin, le recouvrement de l'impôt ne put être assuré qu'au moyen de mesures extrêmement rigoureuses qui n'aboutissent cependant qu'à des résultats assez médiocres.

La situation précaire faite par la doctrine régnante aux associations non reconnues a rendu à leur égard presque impossibles les poursuites de la Régie.

Nous allons maintenant aborder dans une deuxième partie l'étude d'un autre impôt spécial aux congrégations, qu'on a également présenté comme une application du droit commun, alors qu'il en était une dérogation manifeste.

De très grandes difficultés se sont ici encore présentées et le recouvrement de l'impôt n'a été obtenu d'une façon à peu près régulière que quand cet impôt eut revêtu son véritable caractère d'impôt spécial.

DEUXIÈME PARTIE

LA TAXE D'ACCROISSEMENT

NOTIONS GÉNÉRALES

Rappel des principes et de la situation fiscale des congrégations.

L'accroissement ne pouvait être qu'un critérium de législation financière en vue de la perception d'un impôt spécial.

Avant d'aborder les questions qui font l'objet de cette partie de notre étude, nous croyons utile de rappeler en quelques mots les constatations que nous avons faites au chapitre préliminaire : elles nous guideront dans la suite de nos recherches.

Nous avons tenté d'établir que les congrégations religieuses, étant des associations, constituent des personnes morales réelles jouissant d'une existence et d'une capacité propres, indépendamment de toute intervention des pouvoirs publics. Puis, nous avons constaté qu'en présence du silence des textes sur cette question, la doctrine générale a refusé toute capacité aux associations non reconnues ; mais qu'au contraire, la jurisprudence s'est inspirée de raisons d'équité pour reconnaître à certaines associations une existence de fait qui leur a permis de se constituer un véritable patrimoine. Quant aux congrégations religieuses non reconnues, elles sont parvenues à se créer une situation intermédiaire entre celle des particuliers et celle des personnes morales, soit au moyen d'indivisions constituées entre plusieurs de leurs membres propriétaires apparents des biens de la communauté, soit au moyen de sociétés qu'elles s'adjoignaient.

Après avoir déclaré que ces indivisions ou ces sociétés constituaient des personnes interposées vis-à-vis des congrégations frappées d'incapacité par la loi, la jurisprudence en est arrivée à confondre ces dernières avec les formes qu'elles revêtaient, bien que l'adaptation fût très imparfaite. Les sociétés et indivisions furent donc déclarées valables. D'où les conséquences fiscales suivantes : on sait que les congrégations remédiaient aux inconvénients de l'indivision ou de la société en pratiquant la clause de réversion, en vertu de laquelle la part qu'un congréganiste était censé posséder dans les biens indivis ou mis en société accroissait, lors du décès ou de la retraite de ce congréganiste, à ceux qui restaient. En apparence donc, une cession de parts s'opérait. L'Administration prétendit d'abord qu'elle avait lieu à titre gratuit et la Cour de Cassation le reconnut par un arrêt du 7 janvier 1850 (1). Mais, peu après, une nouvelle jurisprudence établit d'une façon définitive (2) que la mutation était onéreuse et que le droit devait être perçu d'après la nature des biens composant l'indivision ou la société. Puis, quand les sociétés formées par les congrégations, ce qui était le cas le plus fréquent, eurent été validées et traitées comme telles par les tribunaux, on leur appliqua le tarif de faveur dont bénéficient les sociétés ordinaires. Les cessions de parts opérées par accroissement en vertu de la clause de réversion furent soumises au droit de cinquante centimes pour cent (3). Quant aux cessions dans les indivisions, elles restèrent assujetties au droit proportionnel d'après la nature des biens.

Les apports des congréganistes en cas de société n'acquittaient que le droit fixe gradué, bien qu'à la différence de ce qui arrive dans les sociétés ordinaires, l'associé ne recouvrît jamais la propriété de son apport. C'était là, sans doute, une situation très favorable pour les congrégations ; mais qui n'était que la conséquence logique de l'obligation où elles étaient mises par la loi de revêtir la forme de sociétés. Si l'on avait reconnu

1. Instruction. n° 1857.

2. Voir sept arrêts de 1852 à 1858 rapportés en l'Instruction n° 2150 § 1.

3. Arrêt de Cassation du 14 novembre 1877. Sirey, 1878, 1. 44 *Instruction générale*, n° 2.592, § 2.

leur personnalité morale, le droit proportionnel de mutation aurait été perçu sans difficulté sur la valeur des biens aliénés par les adhérents au profit de la congrégation, comme il l'est sur les apports faits aux congrégations autorisées. D'autre part, le décès ou la retraite d'un membre ne faisant en réalité que libérer la congrégation de sa dette vis-à-vis de ce membre, cet événement n'aurait pu donner lieu à aucune perception. Mais puisqu'on assimulait les congrégations aux sociétés dont elles prenaient la forme, il fallait de toute nécessité leur appliquer le régime fiscal de ces sociétés. C'est ce qu'avait décidé la jurisprudence en cette matière, nous venons de le voir, et c'est aussi ce que prétendirent faire les lois de 1880 et de 1884 pour l'impôt sur le revenu. Ces mêmes lois cependant se sont écartées de cette conséquence logique et forcée pour mettre fin à la situation de fait assez avantageuse qui en résultait. Elles s'efforcèrent donc d'annihiler, au point de vue du droit de mutation, l'assimilation qu'elles tentaient d'établir pour percevoir l'impôt 4 0/0.

D'une part, on soutenait que les congrégations avaient le caractère prédominant de société et, à ce titre, on les soumettait à la loi de 1872. D'autre part, on leur refusait ce caractère pour en faire de simples indivisions et percevoir un droit de mutation, d'après la nature des biens de la congrégation quand un membre décédait ou se retirait.

A la vérité, nous le savons, la congrégation n'est pas

plus une société qu'une indivision, mais ce que nous voulons relever ici, c'est la singularité du procédé employé pour obtenir le résultat fiscal désiré. Au reste, la considération de l'indivision permettait seulement de percevoir le droit de mutation à titre onéreux d'après la nature des biens, droit qui ne dépasse jamais 5.50 0/0. On dut donc méconnaître la véritable nature de la clause de réversion et en faire une donation ou une succession, suivant qu'elle est mise en jeu par une retraite ou par un décès, pour percevoir le droit de mutation à titre gratuit qui s'élève entre personnes non parentes à 11.25 0/0 avec les décimes. Puis, nous verrons que pour paraître ne faire aux congrégations aucune situation particulièrement désavantageuse, on se contenta tout d'abord, comme on l'avait fait pour la taxe 4 0/0, de les comprendre dans une formule générale englobant toutes les associations pratiquant la double clause d'adjonction de nouveaux membres et de réversion.

Au reste, il était impossible en France, où la doctrine régnante n'envisage pas l'association sous son véritable jour, d'admettre les solutions fiscales si simples et si nettes que dicte la véritable notion de personnalité morale. Aussi, l'amendement Brisson qui frappait d'un droit de donation les apports des congréganistes ne pouvait subsister dans sa forme primitive, bien qu'elle consacrât la véritable solution sur ce point, parce que la perception du droit de mutation à l'entrée du bien dans la congrégation aurait forcément écarté celle de tout autre droit lors du décès ou de la retraite ; c'était en effet renoncer à considérer les congréganistes comme des co-propriétaires. Et, puisqu'au fond on voulait taxer les congrégations en dehors du droit commun, on comprend assez bien qu'on se soit attaché au seul fait saisissable de cette vie mystérieuse et renfermée des congrégations religieuses : le décès ou la retraite d'un membre. Notre législation fiscale en matière d'impôts sur les actes, tel que l'est celui de l'enregistrement, doit forcément s'en rapporter à des signes clairs qu'elle considère comme révélateurs des ressources des contribuables.

Envisagée comme un pur critérium de législation financière, en vue de la perception d'un impôt spécial, la réversion peut être une occasion de frapper le patrimoine des congrégations. Mais alors, il faut renoncer à toute prétention de donner une base juridique à l'impôt ; il ne faut pas en faire un droit proportionnel d'enregistrement proprement dit, frappant une mutation réelle. Il faut reconnaître qu'il s'agit d'une mesure exceptionnelle, d'une taxe spéciale à une catégorie de personnes. Les lois de 1880 et de 1884 ne s'inspirèrent pas de cette vérité et prétendirent procéder juridiquement, appliquer les principes directeurs des droits proportionnels d'enregistrement, en faisant de la réversion une mutation véritable : elles se heurtèrent à mille difficultés.

Nous savons d'une part, que dans la théorie rationnelle, les membres des associations n'ayant, en cette seule qualité, aucun droit sur le patrimoine de l'être collectif, ne peuvent transmettre aucune partie de ce patrimoine ; l'accroissement est donc tout aussi impossible qu'il l'est à la mort ou au départ d'un habitant d'une commune sur les biens communaux.

D'autre part, même en nous plaçant au point de vue de la théorie classique, la retraite ou le décès d'un membre d'une association, d'une congrégation ne saurait réaliser aucune mutation dans cette congrégation elle-même en tant qu'association religieuse : on ne pourra donc l'assujettir à un droit proportionnel de mutation en cette seule qualité.

En effet, le droit positif ne connaît que deux sortes d'associations : les unes établissements d'utilité publique et personnes morales ; les autres non.

Les premières possèdent indépendamment de la personne de leurs membres qui n'ont aucun droit de propriété sur les biens de l'association. Donc, ceux-ci ne peuvent rien transmettre à leur départ et aucun droit de mutation n'est possible.

Il en est encore de même pour les associations non reconnues d'utilité publique, pour les congrégations non autorisées, bien qu'on puisse croire le contraire au premier abord. Ce qui trompe en effet, c'est que, frappés de l'aversion croissante des Etats modernes pour les personnes morales religieuses, les congréganistes ont cherché à s'abriter derrière la faveur que l'on témoigne toujours aux droits individuels et aux personnes physiques. D'où la clause de réversion pour éviter de ressembler à des mainmortables, pour paraître propriétaires par indivis d'une société de biens. Mais ce ne sont là qu'apparences ; en réalité, les congréganistes n'ont qu'un simulacre de propriété ; ils ne peuvent en user que sous les ordres de leur supérieur ; l'œuvre entreprise seule jouit du droit. Il est donc exact qu'en dépit des clauses insérées dans les actes passés par les congréganistes, aucune réversion ne se produit réellement en cas de retraite ou de décès. La stipulation de réversion signifie uniquement, comme nous le faisions observer au chapitre préliminaire, que les sociétés de congréganistes ne meurent pas avec chacun de leurs membres ; l'être moral continue avec les survivants qui restent ce qu'ils étaient : des gérants, des administrateurs de l'œuvre.

Au reste, que se passe-t-il en fait? Le droit positif refuse aux congrégations non autorisées le droit de posséder. Alors, qui va être titulaire des droits réels dont elles ont la jouissance? Ce sera, ou bien quelque personne sûre qui sera seule propriétaire apparent, et alors il est impossible que le décès ou la retraite d'un congréganiste transmette quelque chose aux autres ; ou bien ce sera une société, et alors l'accroissement semble possible. Mais cette société pourra fort bien n'être composée que de personnes étrangères à la congrégation ou, tout au moins, ne comprendre que quelques congréganistes. Et en admettant même qu'elle les comprenne tous et eux seulement, la mort d'un congréganiste en tant que membre d'une association n'opèrera aucun accroissement. Les congrégations ne pourront donc être assujetties au droit d'accroissement que comme sociétés et non comme associations, puisque c'est la mort de chaque sociétaire, indépendamment de son titre de congréganiste, qui opère une mutation.

D'où les conséquences suivantes : tant que le législateur appliquera le droit d'accroissement à une congrégation en cette qualité, il violera les principes juridiques les plus élémentaires. Son impôt ne pourra avoir de base acceptable que du jour où il atteindra les sociétés constituées par les congrégations et ces sociétés seules. Et alors comme, d'une part, les congrégations autorisées n'ont pas besoin du secours de ces sociétés pour acquérir et vivre, elles échapperont à l'impôt. D'autre part, les congrégations non autorisées pourront arriver au même résultat en remplaçant les sociétés par la propriété d'une personne sûre ou la copropriété entre quelques-uns de leurs membres. Dans ce dernier cas, ces membres céderont leur part indivise à d'autres avant de quitter la congrégation ; cette cession sans doute donnera lieu à la perception d'un droit de mutation onéreux, mais l'impôt d'accroissement ne pourra être perçu au décès ou à la retraite de chaque congréganiste.

Et puisqu'en définitive, ce sont les congrégations qu'il faut atteindre, il est de toute nécessité que le législateur les frappe directement. Cela lui est possible, mais à la condition de ne plus parler de droit de mutation, de ne voir dans la retraite ou le décès d'un congréganiste qu'un simple critérium, comme nous le disions plus haut, pour la perception d'un impôt spécial complètement étranger aux droits proportionnels d'enregistrement. Autrement dit, il lui faut renoncer définitivement à la prétention de donner à l'impôt une base juridique. L'amendement Brisson l'avait fait ; mais les lois de 1880 et 1884 s'obstinèrent à vouloir baser l'impôt sur une mutation réelle. Pour cela, par une première fiction, elles durent considérer le patrimoine des congrégations non autorisées comme possédé indivisément par les congréganistes ; puis, il fallut par une nouvelle fiction, déclarer que les congrégations reconnues ne constituent pas des personnes morales, les réputer inexistantes vis-à-vis de la loi fiscale et laisser subsister leur propriété d'êtres collectifs en toute autre matière; tout cela en prétendant « s'en tenir à la réalité du fait (1) ». Enfin, cette situation aboutissant à ne reconnaître au fisc pour débiteurs que les congréganistes isolés et souvent sans fortune person-

---

1. Voir l'exposé des motifs déposé par M. Rouvier, le 4 juin 1892.

nelle, l'impôt n'aurait pu être recouvré si la jurisprudence n'avait préféré mettre le comble aux contradictions qui précèdent, en considérant les congrégations comme les véritables débitrices de l'impôt.

CHAPITRE I

Conditions d'exigibilité de l'impôt.

§ 1. — Loi du 28 décembre 1880.

Historique des textes : la loi ne traduisait pas exactement la pensée du législateur. La Régie tenta de donner à l'impôt une base juridique, mais ne put maintenir son principe, pour se conformer à l'esprit véritable de la loi. L'impôt ne fut pas acquitté.

Nous retrouvons ici l'amendement Brisson dont nous avons déjà indiqué l'esprit général à l'occasion de la taxe sur le revenu. On peut résumer cet esprit en quelques mots : supprimer graduellement les congrégations religieuses par tous les moyens autres que l'expulsion. Dans ce but, l'amendement contenait à l'égard des congrégations et de leurs membres des dispositions rigoureuses, tant en droit civil qu'en droit fiscal. A ce dernier point de vue notamment, une taxe dite de mainmorte égale au montant de la contribution foncière était établie sur les immeubles des congrégations, corporations et communautés religieuses autorisées ou non (§ 3) ;

une autre taxe de 3 0/0 leur était également applicable, nous l'avons vu, et enfin un droit de mutation frappait tous les biens dont l'association s'enrichissait au détriment de ses membres, soit au moment de leur entrée dans la congrégation (§ 2), soit au moment de leur retraite ou de leur décès « par l'effet d'une clause de réversion ou autrement » (§ 7).

Nous ne nous occuperons ici que du droit de mutation.

Le paragraphe 2 considérait l'apport fait à une congrégation, « quelle que soit la nature de cet apport et la forme de cette association » comme une donation et le frappait à ce titre d'un droit d'enregistrement et de transcription.

C'était là, semblait-il, faire un grand pas et, s'il n'est peut-être pas bien certain que l'apport constitue toujours une donation à la congrégation, il est incontestable, nous l'avons montré, qu'il est tout au moins et toujours dans la pensée des adhérents, une aliénation au profit de cette congrégation. Il était donc logique d'assujettir cet apport à un droit proportionnel de mutation. Par cette disposition, l'amendement établissait enfin d'une manière certaine et définitive la distinction méconnue si longtemps entre l'apport dans la société et l'apport dans l'association : le premier n'opérant aucune mutation, le second étant une aliénation au profit de l'être moral.

En récompense d'un tel progrès, on aurait bien pu à

la rigueur concéder à M. Brisson le tarif élevé des donations d'autant plus que, d'une façon générale, il peut très bien s'expliquer relativement à l'apport d'un congréganiste. Celui-ci reçoit sans doute une créance, un droit à la vie commune ; mais est-ce bien comme prix de son apport ? Par le vœu d'obéissance, au contraire, ne s'engage-t-il pas implicitement à ne jamais refuser à l'œuvre poursuivie son concours personnel, les ressources d'un art qu'il a acquis, les lumières de la science qu'il possède et tous les soins dont il est capable ? Et n'est-ce pas là une contre-partie suffisante à la prestation que la congrégation stipule en sa faveur ? Donc, si le congréganiste promet, outre son activité et ses soins, une valeur quelconque, ne semble-t-il pas que son intention soit de faire une donation ? En déclarant toujours exigible sur les apports le droit afférent à cette mutation, l'amendement Brisson n'avait rien d'excessif. Seulement, deux paragraphes plus loin que cette dernière disposition, voilà toutes nos espérances déçues. Nous croyions avoir enfin une doctrine juridique restituant à la congrégation son inévitable caractère d'association et d'être moral réellement propriétaire de son patrimoine. Pas du tout, nous dit M. Brisson, la congrégation n'est pas propriétaire, elle n'est pas personne morale. Comment pourrait-on avoir une telle pensée ? Ne s'agit-il pas de taxer lourdement les congrégations ? Le droit de donation sans doute est assez élevé ; mais qu'est-ce cela ? On le paie une fois pour toutes à l'arrivée du congréganiste : c'est insuffisant. Il faut encore que la part dévolue aux membres restants lors d'un décès ou d'une retraite supporte le droit de succession ou de donation; car, ne l'oublions pas, nous sommes en présence d'une indivision. Au reste, ne sommes-nous pas bien décidés à faire reculer la mainmorte ? Nous avons à notre disposition des moyens fiscaux; servons-nous-en, sans nous attarder aux vaines discussions juridiques : considérons les congrégations comme recevant les dots, pour pouvoir percevoir le droit de donation à l'entrée du congréganiste en religion ; puis, retournons la pancarte et frappons cette indivision des droits de donation et de succession à la retraite ou au décès d'un religieux, qu'il y ait ou non mutation réelle, qu'elle soit à titre gratuit ou onéreux, qu'elle s'opère par une clause d'accroissement ou autrement.

En définitive, la préoccupation de donner un caractère juridique à l'amendement passait au second plan : il s'agissait avant tout, au moyen d'un régime fiscal applicable aux seules congrégations, d'arrêter, dans la mesure du possible, l'extension de la mainmorte religieuse.

Mais ces dispositions ne parurent pas avoir chance d'être acceptées même par la Chambre et les parties de l'amendement qui heurtaient trop manifestement le droit commun furent supprimées avant discussion. On parvint cependant à faire voter à la Chambre un article assujettissant au droit de mutation à titre gratuit « les

« accroissements opérés par suite de clauses de réver-
« sion dans toutes les communautés, congrégations et
« associations religieuses sans exception au profit des
« membres restants, de la part de ceux qui cessent
« de faire partie de la société ou communauté, nonobs-
« tant toutes cessions antérieures faites entre vifs au
« profit des bénéficiaires de la réversion. » Ce texte
était le résultat d'une transaction entre la Commission du budget et le gouvernement (1). On avait renoncé à percevoir le droit de donation sur l'apport, mais, d'autre part, on avait décidé que l'existence d'une clause d'accroissement donnerait lieu à des mutations et que ces mutations seraient présumées avoir lieu à titre gratuit. On avait aussi échappé à l'interprétation des tribunaux qui considéraient la réversion comme un contrat à titre onéreux donnant lieu à un droit de mutation suivant la nature des biens transmis. La conception d'après laquelle la congrégation est une personne morale avait servi à maintenir le tarif élevé des mutations à titre gratuit, et celle qui considère la congrégation comme une indivision avait permis de percevoir un droit à chaque retraite et à chaque décès.

Quoi qu'il en soit, au Sénat, on s'efforcera de donner à l'amendement « un caractère de généralité en harmonie

1. Voir le *Journal Officiel* du 28 décembre 1880, p. 12.983, col. 3.

avec le but poursuivi par l'Administration de l'enregistrement » (1). Mais au fond, on peut penser qu'aucun principe juridique n'était suivi encore cette fois ; on s'attachait surtout, comme pour la taxe sur le revenu, à ne pas viser ouvertement les congrégations. Puis, on voulait instituer un droit compensateur de ceux que les congrégations n'acquittent pas en fait. A cet effet, on considérait encore fictivement que la clause d'adjonction donnait lieu à des mutations dans les congrégations, mais on revenait à la conception de la doctrine et de la jurisprudence pour reconnaître le tarif à titre onéreux seul exigible. Seulement, on n'était pas encore tout à fait logique et l'on déclarait que, dans tous les cas, le droit à 5.50 0/0 applicable aux aliénations immobilières serait exigible, quelle que fût la nature des biens de la congrégation. Il était donc difficile cette fois encore de trouver un système juridique bien établi.

Bien que le texte voté par le Sénat fît une situation déjà très pénible aux congrégations, M. Brisson n'en fût pas satisfait. Il représenta les concessions qu'il avait déjà faites au gouvernement et fit rétablir le tarif des mutations à titre gratuit. Le but en effet était uniquement de percevoir un droit élevé en prenant des précautions pour en assurer le recouvrement, sans soulever l'opinion publique. La chose fut assez facile :

---

1. Rapport de M. Roger Marvaise au Sénat. Séance du 21 décembre 1880. *J. Offic.* du 30, page 13.090, col. 1.

il suffisait pour cela de faire apparaître l'accroissement comme une mutation à titre gratuit et de rendre une déclaration obligatoire après chaque évènement mettant en jeu la clause de réversion. Pour y parvenir, on combina habilement le résultat apparent et tangible de la clause d'accroissement dans le cas où elle est indéfinie avec celle de réversion : « Au « moment où le congréganiste s'agrège, dit M. Brisson, il sait que le droit d'accroissement ne se réalisera jamais en sa faveur, jamais, jamais » (1). En « ajournant la perception du droit de mutation à titre « gratuit au moment de la réalisation de la clause d'accroissement, nous faisons, j'ose le dire, une faveur « exceptionnelle aux congrégations religieuses, car il « n'est pas douteux que c'est au moment de l'apport « que nous aurions dû percevoir ce droit ». Telle était bien la véritable solution que M. Brisson semble avoir entrevue un moment. Le congréganiste sait que jamais l'accroissement ne se réalisera pour lui, ni pour ceux qui viendront après lui. Il ne leur transmettra donc rien, pas plus qu'il n'aura reçu de ceux qui seront partis avant lui et son apport se trouve aliéné d'une façon irrémédiable. M. Brisson avait raison contre la doctrine, la Cour de Cassation et le Sénat ; mais aussi, ne voyait-il pas que ses propres paroles s'opposaient directement à ce que qu'on perçût un droit quelconque

---

1. *J. off*. du 28 décembre 1880, p. 12. 983 col. 2.

de mutation sur une part de société ou d'indivision que le congréganiste ne pouvait pas plus transmettre qu'il ne l'avait reçue.

Ce qui cause le trouble profond qui règne sur toute cette matière, et en particulier dans les débats parlementaires, c'est que, soit pour, soit contre le droit d'accroissement, tantôt on emprunte des arguments à la théorie rationnelle de la personnalité morale et tantôt au contraire, on les demande à la doctrine classique ; parfois, considérant la réalité du fait et parfois retombant dans l'ancienne théorie de la fiction et de la co-propriété.

Qu'on ne s'y trompe donc pas, si M. Brisson a parlé ici de la congrégation comme d'une personne distincte des membres qui la composent et destinée à leur survivre, c'était uniquement pour expliquer la perception d'un droit de mutation à titre gratuit. Mais il fallait encore établir que l'accroissement constituait une donation ou une succession, suivant les cas. Alors, on abandonne le point de vue rationnel et la congrégation n'est plus qu'un contrat de société, qu'un état d'indivision existant entre congréganistes dont chacun est titulaire d'une part de biens communs. A la retraite ou au décès de ceux-ci, cette part cesse de leur appartenir et passe sur la tête des membres restants en vertu de la clause de réversion : il y a donc, suivant les cas, donation ou succession. Peu importe d'ailleurs au point de vue du tarif qu'il s'agisse de l'une ou de l'autre; il est toujours aussi élevé (11 fr. 25 0/0) et cette façon d'exposer les choses frappe mieux le gros bon sens de la grande majorité, étrangère aux subtilités juridiques. M. Brisson le comprit et obtint un succès complet.

Le Sénat ne se serait peut-être pas contenté de cette explication s'il n'avait préféré se placer à un autre point de vue, désireux qu'il était de ne pas retarder le vote du budget aux derniers jours de décembre. Il maintint le tarif élevé des donations et successions, bien qu'il se fût rattaché par son premier vote à la théorie de la jurisprudence sur la nature de la réversion. Il considéra le décès ou la retraite du congréganiste simplement comme un critérium pour arriver à la perception d'un droit compensateur des impôts que les congrégations ne payaient pas en fait (1). Logiquement, les droits de mutation n'étant définitivement évités que quand la clause d'adjonction est indéfinie, la taxe nouvelle n'aurait dû être perçue que dans ce cas. Mais la forme qu'avait adoptée le Sénat pouvait laisser croire que l'on s'était attaché à la mutation opérée par la réversion; le texte lui-même, beaucoup trop général et les termes qu'il employait pour désigner les congrégations sans les nommer prêtaient bien d'ailleurs à cette interprétation. D'autre part, aucune idée juridique bien précise n'ayant présidé à la confection de cette loi, on s'explique aisément que les interprètes se soient bornés

1. Voir le *J. off.* du 29 décembre 1880, p. 13.025 col. 1.

aux termes du texte ; aussi sont-ils arrivés à des résultats inespérés.

L'article 4 est ainsi conçu :

« Dans toutes les sociétés ou associations civiles qui
« admettent l'adjonction de nouveaux membres, les ac-
« croissements opérés par suite de la clause de réver-
« sion au profit des membres restants de la part de
« ceux qui cessent de faire partie de la société ou as-
« sociation, sont assujettis au droit de mutation par
« décès, si l'accroissement se réalise par le décès, ou au
« droit de donation s'il a lieu de toute autre manière,
« d'après la nature des biens existants au jour de l'ac-
« croissement, nonobstant toutes cessions antérieures
« faites entre vifs au profit d'un ou de plusieurs mem-
« bres de la société ou de l'association. »

La formule générale employée par le texte ne rend pas d'une façon très exacte l'esprit de la loi qui est toujours d'atteindre toutes les congrégations « sans exception », comme le déclarait la rédaction primitive. Nous savons en effet, que le but du Sénat, en substituant une disposition à portée plus générale, n'avait pas été de modifier l'esprit de l'amendement. Considéré comme une sorte d'impôt compensateur, le droit d'accroissement devait donc être perçu dans les sociétés civiles et associations, autrement dit, dans les congrégations constituées pour un temps indéfini et qui admettent, en même temps que l'accroissement des parts des associés prémourants au profit des survivants, la clause d'adjonction de nouveaux membres. Peu importait donc que la retraite ou le décès d'un associé opérât ou non une mutation effective, le droit de mutation à titre gratuit devait être perçu à cette occasion, aussi bien, par conséquent, dans les congrégations autorisées que dans celles qui ne le sont pas. Par contre, seraient seules assujetties celles qui admettent l'adjonction sans limitation, puisqu'elles seules échappent aux droits ordinaires de mutation. D'autre part, on ne devait tenir aucun compte de la disposition finale de l'article 4, car du moment où une cession est intervenue entre vifs et où les droits ont été acquittés, on ne saurait plus parler de percevoir un impôt compensateur.

Ces solutions en somme eussent été assez rationnelles ; sans prétendre suivre un principe juridique, elles remédiaient à une situation de fait avantageuse, en en créant une très pénible aux groupes que l'on désirait faire disparaître. En cela, elles étaient conformes aux vues du Parlement et du Gouvernement qui voulaient combattre la mainmorte religieuse sous quelque forme qu'elle se présentât. C'était, en définitive, une législation exceptionnelle appliquée à une situation aussi exceptionnelle et rien de plus.

Mais la loi fut interprétée, ici encore, dans son sens littéral plutôt que dans son véritable esprit. Il faut toutefois reconnaître en faveur de la Régie et de la jurisprudence, chargées de cette interprétation que dans toute cette matière et comme par une fatalité, le législateur a toujours mis dans le texte qu'il votait quelque chose d'autre que ce qui était dans sa pensée telle que les travaux préparatoires semblent la présenter et qu'en matière fiscale, l'interprétation littérale est presque toujours forcée.

L'Instruction n° 2651 indique que la Régie s'attache à cette interprétation et qu'elle considère l'impôt d'accroissement comme « un impôt de mutation propre-
« ment dit qui devient exigible par le fait de la trans-
« mission résultant de l'accroissement et qui prend
« seulement alors naissance, de la même manière
« qu'un droit de mutation par décès applicable à une
« disposition antérieure de dernière volonté. » (1).

Plaçons-nous donc à ce double point de vue de l'interprétation littérale et de l'effectivité d'une mutation, et cherchons avec le bon sens les conséquences qui en résultent. Nous décrirons un peu longuement le régime de la loi de 1880 parce qu'il est encore applicable à ce point de vue aux associations non religieuses visées tout au moins en apparence par les lois fiscales que nous étudions.

Il semble bien d'abord que le membre de phrase :
« dans toutes les sociétés ou associations civiles qui
« admettent l'adjonction de nouveaux membres, les
« accroissements *opérés* par suite de clause... » ne

---

1. Instruction. n. 2651 § 57.

puisse avoir de sens intelligible qu'interprété de la façon suivante : l'accroissement doit constituer une véritable mutation ; or le texte parle de sociétés et d'associations où il s'opère ; c'est donc nécessairement que ces sociétés ou associations sont considérées, à tort ou à raison, peu importe, non pas comme des personnes morales seules propriétaires de leur patrimoine à l'exclusion de leurs membres, mais comme des collectivités dont les membres ont un droit de propriété sur le fonds commun, une sorte de propriété indivise. A cette condition, en effet, une mutation aura lieu quand, un membre venant à disparaître, sa part sera transmise en vertu des conventions sociales, soit à tous les autres membres, soit à quelques-uns d'entre eux. Voilà qui paraît bien certain (1). Il en résulte notamment à l'égard des congrégations, puisque c'est d'elles qu'il s'agit, que d'une part, les congrégations autorisées qui ne sont pas constituées en sociétés et dont les membres n'ont aucun droit personnel sur les valeurs appartenant à l'établissement, ne sauraient être assujetties à la taxe ; que, d'autre part, les congrégations non reconnues qui n'auront pas formé de société ou admis de pacte tontinier, ne devront pas davantage l'impôt, même si on les considère, avec la doctrine classique, comme des indivisions, parce que

---

1. Peu importe d'ailleurs que les apports de l'associé soient ou non repris par ses héritiers ; il y a toujours transmission de part sociale.

l'admission de la double clause d'adjonction et de réversion ne saurait être établie par l'Administration.

En ce qui concerne les autres sociétés, le mot « civiles » écarte toutes les sociétés commerciales et même les sociétés ou associations de fait de quelque nature qu'elles soient, car ici, comme pour les congrégations non autorisées, aucun acte de société n'ayant été fait, la réalisation de la double condition exigée par le texte ne saurait être prouvée. Telles sont les conséquences logiques que l'on pourrait s'attendre à trouver dans les applications que fait la Régie des principes qu'elle déclare adopter comme règle directrice d'interprétation. En fait, il n'en est rien. L'Instruction précitée s'exprime d'ailleurs en termes fort peu compréhensibles.

A. — « La première condition, nous dit-elle au pa-
« ragraphe 41, c'est qu'il s'agisse d'une société ou d'une
« association, ce qui exclut les contrats créant entre
« les parties une simple indivision ». Comment pourra-t-il y avoir mutation effective alors, tant que dure la société personne morale et comment cette mutation pourra-t-elle donner lieu à la perception d'un droit « d'après la nature des biens existants au jour de l'accroissement ? » Mais poursuivons.

« Il faut en outre que la société ou l'association pré-
« sente ce double caractère ; d'une part, que les biens
« apportés par les associés ou acquis par la société,
« deviennent la propriété de la société jusqu'à sa dis-
« solution ; d'autre part, que les associés aient sur le

« fonds commun un droit personnel qui les appelle au
« partage des biens en dépendant. Il suit de là que
« les associations, dans lesquelles ce droit personnel
« n'existe pas, ne peuvent donner ouverture à l'accrois-
« sement, puisque cet accroissement n'a pas d'objet ».

A vrai dire, l'explication n'est pas claire.

Tout d'abord, l'Administration semble dire qu'il s'agit de sociétés propriétaires exclusives du fonds social jusqu'à la dissolution et, par conséquent, excluant tout droit des membres sur ce fonds, puis, elle s'aperçoit que les mutations sont dès lors indépendantes des changements survenus dans le personnel et alors elle nous dit : la société est bien propriétaire ; mais les associés le sont aussi quelque peu : ils ont un droit personnel sur le fonds commun et c'est ce droit personnel qui donne ouverture à l'accroissement. En quoi consiste donc ce droit personnel en présence de la propriété de l'être moral société ? Est-ce un droit mobilier comme dans les sociétés commerciales ? Mais alors, on ne comprend guère la perception d'un impôt « d'après la nature des biens ». Est-ce un droit d'usufruit ou d'usage ? Mais sans doute il s'éteint avec le titulaire. Est-ce un droit personnel de jouissance analogue à celui du locataire ? Mais il ne saurait être cédé indéfiniment. Ce ne peut guère être non plus un droit de propriété ou de copropriété, puisqu'on déclare la société titulaire de ce droit.

M. Primot, le savant auteur que nous retrouvons

à chaque pas, a bien aperçu l'impasse où s'était engagée l'Administration et s'est efforcé de l'en faire sortir, car la question, a, encore aujourd'hui, un intérêt pratique en ce qui concerne les sociétés autres que les congrégations et associations religieuses proprement dites, qui ont été visées par les lois postérieures.

« La loi, dit-il, parle des sociétés et associations « civiles sans distinction. Comme elle ne concerne pas « les associations reconnues d'utilité publique, ainsi « que nous le verrons tout à l'heure, il faut bien admet- « tre qu'elle atteint celles qui n'ont pas de personna- « lité propre et dont le patrimoine est la propriété « directe des associés » (1), et M. Primot cite à l'appui de son opinion une solution de l'Administration en date du 7 janvier 1886. Sans doute, il faut forcer un peu les termes de l'article 4 pour lui trouver un sens, mais enfin, avec de la patience et de l'ingéniosité, on y arrive.

M. Maguéro, à son tour, nous enseigne (2) que le mot société doit être entendu dans son acception juridique ordinaire, telle qu'elle ressort notamment de l'article 1832 du Code civil. Mais alors, cette société constitue dans notre droit positif, tel du moins que l'a reconnu une jurisprudence assez ancienne, une per-

---

1. *Dictionnaire des droits d'enregistrement.* Tome VI, n. 1464.
2. *Traité alphabétique des droits d'enregistrement.* V° *Congrégations*, n. 102.

sonne morale seule propriétaire indépendante de la personne de ses membres (1).

La vérité, c'est qu'on avait frappé les sociétés civiles pour les besoins de la cause : ce sont elles qui possèdent presque tous les biens des congrégations religieuses non reconnues. Taxer les biens des associations, et ne pas taxer ceux des sociétés civiles, c'eût été tirer en l'air.

Quant à l'expression « association » (2) poursuit M. Maguéro, elle vise certains contrats qui, sans engendrer un être moral, créent néanmoins entre les contractants une situation différente de celle qui résulte du simple état d'indivision et telle que celle des tontines non autorisées avec clause d'adjonction. Celles-ci ne constituent pas des sociétés, ni des associations proprement dites, et la taxe 4 0/0 ne leur est pas applicable, mais ce sont des associations visées par l'article 4 de la loi de 1880.

L'Administration considère en effet la combinaison des deux clauses comme caractérisant nettement un engagement mutuel en vue d'une action collective et permanente, une association (3). Elle consacre en outre en cette matière une atténuation à une disposition

1. Voir M. Primot, *loco cit.*
2. Le texte porte « associations civiles » comme s'il pouvait y avoir des associations commerciales.
3. Voir en ce sens une solution du 2 février 1892 rapportée au *Journal de l'Enregistrement*, n. 23.848.

excessive de l'article 4, d'après laquelle il ne doit être tenu aucun compte des cessions antérieures au décès ou à la retraite des congréganistes (1).

Contrairement à la doctrine soutenue par l'Instruction 2651, § 54, la Direction générale déclare en effet que les droits perçus sur les cessions antérieures doivent s'imputer sur ceux dûs à la retraite ou au décès quand les cessions antérieures ont porté sur une portion indivise de l'actif commun, sur un immeuble par exemple et non sur des droits sociaux, sur des actions ou parts d'intérêt soumises au tarif réduit de 0 fr. 50 0/0 : « La règle *non bis in idem*, déclare-t-elle, qui domine « toutes les matières fiscales s'oppose à ce que le droit « de mutation à titre onéreux soit perçu cumulative- « ment avec le droit d'accroissement » pour une transmission unique causée par un décès. Sans doute, comme le remarque le *Journal de l'Enregistrement*, la distinction faite par l'Administration se justifie par des motifs d'équité si impérieux qu'on hésite à la critiquer. Toutefois, il semble bien qu'elle soit en opposition directe avec les termes absolus et généraux de l'article 4, et l'on ne conçoit guère non plus le motif qui a fait limiter l'application du principe « *non bis in idem* », au cas où la cession antérieure a porté sur une part indivise et non sur une part sociale.

On ne peut l'expliquer que par une subtilité en pré-

1. Voir la solution précitée.

tendant que dans le cas de société, l'associé qui se retire transmet à la fois au cessionnaire un droit incorporel en vertu de la cession et aux associés restants un droit corporel par l'effet de la réversion. Au reste, ce n'est là qu'une conséquence de la théorie dualiste et compliquée de l'Instruction 2651 et aussi de la personnalité fictive accordée à cette indivision privilégiée qui s'appelle la société.

Parmi les sociétés ou associations visées par le texte, la Régie n'atteint que celles aux membres desquelles elle reconnaît un droit personnel sur les biens communs.

L'instruction 2.651 dispose à cet effet, que « les associations dans lesquelles le droit personnel des membres les appelant au partage des biens n'existe pas, ne peuvent donner ouverture à l'accroissement puisque cet accroissement n'a pas d'objet ». L'auteur du *Dictionnaire des droits d'enregistrement* pense que cette disposition ne vise que les associations dont la nature juridique, (tels que les établissements publics) ou l'objet, (telles que les sociétés d'assurance mutuelle), s'oppose à la division du capital social en actions ou parts d'intérêt. En conséquence, il critique une solution de l'Administration en date du 11 février 1890, qui exempte du droit d'accroissement une association formée sous le nom de « *Société civile du temple israélite Portugais* » qui avait remis aux fondateurs, en échange de leur souscription, des titres ne donnant droit qu'au remboursement de ces souscriptions ; mais dont les biens devaient revenir au consistoire israëlite de Paris. La solution s'était attachée à cette dernière considération pour décider qu'aucun des associés ne devant jamais avoir sur le fonds commun un droit qui l'appelle au partage, il en résultait pour les associations non religieuses l'exemption de la taxe d'accroissement.

Ces principes étaient absolument exacts.

Les membres d'une association ont sans doute un droit personnel, mais il importe de savoir exactement en quoi consiste ce droit et s'il est susceptible d'être transmis. On peut dire qu'il donne à son titulaire la possibilité de tirer un avantage de sa qualité de membre de l'association et cet avantage peut consister en une infinité de choses (1). Mais l'évènement qui prive le membre de ce droit n'opère au profit des autres aucune transmission de valeur déterminée.

« La retraite ou le décès d'un membre, dit M. Pri-
« mot, ne peut avoir pour conséquence d'accroître par
« voie de réversion les droits des membres restants...,
« car les droits de celui-ci s'anéantissent réellement au
« lieu de se transmettre aux associés restants ». Ceci est certain ; mais on peut faire observer que ce fait ne tient pas, comme semble le penser l'auteur du diction-

---

1. Livraisons périodiques ; droits à certains égards ; commodités pour le développement d'une idée ; droit à une indemnité dans certains cas.

naire, à ce qu'il s'agit d'établissements publics ou de sociétés d'assurance mutuelle, mais bien à une cause beaucoup plus générale, qui s'applique en dehors de ces cas particuliers prévus par l'instruction 2651.

Dans les associations proprement dites, si le membre mourant ne transmet rien aux autres, c'est qu'il n'avait rien à transmettre, puisqu'il n'avait pas ce droit personnel l'appelant au partage des biens dont parle l'instruction et qui n'est autre au fond qu'un droit de propriété. La solution précitée a fait une sage application de ce principe, en déclarant la loi non applicable à une association qu'elle considérait comme non religieuse. La loi de 1884 a en effet, nous le verrons, apporté une exception contre les associations religieuses. C'est en vertu de la même règle que sous la loi de 1880, l'accroissement avait été reconnu impossible quand les membres sortants ou leurs héritiers touchaient le prix de leur part (1).

Mais revenons à la solution du 11 février 1890. Il semble que la question de fait eût été mal résolue. L'association en question était religieuse et, à ce titre, tombait sous la loi de 1884. Mais les principes restent intacts. Aussi ne saurions-nous admettre avec M. Primot que l'exigibilité du droit résultait de la loi de 1880.

L'association, pense cet auteur, ou bien avait donné naissance à une véritable société douée d'une person-

---

1. Voir en ce sens la note de M. Wahl au Sirey 1895, 1-145.

nalité propre, et alors l'accroissement porte sur une part d'intérêt, sur une créance « distincte, il est vrai, « des biens composant le fonds commun, mais dont la « loi de 1880 ne tient pas compte puisqu'elle liquide « l'impôt selon la nature des biens dans tous les cas », ou bien l'association n'avait pas donné naissance à un être moral et la propriété des biens reposait directement sur la tête des associés ; le retrait ou le décès d'un membre faisait donc passer sur la tête de ceux qui restaient la part de co-propriété de ce membre, et il y avait encore transmission effective.

Nous retrouvons dans ce dilemne la confusion qui plane toujours en ces matières. Si la réversion peut se produire dans la société, alors qu'elle est impossible dans l'association, n'est-ce pas précisément parce que ce droit mobilier que la loi attribue fictivement à chaque membre de la société, pour la commodité des affaires, n'est que la représentation de son droit de propriété indivise qui est seul réel et subsiste seul ? La cause de toutes ces incertitudes est toujours le spectre de la personnalité fictive des sociétés, qui hante l'esprit du jurisconsulte et l'empêche de bien comprendre la réversion dans le contrat de société. Il ne pouvait être question de part d'intérêt dans l'assocation du temple israëlite, puisque les associés s'étaient dépouillés à tout jamais de la propriété de leurs apports ; cette part n'avait aucun objet et ne pouvait représenter aucun droit réel ; elle n'avait donc aucune valeur vénale puisque les biens ne devaient jamais être partagés. La seconde branche du dilemne n'était pas plus concluante. Il s'agissait bien d'une association et non d'une indivision.

« Mais, ajoute M. Primot, peu importe que les asso-
« ciés se soient engagés à remettre plus tard à un
« établissement de leur choix l'intégralité des biens de
« l'association. En attendant, ces biens ne sont pas
« moins leur propriété exclusive et il serait contraire aux
« principes généraux de la législation fiscale de tenir
« compte actuellement de l'aliénation éventuelle dont
« ils sont convenus. »

Ce nouvel argument ne saurait convaincre, quelle que soit la compétence de son auteur; les associés n'ont en réalité aucune propriété *sur les biens de l'association,* comme le dit lui-même M. Primot. C'est l'association seule qui est propriétaire jusqu'au jour où ses biens seront affectés à une autre association et où elle-même sera dissoute. Le but de l'association, c'est l'érection et l'administration d'un temple ; puis, cette œuvre une fois terminée, l'affectation du temple à l'œuvre poursuivie par le consistoire israélite. Ce but est donc purement désintéressé; il s'agit d'une association et non d'une société ou d'une indivision.

L'instruction 2651, après avoir posé en principe que l'accroissement ne peut se réaliser dans les associations où l'on ne saurait attribuer aux associés de droit individuel sur les biens de l'association, fait l'application de cette règle aux congrégations reconnues d'utilité publique. Mais elle ne se dégage pas encore complètement de la confusion que nous avons déjà constatée : « bien que ces congrégations, dit-elle, participent de « la nature des sociétés, les membres qui les compo- « sent ne possèdent sur les valeurs appartenant à la « congrégation aucun droit personnel leur conférant, « pendant l'existence de l'association, une action ou « une part d'intérêt et les appelant au partage lors « de la dissolution : l'accroissement ne s'opère pas. »

La solution est juste, mais les raisons sont mauvaises. Le premier membre de phrase est contradictoire au second. Il est certain, en effet, que si les membres n'ont aucun droit sur les biens et les bénéfices de la congrégation, on ne saurait lui reconnaître les caractères des sociétés. La vérité, c'est que l'Administration s'attache au fait que le pouvoir public a reconnu la personnalité morale de la congrégation. Aussi, ne saurions-nous être surpris de constater que la congrégation à laquelle ce caractère n'a pas été reconnu sera considérée par la Régie comme visée par la loi de 1880 si elle a inséré dans ses statuts la double clause d'adjonction et de réversion, et cependant, la réversion peut-elle s'effectuer plus dans les congrégations non autorisées que dans les autres ? Pas plus dans un cas que dans l'autre, les congréganistes n'ont droit au partage des bénéfices du fonds social. L'Instruction 2651 le reconnaît d'ailleurs formellement, § 46.

— 314 —

Donc, ici encore comme pour la taxe sur le revenu, nous sommes en présence d'une loi appliquée aux seules congrégations. En ce qui concerne toutes les autres associations, on s'en rapporte à l'évidence et l'on dit qu'il ne peut y avoir de réversion, ni de mutation, que les membres n'acquièrent pas de droit personnel sur les biens sociaux. Mais il n'en saurait être de même pour les congrégations. Toutefois, pour la forme, on ajoute : nous assimilerons aux membres de ces dernières ceux des autres associations qui seront titulaires de parts de fondateurs. Mais, en fait, le droit d'accroissement n'est jamais recouvré contre eux. De même les sociétés de fait assimilées aux congrégations ne payent que quand elles doublent ces congrégations.

Il ne faut pas oublier, nous dit à cet effet l'Instruction 2651 pour ménager une porte de sortie à l'Administration, la règle aujourd'hui constante que la reconnaissance des sociétés de l'espèce ne peut être imposée à la Régie. Elle est un tiers vis-à-vis des congrégations et peut prétendre ne pas connaître ces sociétés. Que si, au contraire, elle trouve avantage à établir l'existence de la société par les moyens de preuve dont elle dispose, elle le peut encore. En résumé, l'Administration voit clair quand elle le veut bien.

Enfin, dans une dernière application de l'article 4, elle nous apparait interprétant la même disposition tantôt dans le sens littéral et tantôt en s'inspirant de l'esprit du législateur. Le texte vise d'une façon générale et sans spécifier davantage toutes les « sociétés « ou associations civiles qui admettent l'adjonction de « nouveaux membres ». Donc, si l'on s'attache aux termes du texte, peu importe que la société soit contractée pour une durée limitée ou qu'elle n'admette pas l'adjonction de nouveaux membres d'une façon indéfinie, bien que dans ces deux cas il n'y ait aucune impossibilité à ce qu'un associé recueille le bénéfice de l'accroissement et acquitte les droits ordinaires de mutation.

Mais la Régie a distingué le premier cas du second pour lui appliquer exclusivement la loi (1). Au contraire, quand l'adjonction n'est pas indéfinie, elle écarte l'article 4, « attendu, nous déclare-t-elle (2), que le « législateur, en s'abstenant intentionnellement de dé- « terminer le délai pendant lequel la faculté d'adjonction « peut être exercée, a voulu laisser intact le droit « appartenant à l'Administration et aux tribunaux de « déterminer le caractère réel et les effets véritables des « stipulations des actes pour la perception de l'impôt. » Ainsi, on revient ici à la pensée qui avait déterminé le vote du Parlement, qu'une taxe compensatrice doit être établie dans les cas où le trésor est à jamais privé des droits de mutation.

1. Solution du 24 Mars 1887 rapportée par M. Primot *loc. cit.* n° 1474.

2. Instruction générale n° 2651 § 49. Voir aussi l'instruction n° 2.712 § 2.

Donc, dans deux situations identiques et mettant en jeu la même disposition législative, la Régie a trouvé moyen d'appliquer deux principes opposés.

On peut dire, pour résumer les observations qui précèdent relativement à la première condition exigée par l'instruction 2651, à savoir l'existence de sociétés ou associations (admettant l'adjonction de nouveaux membres), que la généralité des termes dont s'était servi le législateur en 1880 pour désigner les associations permettait, en s'attachant à l'interprétation littérale, d'appliquer la loi à certains groupes qui n'étaient pas visés et, au contraire, en s'inspirant de l'esprit du législateur, de faire échapper à cette loi les associations qui avaient la faveur du gouvernement. Mais la qualité de société ou d'association n'était pas suffisante ; il fallait encore que ces collectivités admissent les deux clauses d'adjonction et de réversion et que des accroissements fussent opérés.

B. — Au point de vue de cette seconde condition à l'exigibilité du droit d'accroissement, nous allons constater de nouvelles singularités dans la doctrine de l'Administration. Celle-ci, dans l'esprit du législateur, devait peut être se contenter de recouvrer une taxe spéciale à certains contribuables sans lui chercher un sens juridique. Mais, c'eût été jouer un rôle auquel elle n'est pas accoutumée ; elle préféra s'en tenir aux principes généraux qui président à la perception de tous nos droits d'enregistrement. Ainsi envisagée, sa tâche était particulièrement délicate à remplir. Il ne s'agissait plus seulement d'exempter certaines associations, visées par le texte, que le législateur ne désirait pas atteindre, ou, en sens inverse, de frapper certains contribuables que l'interprétation littérale de la loi laissait à l'abri de ses coups. Il fallait encore, même à propos des seules associations combattues par le législateur, faire preuve d'une assez grande habileté pour tenir compte dans une juste mesure des deux principes contradictoires dont on s'était inspiré, nous l'avons vu : d'une part, le principe rationnel de la personnalité morale telle qu'elle nous est apparue, pouvait servir de base à la perception d'un droit de mutation à titre gratuit; d'autre part, il fallait se rattacher à la théorie du droit positif pour découvrir l'accomplissement d'une réversion à la retraite ou au décès d'un membre des associations visées.

Nous croyons donc utile de rappeler en quelques mots les principes consacrés par le droit positif avant de voir comment la Régie s'est acquittée de son rôle.

L'association est personne morale seule propriétaire de son patrimoine. Mais ce caractère n'a été reconnu en droit positif qu'à certains établissements privilégiés. On a déduit fort logiquement de cette personnalité et à l'égard de ces établissements l'impossibilité d'un accroissement et l'exemption de l'impôt qui en est la conséquence. Quant aux associations auxquelles on n'a pas reconnu la personnalité, on a dû les assimiler à des indivisions ou des sociétés et déclarer chez elles la possibilité de l'accroissement considéré comme mutation.

Il semble en effet bien difficile d'admettre avec M. de Vareilles-Sommières que l'accroissement dans les sociétés ou indivisions n'est qu'un *non décroissement* comme en matière de succession et de legs (1).

Dans la société ou l'indivision, chacun n'a pas droit à tout, mais seulement à la restitution de ses apports ou d'une valeur équivalente et à une portion du surplus du fonds social et des bénéfices. Quand donc un associé ou un copropriétaire vient à disparaître en transmettant sa part non à ses héritiers, mais aux autres associés, il y a mutation comme si les bénéficiaires de la transmission étaient les successeurs du défunt.

On ne peut donc dire qu'il y ait simple extension de l'exercice du droit des coassociés qui ont une *vocatio in solidum*. Sans doute, comme en matière de succession, la volonté implicite ou explicite des parties est la source du phénomène juridique ; mais ici, il y a plus qu'une sorte de pollicitation : il y a un véritable contrat ; on connaît toujours exactement la volonté des parties ; il n'est donc pas besoin que la loi établisse de présomption. En matière de succession au

---

1. *Revue de Lille*, 1891, page 376 et suiv. Art. 785, 1044, 1045 du Code Civil.

contraire, nul n'étant héritier contre son gré et le législateur ignorant quelle sera la volonté des héritiers, il fallait bien, dans cette ignorance où il se trouvait, qu'il réglât par mesure d'ordre public la dévolution de la part de celui qui serait défaillant.

Au reste l'expression « non décroissement » qui s'applique facilement au cas de succession ou de legs devient incompréhensible pour les sociétés.

Il est donc inexact de dire en matière de société ou d'indivision, comme le fait M. de Vareilles-Sommières que l'associé « cesse d'avoir eu une part et n'aliène pas sa part » que « sa part sociale, pas même un instant de raison n'a été sa propriété ferme. »

Ceci n'est vrai que pour les associations.

Mais si ces associations dont la puissance publique a refusé de reconnaître la personnalité et l'existence se constituent en sociétés et déclarent adopter la clause de réversion, ou prennent des dispositions statutaires donnant un résultat identique, il est certain que dans la loi positive qui ne connaît que ces sociétés, il y aura véritablement une mutation opérée. La même solution s'impose en matière d'indivision avec pacte tontinier.

On a soutenu que chaque partie tenant ses droits à la propriété entière, des dispositions du contrat de société ou d'acquisition, et du prix par elle payé, il n'y avait dans la stipulation de réversion aucune donation éventuelle, ni mutation au décès. Mais il est facile de répondre comme l'a fait M. Rémondière (1), que chaque acquéreur, pouvait stipuler au profit de ses coacquéreurs comme condition de la stipulation qu'il fait pour lui, et s'il est vrai qu'aucune mutation effective ne s'opère entre coacquéreurs au moment de la convention, la condition du décès une fois réalisée, la mutation suspendue jusque-là s'opère. Il y a donc contrat translatif à titre onéreux. Il n'y a pas libéralité, puisque les prémourants ont presté leur part dans le bien indivis, et les survivants le risque qu'ils ont couru de perdre la leur.

Le droit exigible au décès est donc celui de mutation à titre onéreux. Une exception a été faite à ce principe, par une faveur spéciale, à la tontine autorisée, qui jouit en droit positif de la personnalité morale (2). La même faveur a été refusée aux réversions effectuées dans les sociétés, mais nous avons vu qu'un tarif réduit leur avait été appliqué jusqu'au dernier accroissement qui opère la dissolution de la société et donne lieu au droit de mutation d'après la nature des biens.

Le caractère onéreux et aléatoire du contrat est moins apparent dans les sociétés qui admettent la clause d'adjonction ; car l'espoir que chaque membre a de

---

1. Rémondière ; *Des réversions de propriété, d'usufruit et de rente viagère devant la loi fiscale*. Thèse Poitiers 1886.

2. Arrêt de cassation de 1858, Cf. Demante, *Revue critique*, de 1859, p. 14.

bénéficier de la réversion est pour ainsi dire annihilé, surtout quand ces sociétés ne sont que le masque d'associations qui par essence doivent se perpétuer. M. Brisson, nous le savons, s'est servi de cette circonstance de fait pour appliquer le tarif des mutations à titre gratuit aux congrégations. En réalité, si on les assimile aux sociétés et indivisions dont elles ont la forme, l'accroissement ne peut être qu'onéreux, et opéré en vertu d'un contrat commutatif, que les associés restants aient ou non à payer la valeur de la part du copropriétaire ou de l'associé sortant; car, si l'accroissement ne donne pas lieu à indemnité, il est encore onéreux cependant, puisque le prix est représenté par la chance réciproque de recueillir le bénéfice de la réversion.

Donc, en définitive, en se plaçant exclusivement au point de vue du droit positif, et en assimilant les associations et congrégations aux sociétés et indivisions dont elles avaient revêtu la forme, la clause de réversion donnait lieu à des accroissements effectifs qui constituaient des mutations à titre onéreux de parts sociales ou indivises pour leur valeur nette.

L'Instruction 2651 § 50 dispose en parlant de la clause de réversion appliquée aux sociétés, qu'elle « est consi-
« dérée par la loi nouvelle comme opérant une trans-
« mission, au profit des associés restants, de la portion
« appartenant à l'associé qui quitte la société dans
« chacun des biens meubles et immeubles dépendant
« de cette société ». Il semble donc que, par cette dé-

claration, la Régie s'attache à percevoir le droit d'accroissement sur une mutation réelle ou tout au moins, apparente. Mais alors, nous l'avons vu tout à l'heure, il ne peut être question que d'un droit de mutation à titre onéreux. Or, nous savons au contraire que le législateur a établi le droit de donation ou de succession. Le seul moyen de justifier cette perception, c'est de présenter l'accroissement comme une libéralité, comme une succession ou une donation.

Il en résultera notamment que le droit ne sera plus perçu sur la valeur nette transmise. Il pourra même arriver, lorsque les membres restants seront tenus de restituer la valeur de l'apport, qu'ils éprouveront une perte si cette valeur est supérieure à celle de la part sociale dont ils sont censés bénéficier. Il n'y a donc là aucune libéralité réelle.

Ce n'est plus, comme le fait observer M. Primot qu'une présomption *juris et de jure* de la loi attribuant le caractère gratuit à la transmission. On ne s'attache plus à la réalité de l'accroissement opéré comme semblait le vouloir faire tout d'abord l'Administration, et l'on revient à la conception du Sénat qui présente le décès ou la retraite comme un criterium :

« Ce que le législateur a voulu, nous dit l'Adminis-
« tration en un pourvoi devant la Cour suprême (1),
« c'est que les biens dépendant des sociétés suscepti-

---

1. Arrêt du 23 janvier 1895, Sirey, 1895, 1,294.

« bles d'acquérir une sorte de perpétuité par l'adjonc-
« tion constante de nouveaux membres, cessent désor-
« mais d'être affranchis indéfiniment du droit de muta-
« tion que supportent les biens des particuliers à des
« intervalles plus ou moins rapprochés, plus ou moins
« éloignés. Or, pour obtenir ce résultat, il était indis-
« pensable de soumettre au même régime tous les ac-
« croissements qui se produisent dans les sociétés de
« même nature ». L'obligation par exemple de verser
une somme fixe aux héritiers du défunt ne saurait
empêcher la société d'acquérir la part du *de cujus*.

Cependant, par l'arrêt précité, la Cour de Cassation n'a reconnu la réversion que « dans la mesure de
« la différence entre la valeur réelle de la part de l'as-
« socié qui se retire ou décède et le montant de la somme
« à rembourser » et l'exigibilité du droit d'accroissement sur cette seule différence.

Il semble donc ici que la Cour se soit attachée à la conception primitive de l'accroissement qui ne le fait porter que sur la valeur réellement transmise et lui refuse le caractère d'une véritable succession ou donation.

M. Primot, au contraire, accorde ce dernier caractère à l'accroissement (1) et, en conséquence, critique la solution de la Cour pour le cas où la réversion a lieu après une retraite, car, si on la considère alors comme une donation, l'obligation de payer une certaine somme ne

1. *Op. cit.* n° 1489.

constitue qu'une charge pour le donataire, charge qui ne doit pas être déduite de la valeur de la chose donnée pour la perception du droit.

Peut-être pourrait-on contester cette assimilation absolue de l'accroissement à une donation ou à une succession.

Nous savons en effet que le tarif gratuit n'a été admis par le Sénat qu'à titre de droit purement compensateur et qu'au fond l'accroissement reste à titre onéreux ; c'est-à-dire qu'il ne « s'opère » que pour la valeur nette transmise.

L'amendement Brisson lui-même portait d'ailleurs, qu'on frappait d'un droit de mutation « tous les biens « dont l'association *s'enrichit* au détriment de ses mem- « bres. »

Quoi qu'il en soit, ce que nous devons retenir des développements qui précèdent, c'est que l'Administration ayant voulu établir la réalité de l'accroissement, a dû par une première fiction réputer dissoute la société dont faisait partie le membre qui se retire ou décède pour asseoir l'impôt sur la valeur de chacun des biens dépendant de cette société (1), l'accroissement s'opérant ainsi, non sur une part sociale, mais sur une portion de copropriété dans chaque bien.

Mais la Régie ne put conserver à l'accroissement son véritable caractère ; elle dut par une nouvelle fiction,

---

1. Instruction 2651, §. 40.

écarter le caractère onéreux de la mutation pour lui appliquer les règles rigoureuses des donations.

Ainsi, sous le régime de la loi de 1880, la Régie était arrivée, à la suite de distinctions subtiles et de présomptions ingénieusement établies, d'une part à n'appliquer la loi, malgré la généralité de son texte, ni aux associations reconnues d'utilité publique, ni aux tontines, sociétés d'assurance mutuelle, coopératives, sociétés littéraires ou artistiques : elle déclarait alors l'accroissement impossible, pour faire tomber exclusivement sous ses coups les congrégations non reconnues où l'accroissement n'était pas plus réel. D'autre part, après avoir tenté d'établir la réalité de la mutation dans les sociétés et indivisions fournies par les congrégations, elle avait dû se rattacher à une fiction pour leur appliquer les règles les moins justifiées de notre régime fiscal.

Malgré toutes ces précautions, l'article 4 de la loi du 28 décembre 1880 ne put recevoir aucune application. Il suffisait en effet aux sociétés atteintes de supprimer l'une des clauses d'adjonction ou de réversion, tout en continuant à l'observer, pour échapper à l'impôt. Plusieurs congrégations le firent sans en éprouver aucun préjudice. Il était facile d'obtenir des congréganistes tenus par le vœu d'obéissance la cession de leur part avant leur retraite ou leur décès, sans que cette cession fût obligatoire.

Cette petite manœuvre qui, au reste, n'était que

l'exercice d'un droit certain fut vivement reprochée aux congrégations. On alla même jusqu'à mettre en jeu leur patriotisme. « Pourtant, dit avec beaucoup d'esprit « M. de Vareilles-Sommières, les législateurs auraient « dû être satisfaits du résultat obtenu, c'est la clause « d'adjonction de nouveaux membres combinée avec « la clause de réversion qu'ils avaient dénoncée comme « la source d'une mainmorte occulte et d'une substi- « tion prohibée de la pire espèce ». C'est uniquement la clause d'adjonction qui faisait apparaître l'accroissement comme une libéralité. Cette clause disparaissant, tous les griefs devaient disparaître aussi à peine d'inconséquence.

En 1880, on avait supposé gratuitement que tous les biens des congrégations non reconnues sont répartis dans des sociétés à double clause de réversion et d'adjonction. Sans doute, ce fait se rencontrait fréquemment, mais pas toujours. D'autre part, on avait compté pour les évaluations budgétaires que tous les biens devaient passer par l'accroissement tous les quinze ans, ce qui est manifestement exagéré. Enfin, le calcul avait été fait d'après l'amendement Brisson qui frappait les congrégations autorisées aussi bien que les autres. En sorte que le chiffre porté au budget pour le rendement prévu de l'impôt s'élevait à 3.247.500 francs.

Or, les congrégations constituées en sociétés ayant presque toutes supprimé l'une des deux clauses nécessaires à la perception, l'impôt ne rapporta presque rien (1).

Ce fait servit ici encore, comme pour la taxe sur le revenu, la cause des adversaires des congrégations. Ils n'eurent point de peine à persuader au Parlement qu'on était victime d'une « mystification » et qu'il fallait au plus tôt y mettre fin en atteignant les congrégations en cette seule qualité. On ne demanda rien de pareil pour les autres associations que les congrégations avaient en 1880 entraînées dans leur disgrâce et qui avaient pourtant, elles aussi, pour la plupart modifié leurs statuts.

En 1884, on parla donc plus clairement; mais, cette fois encore, on tenta de faire rentrer les congrégations, tout en les désignant spécialement, dans une sorte de droit commun. Au reste, nous avons déjà examiné la question à propos de l'impôt sur le revenu que concerne le même article 9 de la loi du 29 décembre 1884.

Nous ne reviendrons donc sur ce point que dans la mesure où il occasionnera des observations spéciales au droit d'accroissement. On peut remarquer d'ailleurs, qu'en ce qui concerne les associations atteintes par l'impôt, la loi du 16 avril 1895 n'a apporté aucune modification, se contentant de répéter les termes de la loi de 1884. Les solutions établies pour celle-ci subsistent donc actuellement.

1. 263.000 francs.

§ 2. — Loi du 29 décembre 1884.

Désignation spéciale des congrégations. Persistance partielle du caractère de généralité revêtu par la loi de 1880. Les congrégations autorisées sont atteintes comme celles non autorisées, en leur seule qualité de congrégation. Absence de fondement juridique. Hésitation de la jurisprudence.

La loi du 29 décembre 1884 voulut, cela n'est pas douteux, imposer à une catégorie spéciale de contribuables le tarif des droits de mutations à titre gratuit à l'occasion de faits qui n'opèrent en réalité aucune mutation ou, tout au moins, aucune mutation à titre gratuit. Elle aurait dû s'expliquer clairement, renoncer à donner à son impôt une base juridique; il lui eût été facile par exemple d'invoquer des raisons d'ordre économique. L'impôt serait incontestablement exigible; tandis qu'en présence d'un texte qui semble encore avoir la velléité de se donner une apparence juridique et en même temps de déclarations faites au cours des travaux parlementaires qui présentent la loi comme une mesure d'intérêt public, l'interprète se trouve souvent partagé entre deux solutions opposées, suivant qu'il s'attache à la première ou à la seconde considération. Ces difficultés de perception ont fourni un nouvel élément à l'esprit de résistance dont font preuve les congrégations.

La loi de 1884, nous allons le constater, aggrave

encore les contradictions de notre législation sur l'accroissement. Elle le considère maintenant comme une véritable libéralité ; c'est d'ailleurs la solution à laquelle la Régie avait fini par aboutir.

L'article 9 dispose en sa partie principale que : « les « impôts établis par les articles 3 et 4 de la loi de « finance du 28 décembre 1880 seront payés par tou- « tes congrégations communautés et associations reli- « gieuses autorisées ou non autorisées et par toutes « les sociétés ou associations désignées dans cette loi « dont l'objet n'est pas de distribuer leurs produits en « tout ou en partie entre leurs membres ».

Peut-être ne sera-ce pas faire injure au législateur de remarquer, que si les travaux préparatoires nous apparaissent assez confus pour qu'on puisse en dégager une doctrine suivie un peu logique, ce n'est pas le texte précité qui pourra dissiper le vague qui plane sur l'esprit de la loi. L'article 9, à vrai dire, est une disposition étrange et l'on aurait peine à en imaginer de plus incohérente et de plus mal rédigée.

La seule chose qui paraisse s'en dégager assez nettement en ce qui concerne l'impôt d'accroissement, c'est que la taxe établie par la loi de 1880 sera dûe par les congrégations, communautés et associations religieuses, sans autre condition et alors même qu'elles n'admettent pas l'adjonction de nouveaux membres.

Peut-être aussi pourrait-on lire dans l'article 9, en traduisant très librement les mots « désignés par cette loi », et en s'inspirant de l'esprit général de la législation fiscale sur les congrégations, que les autres associations continuent à ne devoir le droit de 11 fr. 25 0/0 que si elles admettent la double clause d'adjonction et de réversion, c'est-à-dire presque jamais ; surtout que la Régie, nous l'avons vu, présume dans le silence des statuts à cet égard que les clauses d'adjonction et de réversion ne sont pas appliquées en fait et que les associés n'ont aucun droit personnel qui les appelle au partage du fonds social (1).

Mais les mots « désignés par cette loi » sont susceptibles d'une toute autre interprétation si l'on s'attache au sens littéral. En effet, d'une part, l'article 9 dit : l'impôt frappe les congrégations autorisées ou non ; d'autre part il dit encore : le même impôt frappe toutes les sociétés ou associations désignées par la loi de 1880 « dont l'objet n'est pas de distribuer leurs produits. » Or cette référence s'applique aussi bien aux associations visées par l'article 3 qu'à celles atteintes par l'article 4. Il semble donc qu'en dehors des associations religieuses, toutes celles qui doivent la taxe sur le revenu parce qu'elles n'ont pas pour objet la distribution de leurs produits, sont, par là même, soumises au droit d'accroissement, sans qu'on ait à s'occuper de savoir si elles admettent ou non la double clause d'adjonction et de réversion, si elles sont ou non reconnues d'utilité publique.

1. Voir l'Instruction 2712, § 2.

Or il n'est pas douteux qu'il n'a été dans l'esprit de personne de soumettre au droit d'accroissement les associations non religieuses reconnues et celles n'admettant pas la double clause. Cependant, c'est bien ce que dit le texte. Ici, la Régie s'est écartée de l'interprétation littérale qu'elle sait bien invoquer en d'autres circonstances : il a été entendu dans les travaux préparatoires, nous dit-elle (1), que rien n'était changé par la loi de 1884 à la situation faite par celle de 1880 aux associations ou sociétés autres que les congrégations. Voici une nouvelle limitation apportée par la Régie à un texte trop général quand il s'agit de l'appliquer à des associations qui n'ont pas le caractère religieux : « Quelle est donc cette interprétation, s'écrie
« M. de Vareilles-Sommières, qui souffle le chaud et le
« froid et tire d'une seule et même formule deux règles
« différentes pour deux catégories d'associations dont
« la situation juridique est la même ? La Régie qui se
« dit esclave du texte prend ici de singulières liber-
« tés avec son maître. On a vu la métamorphose que
« l'article 4 subit entre ses mains et voici qu'elle
« fait dire à l'article 9 à la fois oui et non et cela,
« chose merveilleuse, dans une même émission de
« voix ».

On voudra bien nous pardonner cette citation un peu longue, mais elle exprime d'une façon parfaite l'attitude

---

1. Instruction 2712. p. 11.

de la Régie à l'égard de la disposition dont il s'agit.

Si maintenant nous envisageons les sociétés civiles dont parlait la loi de 1880 en une phraséologie bizarre destinée à atteindre les sociétés qui doublent les congrégations, nous constatons une nouvelle contradiction entre l'interprétation littérale et celle suivie par la Régie et les tribunaux.

Le nouvel article ne parle plus de ces sociétés civiles, car il semble difficile de prétendre que par les expressions « sociétés ou associations dont l'objet n'est pas de distribuer leurs bénéfices », le texte désigne autre chose que les associations (1). Cette périphrase, chacun le sait, est comme une réminiscence de la précaution prise en 1880 pour tranquilliser les scrupules de certains esprits, qui comprennent difficilement les mesures exceptionnelles et arbitraires, désirant toujours voir revêtir un certain caractère de généralité aux dispositions fiscales ; peut-être aussi pourrait-elle être utilisée par les tribunaux dans les cas où ils n'auraient pu faire rentrer certaines collectivités à caractère religieux dans les dénominations « congrégations, communautés et associations religieuses. » Au reste, qu'était-il besoin de parler encore de sociétés civiles, puisque le but que servait à atteindre leur énonciation était obtenu par un autre moyen ? Ne pou-

---

1. Voir en ce sens le rapport de M. Roger Marvaise au Sénat. Sirey. *Lois annotées*, 1881, p. 69.

vait-on rendre, même dans la forme, aux sociétés l'immunité qu'elles avaient conservée en fait chaque fois qu'elles n'étaient pas constituées entre religieux ? L'article 9 donne une nouvelle énumération des contribuables assujettis à l'impôt et ne les comprend plus.

Pour soutenir le contraire, il faudrait admettre que la loi de 1884 n'a fait qu'ajouter à celle de 1880 les mots « congrégations et associations religieuses », ce qui ne prouverait pas encore irréfutablement que les sociétés civiles doivent encore l'accroissement : celles de ces sociétés seules qui étaient composées de congréganistes payaient l'impôt, nous le savons, et la loi nouvelle, en visant les unes, a implicitement laissé les autres de côté. Dans tous les cas, ces sociétés ne devraient toujours le droit que quand elles admettraient la double clause d'ajonction et de réversion, ainsi que le reconnaît la Régie.

Il en résulte donc, si l'on s'en tient à cette interprétation, que la loi de 1884 n'a pas modifié celle de 1880. D'une part les congrégations non autorisées déjà assujetties à la taxe, en fait, le sont encore. D'autre part, celles de ces congrégations qui ont versé leurs biens dans des sociétés civiles, c'est-à-dire presque toutes, sont exemptes de l'impôt, puisque, comme congrégations, elles ne possèdent rien et que, d'un autre côté, les sociétés civiles y échappent, sinon toujours, du moins chaque fois qu'elles n'admettent pas la double clause de réversion ou d'adjonction, ou même, suivant l'interprétation littérale, qu'elles ne s'interdisent pas absolument la distribution des bénéfices.

Cette solution semble s'imposer si l'on réfléchit d'une part, que les tribunaux en toute circonstance se déclarent esclaves du texte des lois fiscales et qu'ils ne sauraient, en conséquence, établir de distinction entre les sociétés civiles constituées par des congréganistes et les autres, et n'appliquer l'article 9 qu'aux premières.

D'autre part, une jurisprudence déjà ancienne, nous l'avons vu, considérait les sociétés formées par des congréganistes comme de véritables sociétés et leur appliquait le régime fiscal de celles-ci, d'après le principe général qui ordonne au fisc de s'en tenir à la propriété apparente.

Sans doute, en réalité, ces pseudo-sociétés se confondent avec la congrégation et sont de véritables associations ; mais, au faux point de vue où s'était placée la jurisprudence après la doctrine, il semblait impossible de rompre brusquement avec ce passé, en rendant une solution aussi opposée aux errements suivis jusque-là en matière fiscale et aux principes toujours admis en toute autre matière.

Cependant il n'en fut rien et, suivant la voie tracée par l'Administration en son instruction 2712, la jurisprudence déclara considérer désormais la congrégation sous son véritable jour et ne plus tenir compte des formes qu'elle revêt. Assurément, c'était réaliser un bien grand progrès, mais il est singulier que ce progrès soit resté spécial aux congrégations.

Ainsi donc, comme on pouvait s'y attendre un peu, malgré les raisons qu'elle aurait eu d'agir autrement, la jurisprudence reconnaît couramment aux sociétés civiles formées par des congréganistes le caractère d'associations religieuses et, à ce titre, les soumet à la loi de 1884 (1).

Au reste, cette jurisprudence ne contredit pas ce que nous disions un peu plus haut des sociétés civiles proprement dites : ce qu'elle taxe, ce sont les associations. La Régie elle-même a reconnu que les sociétés formées dans un but exclusivement lucratif entre religieux constituaient de véritables sociétés civiles et ne tombaient pas sous l'application de la loi de 1884 (2).

Un récent jugement du tribunal de Tulle en date du 1er juin 1899 (3), que nous avons déjà signalé dans la première partie, consacre une extension nouvelle de la jurisprudence. La congrégation des carmélites de Tulle s'était en 1883 transformée en société anonyme

---

1. Voir notamment en ce sens. Dreux 4 juillet 1893 et Cass. 4 février 1896. J. E. 24. 805. Cass. 23 janvier 1893. J. E. 24. 011. Cass. 3 janvier 1894. J. E. 24. 292. Sirey 1895-1-145.

2. Solution de l'Administration du 29 mai 1894, rapportée par la *Revue générale pratique d'Enregistrement et de Notariat*, n° 1894.

3. *Revue Générale*, n° 1894.

sous le titre de société immobilière de l'Hôpital vieux, ayant pour objet l'achat, la construction, la vente, la location de maisons. Depuis sa formation, cette société avait acquitté toutes les taxes dues par les congrégations anonymes et notamment celle de mainmorte, le droit de transfert sur les actions, de telle sorte que les impôts payés excédaient ceux qui auraient été dûs pour l'accroissement. La congrégation n'avait donc pas cherché à se soustraire à l'impôt et l'on pouvait considérer sa transformation comme réelle.

L'Administration prétendit que la société était une association religieuse et réclama le droit d'accroissement depuis 1885, tout en conservant les droits de transfert et de main morte déjà perçus.

Le tribunal reconnut l'exigibilité du droit d'accroissement, « attendu que l'acte du 15 avril 1883, n'étant qu'une vaine apparence incapable de supporter les regards de la justice, doit être écarté ».

Ce jugement, nous l'avons remarqué, établit d'une façon certaine, après une série d'autres, que les lois récentes sur les congrégations ont considéré les associations comme personnes morales seules débitrices d'un impôt spécial, quelle que soit la forme qu'elles revêtent ; mais on ne peut nier qu'il soit une dérogation aux principes dont s'était inspirée la jurisprudence pendant longtemps et à ceux qu'elle déclare toujours vouloir suivre pour interpréter littéralement les lois d'impôt.

La loi de 1884 exemptait de l'accroissement les sociétés civiles quelle que soit leur composition : l'interprétation littérale imposait l'application de cette exemption à la société anonyme immobilière de l'hôpital vieux. Cette absence de logique ne peut guère s'expliquer que par la préoccupation de servir les intentions secrètes du législateur. Cette préoccupation nous apparaîtra encore plus manifeste, quand nous aurons vu cette même jurisprudence répudier toute autre considération que la nécessité de l'interprétation littérale pour soumettre à l'impôt les congrégations reconnues.

En principe, les congrégations et associations religieuses sont assujetties au droit d'accroissement, comme à la taxe sur le revenu, par le seul fait de leur existence. Nous ne reviendrons pas sur les observations relatives à la définition de ces diverses associations qui ont été faites dans la première partie de cette étude. Cependant, rappelons que les associations visées par la loi de 1880 pouvaient n'être pas constituées à perpétuité et que cette règle s'applique depuis 1884 à toutes les congrégations et associations religieuses. M. Wahl, en une note au *Recueil périodique de Sirey* (1), se demande sur quelle raison on pourrait se baser pour distinguer les sociétés organisées à temps de celles qui doivent avoir une durée indéfinie : car, dit-il, ce serait un moyen d'échapper à l'impôt en donnant

1. Note sur un jugement du tribunal de Saint-Flour du 8 juillet 1891. S. 1894-2-284.

à l'association une durée limitée avec réserve de prorogation illimitée par un vote ultérieur. Cette raison, à vrai dire, serait insuffisante s'il n'y en avait d'autres que nous avons indiquées un peu plus haut pour s'opposer à la distinction dont il s'agit. Les difficultés d'application que peut rencontrer une loi ne sauraient influer sur son interprétation surtout en matière fiscale, lorsque le législateur a donné à l'impôt une base fictive. D'autre part, on peut très bien soutenir que le législateur a visé exclusivement les associations présentant un réel danger au point de vue de la mainmorte et qui, seules, privent à tout jamais le trésor des droits de mutation (1). Or, du moment où la possibilité d'un partage existe, le droit d'accroissement ne devrait plus être exigé. En réalité, c'est la généralité des expressions du texte qui commande l'application de la taxe dans tous les cas.

La même raison doit être invoquée pour soumettre à l'impôt les congrégations autorisées.

Cette question est celle qui a soulevé le plus de contestations sous le régime de la loi de 1884, en ce qui concerne les conditions d'exigibilité du droit d'accroissement. Elle fut soulevée dès le début de l'application de la loi et le Tribunal de la Seine, par un jugement du 18 mars 1887, confirmé en cassation le 27 novembre

---

1. En ce sens discours de M. Brisson à la Chambre, 27 décembre 1880 : *J. off.* du 28.

1889, la résolut en faveur de l'Administration (1). Mais quelques décisions judiciaires assez rares, il est vrai, ont continué à défendre l'opinion contraire, jusqu'à ce que la loi du 15 avril 1895 soit venue leur donner tort. De sorte que, malgré une jurisprudence constante de la Cour souveraine, un doute était resté dans les esprits et les congrégations avaient prolongé leur résistance. Leur thèse était d'ailleurs, nous le savons, conforme aux principes rationnels de l'association et de la personnalité morale. De plus, elle était complètement justifiée au point de vue de l'équité. Aussi, n'est-il pas étonnant que notre éminent maître, M. Wahl, l'ait soutenue avec insistance et qu'un amendement ait été proposé en 1890, par M. Piou, pour faire consacrer une exemption au profit des congrégations autorisées.

Nous allons après quelques mots sur l'équité de cette exemption, étudier successivement à ce point de vue les principes du droit positif, le sens des travaux parlementaires et l'interprétation littérale du texte.

A. — Présentée comme un droit compensateur des impôts auxquels échappent les congrégations, la taxe d'accroissement ne saurait s'appliquer aux congrégations autorisées sans violer le principe de l'égalité devant l'impôt.

On sait en effet, que la taxe de mainmorte, à laquelle

---

1. Voir le *Journal de l'Enг.*, n° 22.808 pour le jugement et Sirey, 1890, 1-53 p. 37 pour l'arrêt.

sont assujetties les congrégations autorisées à l'exclusion des non autorisées, a été instituée pour représenter les droits de mutation entre vifs ou par décès auxquels échappent les personnes morales. Sans doute, on a prétendu qu'il n'y avait pas d'inégalité dans la condition faite aux congrégations religieuses autorisées par comparaison avec celle des congrégations non autorisées. Ceci n'est exact qu'en théorie : les personnes morales sont censées n'aliéner jamais et paient un équivalent des droits entre vifs ou par décès sous forme de taxe de mainmorte. Il est vrai que cette taxe ne frappe que celles de ces personnes qui possèdent des immeubles ; mais c'est l'extrême majorité et l'on peut même dire que leur fortune est en presque totalité immobilière. D'autre part, les associations non reconnues étant réputées n'avoir aucune existence et, par suite, aucune capacité échappent à la taxe de mainmorte parce que les biens dont elles peuvent avoir la jouissance sont censés appartenir aux particuliers et ne pas sortir du commerce ; c'est-à-dire rester soumis au droit commun fiscal.

Mais, en fait, il n'en est rien : les congrégations autorisées, aussi bien que les non autorisées, acquittent les droits de mutation entre vifs pour toutes les acquisitions qu'elles font ; quant aux droits de succession, les congrégations autorisées n'en acquittent pas, mais les congrégations non autorisées n'en paient pas davantage en fait : bien souvent, elles sont installées dans un immeuble loué et, quand la propriété apparente repose sur la tête d'un ou de quelques congréganistes, ceux-ci cèdent toujours leur droit de propriété par acte entre vifs à d'autres congréganistes et n'acquittent pas de droits de succession. Quant aux meubles de la congrégation, ils sont toujours transmis de la main à la main sans supporter d'impôt.

On peut donc dire que l'application du droit d'accroissement aux congrégations autorisées, comme à celles qui ne le sont pas, aboutit à faire payer aux premières une somme d'impôt supérieure à celle qu'acquittent les secondes jusqu'à concurrence de la taxe de mainmorte, en sorte qu'il y a double emploi tout au moins en ce qui concerne les immeubles entre cette dernière taxe et les droits d'accroissement qui, comme elle, sont destinés à faire acquitter les impôts auxquels on suppose qu'échappent les congrégations. Au reste, ces droits sont les plus élevés que la législation fiscale connaisse. Tandis que les particuliers paient en moyenne 4 à 5 0/0 sur les mutations qui s'opèrent dans leur patrimoine, les congrégations autorisées paient d'abord l'équivalent de ces droits par la taxe de mainmorte; puis, à chaque retraite ou décès d'un de leurs membres, 11 fr. 25 0/0 sur la part que ce membre est réputé posséder. On commit donc cette double faute à laquelle M. Piou, dans sa loyauté, se refusait encore à croire en 1890 et qui consistait à simuler une mutation pour avoir le droit de la taxer, et cette énormité morale qui consistait à frapper deux fois le même contribuable du même impôt (1).

On a dit que c'était là une compensation des valeurs mobilières considérables possédées par les congrégations reconnues. Mais on peut faire remarquer tout d'abord que la même observation doit être faite pour les congrégations non reconnues. Elle serait même exacte à leur égard, car il est facile de comprendre que ne pouvant facilement acquérir d'immeubles, elles préfèrent, lorsque le but qu'elles poursuivent ne s'y oppose pas, constituer leur fortune en valeurs mobilières au porteur.

D'autre part, en admettant que cette fortune soit aussi considérable qu'on veut bien le dire, est-ce une raison pour surtaxer les biens des contribuables qui ne peuvent échapper à l'impôt? Et un tel système n'aboutit-il pas à frapper bien plus lourdement les congrégations dont la fortune est presque exclusivement immobilière comme la plupart des congrégations autorisées qui se consacrent à l'enseignement ou au soin des malades; tandis que d'autres dont l'Etat apprécie moins les œuvres et qui souvent n'ont pas besoin de vastes locaux, paient beaucoup moins.

M. Millerand a donné une autre excuse au double emploi que nous venons de constater (2). D'après les chiffres qu'il prétend avoir puisés à l'Administration,

1. Voir le *Journal Off.* du 8 décembre 1890, p. 2497.
2. Séance du 8 décembre 1890. *J. off.* du 9.

les particuliers paient en moyenne par an 0,16 ou 0,17 0/0 de leur patrimoine à titre de droits de mutation. La taxe de mainmorte, même depuis 1870, ne représente que 0,095 0/0. Ces données établies en tenant compte d'éléments multiples auraient besoin d'être contrôlées minutieusement. Mais, admettons-les : elles révèlent une faveur de 0,07 0/0 pour les congrégations autorisées.

Il suffirait donc d'élever la taxe de mainmorte d'autant pour rétablir l'égalité. Au lieu de cela, on leur fait payer un impôt de 11 fr. 25 0/0 en quinze ans d'après les calculs de M. Rouvier en 1880, soit de 0 fr. 75 0/0 par an, ce qui, avec la taxe de mainmorte de 0 fr. 095 arrive à un chiffre total de 0,845 au lieu de 0,17 0/0.

Enfin l'exemple des sociétés anonymes a été invoqué pour faire paraître moins rigoureuse la situation des congrégations autorisées. Il est à peine besoin de rappeler que les sociétés anonymes sont les contribuables de beaucoup les plus imposés et qu'elles diffèrent totalement des congrégations. En outre, même si l'on admet qu'elles paient la taxe de mainmorte dans une proportion identique aux congrégations, on peut faire observer qu'elles n'acquittent le plus souvent que des droits de mutation variant entre 0 fr. 50 et 7 0/0 de la valeur de l'action transmise, tandis que les congrégations paient toujours 11 fr. 25 0/0.

D'ailleurs, taxer plus lourdement ou même seulement aussi lourdement les œuvres charitables que les foyers de richesse les plus actifs, n'est pas moins faire preuve d'un sens économique défectueux que d'un sens moral douteux.

Ainsi, chacun des efforts que l'on fait pour donner une explication du cumul de la taxe de mainmorte et de celle d'accroissement aboutit à faire mieux ressortir ce qu'un tel redoublement d'impôt a d'exorbitant et de spoliateur.

Mais, sans nous attarder davantage à ces considérations d'équité qui subsistent, quelle que soit la solution adoptée sur l'application de la loi de 1884 aux congrégations autorisées, examinons maintenant quelles sont sur cette question les conséquences logiques des principes admis par le droit positif.

B. — Nous avons déjà fait observer un peu plus haut, qu'à la différence de la théorie rationnelle de l'association qui déclare l'impossibilité de l'accroissement dans toutes les associations proprement dites, la doctrine et le droit positif ne reconnaissent cette impossibilité qu'à l'égard des associations reconnues d'utilité publique. Douées d'une personnalité morale, elles possèdent en leur propre nom et indépendamment des modifications qui peuvent survenir dans leur personnel.

Comme le fait remarquer M. de Vareilles-Sommières (1), la loi de 1884, dans l'interprétation que lui donne la Cour de Cassation, jure étrangement avec tout

1. *Revue de Lille* 1891, p. 496.

le système législatif sous lequel vivent les associations reconnues. Le code, les lois et les décrets proclament la personnalité des établissements d'utilité publique et voici que la loi de 1884 vient parler d'accroissements opérés dans certains de ces établissements : on a peine à le croire. Accroissement ou réversion, dit également notre savant professeur, M. Wahl (1), suppose une dévolution de biens d'une personne à une autre. Or, la congrégation autorisée constituant une personne morale ne saurait donner lieu à une dévolution : elle hérite d'elle-même. Il y a là une règle de bon sens à laquelle on ne peut déroger.

La loi fiscale est d'autant plus incompréhensible qu'en frappant spécialement les congrégations non autorisées et en les reconnaissant seules débitrices de l'impôt, nous l'avons vu, elle leur reconnaît implicitement, aussi bien qu'aux congrégations autorisées, la personnalité morale ; tandis que, d'autre part, en supposant la réalisation d'un accroissement même chez les congrégations autorisées, elle affecte de leur retirer la personnalité que leur accorde la loi et de les réduire à l'état d'indivision pure et simple. En considérant la retraite ou le décès d'un congréganiste comme une cause d'enrichissement, cette loi aboutit à dire que plus une épidémie fera de victimes parmi les membres d'une congrégation et plus celle-ci réalisera de bénéfices.

1. Voir le recueil de Sirey 1890, 1-537.

Une autre conséquence du fait que, pour soumettre une congrégation autorisée au droit d'accroissement, il faut faire abstraction de sa personnalité morale et la supposer dissoute, c'est que la congrégation n'existant plus vis-à-vis de la loi, elle ne peut être poursuivie en la personne de son supérieur. Il faudra donc s'attaquer à chaque membre séparément et, comme d'autre part, il ne possède rien dans l'actif social, la Régie ne pourra recouvrer l'impôt.

En fait, on sait qu'au contraire la jurisprudence reconnaît la régularité des poursuites dirigées contre le supérieur des congrégations autorisées comme des non autorisées. Fort bien, mais alors qu'on ne vienne plus nous parler de dissolution ni d'accroissement effectif.

Tout ce qu'on a pu dire pour justifier cette anomalie, c'est que là où l'anéantissement de la personnalité juridique est inutile ou même nuisible, il n'a plus lieu. Mais qui ne voit dans cette explication l'aveu de l'arbitraire le plus absolu ?

Une autre explication est bien plus simple en même temps que plus exacte attendu que, seule, elle écarte les contradictions relevées plus haut. Aussi, bien que M. Wahl semble la rejeter avec horreur, parce qu'elle entraîne la reconnaissance implicite des congrégations non autorisées comme seules débitrices de l'impôt (1),

---

1. Cassation 28 décembre 1898. Sirey, 1899-1-193.

c'est-à-dire, comme personnes morales, nous n'hésitons pas à l'admettre, parce qu'elle nous paraît la seule vraie. Elle consiste à dire que le législateur ne s'est préoccupé de l'accroissement qu'en apparence, pour ne pas faire ouvertement une loi d'exception. C'est en effet pour cela, semble-t-il bien, qu'a été échafaudée cette théorie informe de la réversion déjà si mal traitée dans la loi de 1880 et tout à fait méconnaissable dans celle de 1884. On dut, comme le fait observer le jugement de Tulle déjà cité (1) « considérer les individus « composant une association reconnue ou non reconnue comme copropriétaires des biens mis en commun, « supposer qu'au décès de chaque membre, par une « sorte d'accroissement, la part du prémourant est recueillie par les survivants et qu'il est dû, par ce motif, « un droit de mutation désigné sous le nom de droit « d'accroissement ». Au reste, cette opinion a été consacrée le 2 Mai 1899 (2) par la Cour Suprême qui a cassé un jugement du tribunal d'Alençon du 23 Avril 1897 déclarant que les lois de 1880 et de 1884 avaient établi un droit de mutation non en cas de décès ou de retraite d'un congréganiste, mais en cas d'accroissement effectif. L'adoption du projet Brison à ce point de vue eût été bien préférable et l'on aurait su tout de suite

---

1. *Revue générale pratique*, n° 1894.
2. J.-E., 25.655.

à quoi s'en tenir. Au lieu de cela, on crée une fiction d'indivision pour laisser réapparaître un moment après la congrégation personne morale. Mais au fond il ne s'agit pas plus d'accroissement à titre onéreux que de donation ou de succession ; c'est ainsi que le droit est perçu non sur la valeur nette du droit mobilier comme pour les sociétés, non d'après un revenu capitalisé, comme pour les donations et successions immobilières. On désire simplement atteindre la mainmorte des congrégations, sans s'occuper si celles non reconnues admettent les clauses de réversion ou d'adjonction ou si celles reconnues comportent un fait juridique d'accroissement : on s'attaque à la mainmorte légale aussi bien qu'à la mainmorte occulte et, pour cela, en même temps qu'on perçoit un impôt sur le capital brut sous le nom de taxe sur le revenu, on établit un impôt très élevé également sur ce patrimoine brut, sous le titre de droit d'accroissement perçu à chaque retraite et à chaque décès. Rien de plus clair et de plus certain : le malheur, c'est qu'on n'en ait pas voulu convenir.

C. — Mais, dit-on, cette explication est contraire à l'esprit général de notre législation ; vous taxez moins les congrégations qui vivent en marge de la loi que celles qui s'y sont soumises et ont obtenu l'autorisation en acceptant le contrôle de l'Etat ; ces dernières en effet paient seules la taxe de mainmorte.

Cette remarque est un nouvel argument à l'appui de la théorie que nous soutenons. Peut-on parler de faveur pour les congrégations autorisées, quand nous voyons le législateur les soumettre à une tutelle si rigoureuse que certaines d'entre elles préfèrent vivre en partie, elles aussi, en marge de la loi, comme les congrégations non autorisées et se constituer, comme elles, en sociétés civiles ; lorsque nous voyons encore ce législateur les taxer d'un impôt spécial de mainmorte, alors que les congrégations non reconnues y échappent? N'est-il pas bien plus exact de dire qu'en 1884, ayant perdu tout espoir d'une entente avec les congrégations, espoir que semblait avoir encore la majorité du Sénat en 1880, le législateur ne craint plus d'encourager les résistances et s'attache à frapper la mainmorte le mieux qu'il peut, c'est-à-dire là où elle lui donne prise.

En 1849, la fortune mobilière ne pouvait guère être atteinte et du reste elle n'était pas considérable, aussi l'a-t-on en partie laissée de côté ; en 1880-1884 il n'en est plus de même ; on la redoute davantage et l'on prend des mesures pour la frapper en partie.

Tel est le véritable esprit des lois fiscales que nous étudions ; au reste, il semble bien se dégager des travaux préparatoires pris dans leur ensemble et du texte lui-même sainement interprété. On a cependant soutenu le contraire.

1° *Travaux préparatoires.* — Tout d'abord, en ce qui concerne les travaux préparatoires, remarquons avec M. Testoud (1), qu'ils contiennent des arguments

1. *Revue Critique* de 1891, p. 288.

pour toutes les opinions et qu'on aurait tort d'attacher une trop grande importance à des déclarations souvent émanées d'orateurs étrangers à la science juridique et qui, dans leur bouche, manquent de précision.

Mais quels arguments invoque-t-on?

Le législateur de 1884, dit-on, n'a pas voulu étendre l'application de l'impôt telle qu'elle résulte des termes précis de la loi de 1880 : ce n'est pas un, mais dix orateurs qui nous l'affirment et l'on cite à l'appui de cette assertion de nombreuses phrases découpées, de ci, de là, dans tout le cours des travaux parlementaires (1) et notamment cette déclaration faite par M. Roche, rapporteur à la Chambre, en terminant son discours : « La rédaction que nous proposons ne change « rien aux dispositions générales de la loi de 1880; « nous reprenons son texte en l'abrégeant et en le « simplifiant. » Cette déclaration sur laquelle on fonde tant d'espérances n'est pas aussi explicite qu'on veut le dire. Ne rien changer aux dispositions générales de la loi de 1880, ne signifie pas ne rien changer du tout; M. Roche l'avoue lui-même puisqu'il convient qu'on a simplifié le texte. D'ailleurs il est bien certain que si le législateur de 1884 reprend pour son compte l'im-

---

1. Rapporteur à la Chambre, 20 décembre 1884. *J. off.* du 21, p. 2.993. Le Commissaire du Gouvernement, *J. off.* du 28 décembre, p. 2.032 (Sénat). Le rapporteur général au Sénat le 24 décembre 1884, p. 1969.

pôt créé en 1880 sans rien changer à ses conditions d'application, il fait une œuvre parfaitement inutile. Au reste, il n'est pas bien certain, nous l'avons vu, que, dans l'esprit du législateur de 1880, les congrégations autorisées ne devaient pas être atteintes. Mais qu'il suffise de remarquer, pour nous édifier sur la portée des paroles précitées de M. Roche, que ce même M. Roche, quelques instants avant, affirmait que le seul but du texte nouveau était de faire disparaître les conditions d'application qui permettaient aux congrégations d'échapper à l'impôt et de « mettre dans la loi de 1884 « ce que le législateur de 1880 avait inscrit dans la « sienne au premier abord ».

M. de Vareilles-Sommières, d'ordinaire si perspicace, fait preuve ici d'une extrême imprudence en insistant sur cette parenté des textes de l'amendement Brisson et de la loi de 1884 : « On s'aperçoit que les rédacteurs « du second avaient le premier sous les yeux et se sont « bornés à le reproduire avec une variante. Le projet « disait : toutes les congrégations, communautés et « associations religieuses sans exception — l'article 9 « dit : toutes les congrégations, communautés ou asso- « ciations religieuses autorisées ou non autorisées. Les « mots autorisées ou non autorisées sont la traduction « et l'équivalent du mot sans exception. » (1) Et c'est précisément pour cela que la loi de 1884 vise les con-

---

1. *Revue de Lille*, 1891, p. 579.

grégations religieuses autorisées dans tous les cas.
M. de Vareilles-Sommières pense sortir du mauvais pas
où il s'est engagé en soutenant que, malgré les mots
« sans exception », le texte voté par la Chambre en
1880 ne soumettait pas les congrégations autorisées au
droit d'accroissement, au moins pour les biens de la
personne morale. Mais cette seconde assertion n'est
purement et simplement que le démenti formel de la
première ; nous ne saurions en tenir compte.

La déclaration de M. Roche citée en premier lieu
n'est donc, en définitive, qu'une de ces phrases sans
portée précise qui abondent dans les travaux parlementaires ; une de ces phrases même arrivant en manière de péroraison et dont le vague sert quelquefois
à rassurer certains esprits. Une parole de cette sorte
suivant immédiatement des déclarations beaucoup plus
explicites et plus précises ne saurait prévaloir contre
l'esprit général qui se dégage des débats parlementaires.

En premier lieu, il ne faut pas oublier, comme le
fait observer M. Jacomy au tribunal de la Seine dans
le jugement précité, que les lois de 1880-1884 ont un
but politique très marqué qui n'a échappé à personne :
c'est la guerre à coups d'impôts que l'on préfère à
l'expulsion parce qu'elle est moins scandaleuse et
permet d'atteindre les congrégations autorisées. On
est donc à peu près certain de se mettre en contradic-

tion avec le vœu de la loi en l'interprétant dans un sens favorable aux congrégations.

Ceci posé, demandons-nous quelle a été l'intention du législateur. Puisque la loi de 1884 nous apparaît comme la continuation, le perfectionnement, pourrait-on dire si l'on ne craignait d'être ironique, de la loi fiscale ébauchée en 1880, n'est-il pas fort probable que son but est le même que celui poursuivi par cette première loi et l'amendement Brisson qui l'a inspirée ? Or nous savons que l'amendement Brisson auquel est revenu l'article 9 ne se préoccupait nullement du fait juridique de l'accroissement ; il l'écartait même par le mot « ou autrement » pour rattacher la perception au fait de la retraite ou du décès du congréganiste ; nous savons également que par l'expression « sans exception », il avait entendu atteindre toutes les congrégations quelles qu'elles fussent et non pas seulement les sociétés civiles formées par ces dernières. En effet, s'il parle de ces sociétés dans son discours, (1) c'est à titre d'exemple le plus fréquent des moyens employés par les congrégations pour se constituer un patrimoine en dehors de l'autorité légale. Mais ceci ne touche plus spécialement le point de vue fiscal : c'est là une discussion d'ordre général étrangère à la distinction qu'on voudrait lui faire établir. Ces sociétés au reste ne sont pas spéciales aux congrégations non autorisées

1. *J. off.* du 10 Décembre 1880.

bien qu'elles soient peut-être plus souvent utilisées par elles : les congrégations autorisées s'en servent aussi ; d'où l'on pourrait même conclure que les deux catégories de congrégation employant les mêmes procédés, pour faire disparaître la mainmorte légale devant la mainmorte occulte, le législateur n'a voulu établir aucune distinction entre elles et les frapper des mêmes impôts.

Donc le retour au projet Brisson par la loi de 1884 marque une tendance à supprimer l'immunité dont jouissaient les congrégations autorisées sous la loi de 1880.

D'ailleurs cette dernière loi elle-même ne semble pas avoir consacré cette exemption si nettement qu'on le dit, au moins si l'on s'attache à la pensée des promoteurs de la loi qui ont obtenu son vote.

L'amendement Brisson, on se le rappelle, avait été modifié par la commission du budget sur la proposition du gouvernement pour donner à l'impôt un simulacre de fondement juridique et de généralité. Ce texte assurément était plus restrictif en ses termes que celui de M. Brisson : il parlait en effet d'accroissements opérés. Mais il semble bien que cette restriction soit restée inaperçue tant aux yeux du rapporteur de la loi lui-même, M. Rouvier, qu'à ceux de la Chambre, puisqu'un débat eut lieu précisément entre M. Rouvier et Mgr Freppel sur ce fait que les congrégations autorisées tombaient sous l'application de la loi bien qu'elles payassent dejà la taxe de mainmorte (1).

Il serait bien étrange, si telle n'avait pas été la pensée générale de la Chambre, qu'aucun membre de celle-ci n'eût pas fait observer l'immunité consacrée par le texte au profit des congrégations autorisées. Or non-seulement il n'y eut point de protestation, mais M. Rouher, un autre orateur, vint invoquer l'exemple des sociétés anonymes pour expliquer le cumul de la taxe de mainmorte et de celle d'accroissement. N'était-ce pas déclarer que l'on reconnaissait l'exactitude de la critique faite par Mgr Freppel ? Pour tout le monde donc, le texte, malgré sa forme restrictive sur ce point, visait les congrégations autorisées et leur patrimoine légal.

Le Sénat ne se contenta pas de la modification apportée par la commission du budget et refusa de viser spécialement les congrégations. A la Chambre, après le retour du projet, M. Brisson manifeste son mécontentement et déclare que les changements apportés au texte dénaturent son œuvre et sa pensée. Mais, pressé par le temps, on passe outre, se contentant de rétablir le tarif des mutations à titre gratuit. Quoi qu'il en soit, toutes ses péripéties ne détruisent pas la conviction que les congrégations autorisées sont frappées par la loi et l'on inscrit au budget une recette présumée d'après

1. Voir les Séances du 9 et du 12 décembre 1880 au *Journal officiel*.

l'importance du patrimoine de toutes les congrégations sans exception. M. de Vareilles-Sommières s'étonne que le chiffre inscrit au budget de 1885 pour représenter le rendement approximatif de la taxe d'accroissement ait été inférieur à celui des années précédentes et en conclut que le législateur de 1884 n'a pas visé les congrégations autorisées. Mais l'argument est mauvais. Nous savons d'une part que sous la loi de 1880 on avait déjà eu l'intention d'atteindre ces dernières congrégations, d'autre part que les biens possédés par les congrégations religieuses avaient considérablement diminué de 1880 à 1884. Dès lors est-il étonnant que l'évaluation de 1884 ait été inférieure à celle des années précédentes bien que les mêmes contribuables fussent visés ?

Au reste, M. Roche lui-même nous l'a dit tout à l'heure, le législateur de 1884 voulut inscrire dans sa loi ce que celui de 1880 avait mis tout d'abord dans la sienne. M. Walh, il est vrai, pense qu'il n'a pas été question de reprendre le projet de 1880 « sinon la loi « nouvelle aurait à coup sûr reproduit les termes de « ce projet qui ne laissaient place à aucun doute (1). » Mais ne peut-on pas dire en sens inverse qu'on n'a pas repris le texte de l'amendement Brisson parce qu'il aurait encore pu laisser planer une légère incertitude

---

1. Voir la note au Sirey 1890, 1.537 sous l'arrêt de Cass. du 27 novembre 1889.

résultant des mots « part dévolue » et qu'on n'a pas repris non plus le projet voté à la Chambre qui, lui aussi, parlait d'accroissements opérés et ne reproduisait pas fidèlement, nous l'avons vu, l'intention du législateur. Ne valait-il pas mieux revenir à la pensée de M. Brisson et l'exprimer d'une façon encore plus précise qu'elle ne l'était dans l'amendement en désignant les congrégations autorisées comme les non autorisées ?

2° *Texte*. — Si maintenant nous nous attachons à l'interprétation littérale du texte lui-même de l'article 9, la solution est encore la même.

Rappelons tout d'abord, comme l'a fait M. le conseiller Voisin à la Cour de Cassation le 4 novembre 1898 dans une affaire où il combattait les prétentions de la Régie, qu'on ne saurait à l'occasion des lois de 1880 et de 1884 invoquer le droit commun : l'interprétation de lois faites en vue de situations exceptionnelles doit s'attacher aux termes mêmes dans lesquelles ces lois ont été votées. Seule l'interprétation littérale sauvegarde à la fois les intérêts du Trésor et les droits des particuliers ; elle doit donc être admise fût-elle opposée aux principes ou même à la pensée intime du législateur. Mais tel n'est pas le cas. Il est du devoir du juge de s'en tenir à la lettre rigoureuse d'une disposition où les congrégations sont identifiées, dans leurs rapports avec le fisc, aux congrégations non autorisées, surtout lorsqu'il apparaît clairement que le législateur a entendu les englober toutes dans une égale réprobation.

On ne saurait donc s'arrêter à l'argument tiré d'une contrariété de législation qui, en matière de droit de mutation notamment, se produit fréquemment entre la loi civile et la loi fiscale.

On ne doit pas admettre davantage l'allégation que l'article 9 tel que l'interprète la jurisprudence est incompatible avec l'article 4 de la loi de 1880 auquel renvoit la rédaction nouvelle.

Supposons admise l'interprétation de la Cour. Qu'est-ce en définitive que le droit d'accroissement tel que l'a institué la loi de 1880, sinon un droit de mutation à titre gratuit dont la loi frappe les congrégations à clause de réversion, lorsqu'un certain évènement se produit : décès ou retraite d'un congréganiste ? Seulement, comme dans ces congrégations cet évènement donne lieu, selon la théorie classique, au fait juridique qu'on appelle accroissement, c'est ce fait juridique lui-même considéré comme résultat nécessaire du décès ou de la retraite que la loi de 1880 indique comme cause occasionnelle de l'exigibilité du droit de mutation.

Si donc le législateur veut que dans les congrégations autorisées comme dans les congrégations non autorisées le décès ou la retraite d'un membre donne lieu à la perception de ce même impôt, et qu'à cet effet il se contente de transporter celui-ci dans son texte nouveau, est-ce que cela voudra dire que cet impôt va s'y trouver transporté avec toutes ses conditions d'application, même celles qui tiennent à la nature des congrégations primitivement visées et qui sont incompatibles avec la nature de celles qu'il vise aujourd'hui ? En aucune façon : ce que le législateur va emprunter à la loi de 1880, c'est l'impôt lui-même, le droit de mutation et le fait matériel qui doit donner naissance à sa perception. Mais il ne se préoccupera plus ici du fait juridique de l'accroissement qui n'était lui-même qu'un accessoire, qu'un critérium dans la loi précédente. Il voudra dire seulement que les congrégations autorisées paieront le droit de mutation, l'impôt, dans les mêmes circonstances que les congrégations non autorisées, c'est-à-dire en cas de décès ou de retraite d'un de leurs membres. Telle a été l'œuvre de la loi de 1884 qui supprime pour toutes les congrégations le fait générateur de l'accroissement : la nécessité des deux clauses de réversion et d'adjonction indéfinies.

Mais revenons au texte lui-même de la loi de 1884. Que dit-il ? « Les impôts établis par la loi de 1884 se« ront payés par les congrégations, communautés, et « associations religieuses autorisées ou non autori« sées. » Nous le demandons à tout jurisconsulte de bonne foi, cela ne signifie-t-il pas clairement que les congrégations, communautés et associations religieuses autorisées doivent les impôts institués en 1880 aussi bien que celles qui ne sont pas autorisées ? Et cela surtout lorsque telle a été la volonté manifeste du législateur ?

On a essayé de lire l'article 9 d'une façon vraiment

singulière et qui fait preuve d'une grande imagination. Les expressions : « congrégations, communautés et associations religieuses autorisées ou non autorisées » ne s'appliqueraient pas aux deux impôts et l'article devrait être lu de la façon suivante : « L'impôt établi par l'article 3 sera payé par toutes les congrégations... autorisées ou non autorisées. » Par là on rappellerait l'article 3 mais en indiquant que désormais la distinction faite en 1880 ne sera plus suivie par les congrégations. D'autre part : « L'impôt établi par l'article 4 « sera payé par toutes les congrégations dont l'objet « n'est pas de distribuer des bénéfices quand il se « produira une réversion, mais sans qu'il soit besoin « que la clause d'adjonction soit stipulée. » Il suffit d'indiquer le procédé de lecture recommandé par les congrégations pour être édifié sur sa valeur. Nous ne nous y arrêtons pas.

M. Wahl, notre éminent maître de la faculté de Lille, propose une autre interprétation à coup sûr plus vraisemblable, mais qui dénature encore un peu le texte (1). L'article 9 ne viserait que les congrégations autorisées qui se sont constituées en société civile. Il n'était pas besoin, ajoute-t-il, de distinguer les biens appartenant à la société civile des autres biens de la congrégation, car il ne saurait être question de ceux-ci

---

1. Voir la note au Sirey 1890. 1. 537 sous l'arrêt de Cassation précité.

qui ne peuvent, par leur nature même, être assujettis à la taxe d'accroissement. Mais c'est là une affirmation toute gratuite. Nous savons au contraire que le législateur n'a entendu faire preuve ni en 1880, ni en 1884 d'un esprit bien juridique, que cette considération lui est restée étrangère en fait quoique la forme introduite par le Sénat semble dire le contraire.

La mention des congrégations autorisées a d'ailleurs sa raison d'être, poursuit M. Wahl, car si on n'avait parlé que des congrégations non autorisées, les tribunaux auraient pu déduire de ce silence que les sociétés civiles formées entre les membres des congrégations autorisées continuaient d'être régies par la loi de 1880 en ce qui concerne les conséquences d'exigibilité de l'impôt. On avouera que l'argument est un peu subtil ; au reste on peut y répondre d'une façon péremptoire selon nous.

Tout d'abord, la restriction, indiquée par M. Wahl, semble en opposition absolue avec l'intention de M. Brisson telle qu'elle nous est apparue un peu plus haut.

Il est également inexact de dire que si la loi de 1884 n'avait pas visé spécialement les congrégations autorisées, le fisc n'aurait pu atteindre les sociétés civiles que selon les conditions d'exigibilité de la loi de 1880 : ces sociétés constituent en effet, ainsi que le reconnaît une jurisprudence constante, des associations religieuses et, à ce seul titre, doivent la taxe d'accroissement.

D'autre part encore, l'expression « congrégations autorisées » n'a jamais été synonyme de celle de sociétés civiles, or, si réellement le législateur de 1884 avait visé spécialement ces sociétés civiles, ce n'est pas en mettant dans son texte le mot « congrégations autorisées », qu'il les auraient atteintes, puisqu'elles auraient dû l'être non en tant que congrégations, mais en tant que sociétés civiles. Comme le fait en effet remarquer M. Testoud (1) si le mot « autorisées » ne doit s'appliquer que dans le cas où une société civile est formée, ce n'est plus la congrégation elle-même qui est frappée, mais la société civile ; or cette société était déjà frappée sous la loi de 1880 et le mot « autorisées » perd donc toute utilité.

M. Wahl a répondu à cette critique (2) que la loi de 1880 ne soumettait les sociétés civiles au droit d'accroissement que si ces sociétés admettaient la double clause d'adjonction et de réversion, tandis que celle de 1884, ayant supprimé ces deux conditions, a par ce fait consacré une innovation préjudiciable aux congrégations autorisées.

On peut se demander si la pensée de M. Testoud a été parfaitement saisie par M. Wahl et si la réponse correspond bien à la critique du savant professeur de

1. *Revue critique* de 1891, p. 288.
2. *Revue critique* de 1893, p. 143.

Grenoble. La société civile, pense ce dernier avec beaucoup de raison, ne peut être atteinte en tant que société civile indépendante d'une association, car ces sociétés ne sont pas visées par la loi de 1884, nous l'avons vu, et les mots « congrégations autorisées » ne sauraient désigner une société. Mais, même la chose fût-elle possible, qu'il n'en résulterait aucune aggravation pour les congrégations autorisées en tant que congrégations, nous l'avons fait observer déjà un peu plus haut.

Donc, cette société sera frappée en qualité d'association religieuse non autorisée et dès lors le mot « autorisées » n'a plus d'utilité ; car, avec la meilleure volonté du monde, on ne peut admettre que l'on désigne par une association autorisée une association qui ne l'est pas.

On ne saurait non plus alléguer, comme l'a fait M. de Vareilles-Sommières (1) qu'on est ici en présence d'une simple incorrection de langage dont le législateur se rend souvent coupable. Il ne s'agit plus ici, en effet, de désigner les congrégations et autres associations religieuses par la dénomination générique de sociétés ou associations qui admettent l'adjonction de nouveaux membres. Le procédé employé par l'article 4 notamment consiste à englober l'espèce dans le genre ; mais la réciproque n'est pas possible : on ne

1. *Revue de Lille* de 1891, p. 506.

peut désigner le genre par l'espèce. Aussi quand le rapporteur général du budget est venu dire : « Il faut « appeler les congrégations par leur nom et mettre dans « votre loi ce que le législateur de 1880 avait mis dans « la sienne au premier abord », il est impossible de soutenir que l'expression « congrégations autorisées », c'està-dire un nom d'espèce d'association désigne le genre ou plutôt une autre espèce d'associations : la société. S'il est vrai que le législateur en France n'est pas jurisconsulte et ne se pique pas de la science des nuances, encore n'est-il pas dépourvu de tout sens commun.

Donc en définitive, pour que le mot « autorisées » ait une portée, il est de toute nécessité qu'il s'applique aux congrégations, à toutes les congrégations et rien qu'aux congrégations (1).

Malgré l'exactitude certaine de ces remarques, nous devons toutefois reconnaître avec M. de Vareilles-Sommières, que si le mot « autorisées » dans la théorie des congrégations n'a pas de portée vis-à-vis du droit d'accroissement, il en conserve une en ce qui concerne la taxe sur le revenu visée, elle aussi, par l'article 9. Cette taxe, on le sait, a toujours frappé les congrégations autorisées : il était donc utile, sinon indispensable, de les désigner spécialement. Mais cette considération n'ôte rien, croyons-nous, à la valeur des arguments par lesquels nous avons défendu la théorie de

1. Voir en ce sens les attendus du Tribunal de la Seine au jugement précité du 18 mars 1887. *J.E.* n° 22.808.

la Régie et de la Cour. Il semble bien en effet que le législateur ait disposé les mots « autorisées ou non autorisées » de façon qu'il soit impossible de les appliquer à l'impôt « établi par l'article 3 » à l'exclusion de celui « établi par l'article 4 ». Son intention est, en effet, que toutes les congrégations paient l'un et l'autre impôt et c'est peut-être pour cela qu'il a condensé sa pensée en un seul article.

En résumé, ne ressort-il pas de toute cette longue discussion que l'interprétation littérale du texte qui s'imposait aux tribunaux était conforme aux travaux préparatoires et à l'esprit du législateur, ne laisse place à aucun doute et commande de soumettre à l'impôt les congrégations autorisées comme celles qui ne le sont pas, en leur seule qualité de congrégations.

Les difficultés qu'avait rencontrées l'application de la loi de 1880 avaient eu pour cause la désignation incomplète qu'avait faite cette loi des congrégations visées et le législateur de 1884 avait dû revenir à une rédaction analogue à celle de l'amendement Brisson qui avait exprimé clairement son intention. Seulement, il avait encore eu le tort de ne pas répudier catégoriquement toute prétention de donner une base juridique à l'impôt ; d'où les résistances prolongées qu'il rencontra surtout de la part des congrégations autorisées de femmes chez lesquelles l'impossibilité d'un accroissement se manifeste d'une façon encore plus palpable que chez les autres associations. Leurs membres en effet n'ont, même en théorie et dans le droit positif, aucun droit éventuel au partage des biens en cas de dissolution (1).

Plusieurs tribunaux consacraient les prétentions de ces congrégations, mais leurs jugements furent tous cassés (2).

Les conséquences rigoureuses, auxquelles conduit l'interprétation logique et littérale d'un texte, font ressortir davantage combien ces lois que l'on a déclaré faites uniquement en vue de rétablir l'égalité en sont, en réalité, la négation certaine, en même temps qu'elles témoignent d'une absence complète de franchise vis-à-vis des congrégations auxquelles les reproches de fraude et de dissimulation n'ont pourtant pas été ménagés. C'est cette préoccupation constante de paraître appliquer une sorte de droit commun aux congrégations qui a laissé substituer dans l'article 9 et aussi, nous le verrons, dans l'article 3 de la loi du 16 avril 1895, cette expression regrettable de « sociétés et associations » qui vient toujours en manière de péroraison rendre obscur un texte clair à son début.

L'injustice dont faisait preuve en fait le législateur vis-à-vis de certaines congrégations qui rendent de

---

1. Loi du 24 mai 1825.
2. Cf. Yvetot 19 février 1891. J. E. 23. 537. Cassé le 29 mai 1894. S. 1894. 1. 519. Vitré, 7 juin 1893. Cassé le 27 janvier 1896. S. 1897. 1. 292.

réels services à la société émut certains de nos représentants.

§ 3. — Loi du 16 avril 1895.

L'impôt revêt son véritable caractère d'impôt exception

En 1890, M. Piou, reprenant l'amendement Clément au Sénat, proposa d'affranchir de l'accroissement les biens des congrégations autorisées acquis en conformité de leurs statuts approuvés et en vertu d'une autorisation du gouvernement (1). On voulait faire cesser l'anomalie que nous avons remarquée de la protection accordée en principe par l'Etat et de la guerre sourde qu'il fait à ses protégés.

Une nouvelle tentative fut faite en 1892 pour mettre fin aux abus les plus criants du système fiscal. Il s'agissait de la question des déclarations multiples que nous examinerons au chapitre suivant (2). Mais, M. Brisson sut encore faire écarter la réforme équitable que l'on proposait (3).

Le projet du gouvernement fut cependant inséré dans la loi de finances de 1893. Mais la loi n'ayant pas été votée avant le premier janvier 1895, on dut sus-

---

1. Voir le *J. off.* du 9 décembre 1890, p. 2506 et Sénat : 23 décembre 1890, p. 1293.

2. Projet du gouvernement déposé le 4 juin 1892.

3. Voir au *J. Off.* les séances du 4 juin 1892 ; 11-12 février 1893, p. 531.

pendre la prescription décennale acquise pour les accroissements survenus depuis la loi de 1884 et qui n'avaient pas encore acquitté l'impôt. Enfin, la loi du 16 avril 1895 fut votée et vint mettre fin à la controverse élevée par les congrégations autorisées. Son article 3 est ainsi conçu :

« Le droit d'accroissement établi par les articles 4 de
« la loi du 28 décembre 1880 et 9 de la loi du 29 dé-
« cembre 1884 est converti en une taxe annuelle et
« obligatoire sur la valeur brute des biens meubles et
« immeubles possédés par les congrégations, commu-
« nautés et associations religieuses autorisées ou non
« et par les autres sociétés et associations désignées
« dans les lois précitées ».

De nombreuses déclarations faites au cours des débats parlementaires prouvent que les associations frappées sous les lois antérieures le sont encore et que, parmi ces associations, figurent les congrégations autorisées (1).

Le projet du gouvernement avait même un mérite que n'a pas le texte définitif. Il exprimait l'esprit qui avait inspiré les lois de 1880 et de 1884 sans dire rien de plus, comme l'avaient fait ces lois : seules les congrégations et associations religieuses étaient visées. Sans doute, il n'abrogeait pas explicitement les dispositions des lois antérieures concernant les associations

---

1. Voir le *Journal off.* du 19 mars 1895, p. 1.021, Chambre

non religieuses ; mais il est facile de comprendre que s'il faisait disparaître vis-à-vis des seules congrégations et associations religieuses les conditions d'exigibilité de l'impôt qui rendaient sa perception impossible en fait, c'est que cette perception ne devait pas être poursuivie contre les autres congrégations.

L'article 1 de projet contenait :

« Pour tenir lieu des droits d'accroissement aux-
« quels les lois du 28 décembre 1880 et 29 décem-
« bre 1884 ont assujetti les congrégations, communau-
« tés et associations religieuses autorisées ou non au-
« torisées, il est établi une taxe annuelle » (1).

C'est un amendement de M. Clausel de Coussergues qui fit étendre l'application de la loi aux autres associations (2).

Il résulte donc indubitablement, ainsi que le fait remarquer l'instruction n° 2.882, que la taxe sera payée :

1° Par toutes les congrégations, communautés et associations religieuses autorisées ou non autorisées sans distinction ni exception ;

2° Par toutes les sociétés ou associations dont les statuts contiennent la double clause d'adjonction et de réversion prévue par l'article 4 de la loi de 1880 et confèrent implicitement ou explicitement aux associés sur les valeurs communes un droit personnel qui les

---

1. Voir ce texte au *Répertoire périodique de Garnier*, n° 7.994.
2. Séance de la Chambre du 19 mars 1895.

appelle au partage de ces valeurs, à la dissolution de l'entreprise.

La rigueur spéciale dont on fait preuve vis-à-vis des seules congrégations apparaît donc bien nettement, surtout si l'on pense que ces sociétés ou associations, auxquelles on fait un sort d'ailleurs assez tolérable, n'existent pas en fait. En effet, ni les sociétés civiles, ni les sociétés commerciales proprement dites ne sont atteintes et, parmi les associations, celles qui ont le caractère religieux et se rattachent à des congrégations pratiquent seules les clauses d'adjonction et de réversion. L'amendement Clausel de Coussergues semble donc n'être qu'une phraséologie bizarre, quelque chose comme de la poudre aux yeux, destinée à laisser aux moins perspicaces une dernière illusion d'égalité.

Il ressort donc du nouveau texte, encore plus nettement que des précédents, que l'impôt est perçu indépendamment de toute mutation réelle ou fictive : le fait générateur n'est même plus la retraite ou le décès, circonstance qui pouvait donner le change, mais la seule existence de la congrégation. Ainsi, plus de doute possible, il s'agit bien d'une taxe spéciale aux congrégations et dépourvue de toute portée juridique.

Il a donc fallu arriver en fin de compte à parler clairement comme l'avait fait l'amendement Brisson dès le début de la campagne. Au reste, l'opinion publique ne s'y était pas trompée et les lois de 1880 et de 1884 ont toujours été considérées comme des lois spéciales aux congrégations et destinées à les combattre.

Tant qu'on le fait reposer sur une mutation, le droit d'accroissement ne tient aucun compte de la nature intime de l'association désintéressée. Il semble ne prendre en considération que l'extériorité et pour ainsi dire la visibilité des opérations juridiques intervenues. Telle a été l'erreur de la Régie qui a feint de ne pas comprendre que le législateur s'en était tenu aux apparences, à un fait facile à saisir pour des esprits étrangers à la science juridique, et qui a tenté d'approfondir la nature de cet accroissement simulé sans reconnaître en lui un simple masque, un prétexte à la perception d'un droit élevé.

La jurisprudence, se plaçant parfois au même point de vue, s'est heurtée au texte et à l'esprit du législateur qui l'obligèrent à écarter les justes prétentions des congrégations autorisées.

Les difficultés que nous avons relevées au cours de ce chapitre nous ont prouvé, une fois de plus, que c'est le propre des lois mal conçues d'introduire dans leur texte des expressions nouvelles, sans prendre la peine de les définir.

CHAPITRE II

Détermination de la valeur imposable.
Liquidation et tarif du droit d'accroissement.

§ 1. — La Régie s'est inspirée de principes contradictoires pour fixer la valeur imposable. Difficultés qui en sont résultées.

Nous allons avoir à renouveler, à propos de la valeur imposable, des observations analogues à celles que nous ont suggérées les questions étudiées au chapitre précédent. Ici encore, la nature intime de l'association a été méconnue ou plutôt n'a pas été prise en considération par le législateur pour l'établissement de l'impôt. Il semble, en effet, qu'on se soit attaché à un fait matériel, considéré comme critérium de perception, bien plutôt qu'à un fait juridique, qui ne pouvait se produire qu'en supposant détruite la personnalité des associations. Car, une autre disposition de la loi déclarait ces associations débitrices personnelles de l'impôt à l'exclusion de leurs membres, ce qui sous-entend la personnalité morale.

En réalité, c'est la Régie et la jurisprudence qui ont

tenté de découvrir une base juridique à la taxe, en supposant que le législateur avait entendu considérer les congrégations et autres associations qu'il frappait, comme un simple agrégat d'individus et feindre un accroissement là où il ne peut y en avoir naturellement.

Enchevêtrées dans cet imbroglio, elles ont été contraintes de se réclamer tantôt de l'esprit et tantôt du texte de la loi, le plus souvent en désaccord.

Depuis la loi de 1895, il n'est plus guère possible de prétendre que le législateur ait voulu détruire la personnalité des associations pour édifier une fiction d'accroissement en attribuant aux congréganistes, pour les besoins de la perception fiscale, une propriété que leur refusaient les canons de leur ordre. On voit au contraire, plus ou moins confusément, un être moral frappé d'un impôt spécial proportionné à son patrimoine et, à côté de lui, des administrateurs et des usagers de ce patrimoine.

Tant qu'on a prétendu percevoir la taxe d'accroissement chaque fois qu'une mutation s'opérait réellement et seulement dans ce cas, on était obligé de s'écarter du principe même de l'accroissement aussitôt après l'avoir admis. Ainsi, on sait que ce fait juridique constitue une mutation à titre onéreux; donc le droit d'enregistrement correspondant à cette mutation aurait dû logiquement être perçu : or, la loi avait imposé le droit de mutation à titre gratuit. D'autre part, s'il y avait mutation onéreuse, l'impôt devait être perçu sur la valeur nette transmise ; or, la loi reconnaît applicable les règles des donations et successions.

L'article 4 contient en effet :

« Les accroissements sont assujettis au droit de mu-
« tation par décès et de donation d'après la nature des
« biens existant au jour de l'accroissement. La liqui-
« dation et le paiement de ces droits auront lieu dans
« la forme, dans les délais et sous les peines établies
« par les lois en vigueur pour les transmissions d'im-
« meubles ».

Quant à l'article 9, la seule disposition qu'il contien-
ne relativement à la valeur imposable, semble ne con-
cerner que l'impôt sur le revenu : « La taxe est acquit-
« tée, dit-il, sur la remise d'une déclaration détaillée,
« faisant connaître distinctement la consistance et la
« valeur de ces biens ».

L'Administration, nous le savons, a interprété la loi en supposant qu'elle répute la congrégation dissoute au moment où s'opère, ou est censé s'opérer l'accroissement ; donc, elle substitue un droit véritable de copropriété à un droit mobilier, à une part d'intérêt comme objet de l'accroissement. Au fond, la différen-
ce n'est pas bien grande, on l'a vu, et la fiction existe dans les deux cas ; seulement, au point de vue de la liquidation de l'impôt, on rencontre en dehors de la différence de tarif qui, ici, importe peu, d'autres différences qui ont leur intérêt.

La Régie semble s'être inspirée dans son interprétation de ce que le droit d'accroissement est dû d'après la nature des biens existants. Ce n'est donc plus, en conclut-elle, le droit incorporel qui est considéré comme transmis, mais la portion indivise de chacun des biens (1). D'autre part, la liquidation devant être faite d'après les règles relatives aux transmissions d'immeubles à titre gratuit, elle en conclut que l'impôt sera perçu sur la valeur des biens sans distraction des charges. Cette application aux valeurs mobilières des règles spéciales aux immeubles est une dérogation exorbitante aux principes ordinaires de perception.

Mais, du moment où la Régie se place au point de vue d'un accroissement réel, elle est obligée d'accepter ces conséquences pour pouvoir se conformer au texte précité de l'article 4.

En s'attachant davantage à l'intention réelle du législateur telle que nous avons essayé déjà de la dégager, et qui consiste simplement à percevoir un impôt élevé à l'occasion d'un fait matériel, on aboutit à des solutions sensiblement différentes de celles admises par la Régie, tout en observant le texte.

On voulait substituer le tarif gratuit au tarif onéreux parce qu'il est plus élevé et que, pour le public, il répond à l'apparence extérieure de l'accroissement. Pour cela, que fait-on? On déclare suspect un certain contrat parce qu'il intervient souvent entre religieux, et on

1. *Instruction générale*, n° 2651, § 53.

le met hors du domaine de la liberté des conventions. Puis, pour échapper à l'interprétation des tribunaux, on décide que l'existence d'une clause d'accroissement donnera lieu à des mutations et que ces mutations seront présumées se réaliser à titre gratuit.

D'autre part, on veut un impôt qui pèse lourdement sur les biens de mainmorte et auquel on ne puisse se soustraire en partie par une évaluation trop faible de la part de chaque congréganiste.

Le seul moyen pour cela, c'était d'abandonner le droit mobilier des membres qui ne permet aucune vérification puisqu'il n'a pas de cours officiel et qu'en réalité, il n'est pas cédé. Il fallait baser la perception sur quelque chose de plus matériel, sur les biens en nature d'après déclaration et, pour être plus sûr du résultat et rendre l'impôt obligatoire, déclarer applicables les règles de mutation immobilière.

C'est ce que l'on fit à la Chambre sans que le Sénat le modifiât puisque cela s'accordait avec le tarif des mutations à titre onéreux. Au reste, ce système, quelque exceptionnel qu'il fût, restait à l'abri de la critique, puisqu'il constituait simplement une suite d'expédients sans portée juridique; quelque chose comme des mesures de police.

Mais il n'en était pas de même, nous l'avons fait pressentir tout à l'heure, du système de la Régie. Il en résulte notamment que la valeur imposable est représentée par la fraction qui appartient ou est censée appartenir à l'associé dans chacun des biens de la congrégation.

Cette fausse conception qui a déjà causé les difficultés que nous avons examinées au chapitre précédent ne paraissait guère pouvoir subsister quand la loi de 1884 eut assujetti à la taxe les congrégations autorisées qui, même en droit positif, sont propriétaires exclusives de leurs biens. Mais la Régie préféra, en invoquant le texte, détruire fictivement la personnalité morale des établissements d'utilité publique, pour maintenir sa conception invraisemblable.

D'autre part, l'Instruction 2654 nous dit que le droit d'accroissement est un « impôt de mutation proprement dit » qui devient exigible par le fait de la « trans« mission résultant de l'accroissement qui prend, « seulement alors, naissance de la même manière que « le droit de mutation par décès applicable à une dis« position antérieure de dernière volonté. » Il s'en suit que les accroissements opérés dans les conditions prévues par l'article 4 sont passibles du droit de succession ou de donation.

Cette assimilation complète de l'accroissement à une donation ou à une succession semble tout à fait contraire à l'intention du législateur ; la loi de 1895 en est venue donner la preuve. La taxe d'abonnement qui remplace le droit d'accroissement n'a d'autre cause génératrice que l'existence d'un capital mobilier ou immobilier appartenant aux contribuables qui y sont assujettis. En la considérant comme un droit de mutation à titre gratuit, la Régie se voit dans l'obligation d'appliquer les règles spécialement rigoureuses de ces mutations. Les charges ne peuvent être déduites pas plus que le passif. Sans doute, l'Administration ne rend pas la loi plus sévère qu'elle ne l'est ; mais, dans la théorie de la Régie, cette sévérité revêt un caractère particulièrement odieux. En effet, ce n'était pas assez d'un côté de considérer les congrégations comme de véritables sociétés pour les taxer sur un revenu imaginaire, calculé suivant un forfait invraisemblable, et en même temps de leur refuser ce caractère de sociétés qu'on s'attache, au point de vue du premier impôt, à établir avec tant de soin et de le refuser uniquement pour n'avoir pas à considérer l'accroissement tel qu'il peut se produire dans les sociétés, c'est-à-dire en portant exclusivement sur la valeur nette du patrimoine, charges déduites,— il fallait encore, par une nouvelle contremarche destinée à percevoir l'un des droits liquidés le plus injustement parmi ceux d'enregistrement, aboutir à une situation où l'accroissement n'est plus une mutation, pour exiger l'impôt d'après le taux le plus élevé qu'on connaisse. Autrement dit, l'accroissement, lorsqu'il se réalise dans une société, doit donner lieu à la perception d'un droit de mutation à titre onéreux, liquidé sur la valeur réelle qui est son objet et suivant les règles propres à cette valeur. Dans les congrégations, bien qu'il ne puisse exister en réalité, il est taxé d'un droit de succession ou de donation entre étrangers et cela, sur la valeur brute des biens qui sont censés faire l'objet de l'accroissement et suivant les règles plus rigoureuses des transmissions d'immeubles.

Ce n'est pas tout encore. Il résulte des principes posés par l'Administration qu'à chaque décès ou retraite, la valeur imposable consiste dans la fraction qui était censée appartenir à l'associé cessant de faire partie de la congrégation, dans chacun des biens du patrimoine social (1). Or, cette portion est déterminée par le pacte social toutes les fois qu'il existe un acte constatant les apports et elle est proportionnée à la valeur de ces apports, comme dans la société ordinaire. C'est donc sur cette part et non sur la part virile déterminée également pour tous les congréganistes que le droit d'accroissement sera perçu. Il est donc manifeste que, par une nouvelle fiction et une dernière contremarche, on revient à cette assimilation de la congrégation à une société.

En fait sans doute, comme les apports sont rarement constatés en un acte, le droit est, le plus souvent, perçu sur la valeur brute du patrimoine divisée par le nombre des congréganistes. Mais, ceci ne modifie pas

1. Voir le traité aphabétique de M. Maguéro v° congrég. n°ˢ 117, 118.

le principe posé plus haut qui consacre une nouvelle singularité de la doctrine soutenue par la Régie.

A l'occasion de la détermination du nombre des congréganistes pour le calcul de la part de chacun, on s'est demandé si les religieux convers devaient être comptés. D'après la loi religieuse qui seule est observée en fait, la qualité de religieux n'est reconnue qu'aux membres d'une congrégation qui se sont liés irrévocablement vis-à-vis d'elle par des vœux définitifs qu'elle impose. Mais la Régie, déclarant que les distinctions établies entre religieux par les usages et règles particulières d'une congrégation ou par les lois économiques sont inapplicables à la loi civile, compte parmi les religieux mêmes les convers. Logiquement, elle devrait aussi compter tous les membres d'une congrégation repartis sur tout le globe et, d'autre part, faire le total de tous les biens possédés par cette congrégation en tous lieux. Cependant, elle n'a pas été jusque-là en raison des difficultés qu'elle aurait, pour certaines grandes congrégations, de connaître à chaque instant le nombre exact des membres de la congrégation.

Cette question a un intérêt plutôt théorique que pratique, puisque, seules les congrégations reconnues de femmes ayant des succursales que notre loi considère comme faisant partie intégrante de la congrégation, peuvent présenter les difficultés prévues ; mais elle est une nouvelle preuve des obstacles que rencontre tout système reposant sur une base fictive.

§ 2. — **Biens assujettis.**

Propriété apparente. — Exonérations. — Nouvelles difficultés.

Maintenant que nous sont connus les principes généraux dont s'inspire la Régie pour la détermination de la valeur imposable, il nous reste à dire quelques mots de cette valeur elle-même et des biens dont elle se compose.

A ce sujet, la loi de 1895 est la seule qui s'exprime nettement à cet égard : le droit d'accroissement ne frappe que les biens possédés. D'ailleurs, sous les lois précédentes, on les atteignait aussi seuls en fait.

Nous ne faisons que mentionner une déclaration de M. Ribot, Président du Conseil, faite le 12 avril 1895, qui rappelle les paroles prononcées par le même orateur en 1880, sur le sens du mot « possédés ». Ce sens est le même que pour la taxe sur le revenu et nous nous contentons de renvoyer aux explications données à ce sujet dans la première partie de cette étude. Toutefois, il n'est peut-être pas inutile de rappeler la définition contenue en l'instruction 2.712 : « Les biens pos-
« sédés sont ceux, dit-elle, dont la propriété ou l'un de
« ses démembrements appartient personnellement à
« l'association » et les biens occupés sont ceux « qui
« appartiennent à des personnes étrangères à la com-
« munauté ou à quelques-uns de ses membres, qui lui

« en ont abandonné la jouissance à titre gratuit ou à
« titre onéreux ».

Cette définition, nous le constaterons, n'a pas toujours été scrupuleusement observée par l'Administration. En principe, les biens occupés n'ont jamais été soumis à l'impôt d'accroissement (1). Et cependant, on aurait pu comprendre, à la rigueur, étant donné le véritable caractère de l'impôt d'accroissement, qu'il ait frappé non seulement les biens possédés en droit, mais aussi ceux possédés en fait par les congrégations. La plupart des congrégations non autorisées sont installées dans des immeubles dont elles n'ont pas la propriété apparente, mais qu'elles occupent à un titre quelconque et dont, en réalité, elles ont payé le prix. N'eût-il pas été juste de frapper ces biens? Sans doute, mais la définition admise par la Régie et sa théorie sur la réalité de l'accroissement s'y opposaient.

Cependant, en fait, elle est parvenue quelquefois à taxer autre chose que des biens possédés tels qu'elle les définit : par exemple, des biens possédés sous condition résolutoire, à titre temporaire (2). Les biens des congrégations autorisées de femmes sont dans une

1. Voir notamment dans ce sens une déclaration de M. Ribot Séance du 12 avril 1895. Sirey. *Lois annotées* 1895, p. 1051 1 col. et en sens contraire un arrêt isolé de la cour de Cassation du 27 janvier 1896. S. 97. 1292.

2. Cf. Cass : 28 novembre 1893. S. 1894-1-369 et 27 janvier 1896. J. E. 24.773.

situation analogue depuis 1825. De même l'Administration a décidé bien souvent et fait consacrer assez récemment encore par la Cour de cassation l'exigibilité du droit d'accroissement à raison de biens acquis par des congréganistes et déclarés par la suite appartenir en réalité aux congrégations. La chose s'était présentée assez fréquemement sous le régime du décret de 1852 dont on a eu déjà l'occasion de parler (1).

L'arrêt de cassation précité mérite un examen particulier. La supérieure d'une congrégation reconnue avait acheté un immeuble au nom et avec les deniers de cette congrégation en promettant de rapporter l'autorisation gouvernementale. Il était toutefois stipulé qu'à défaut de cette autorisation, la supérieure serait réputée s'être engagée en son nom personnel. L'autorisation fut refusée ; mais la Régie n'en fit pas moins déclarer l'exigibilité du droit d'accroissement, bien que l'immeuble fût simplement occupé par la congrégation d'après la définition de l'Instruction 2.712. La propriété apparente qui doit seule être envisagée par le droit fiscal reposait assurément sur la tête de la supérieure et non sur celle de la congrégation, bien que la Régie ait soutenu le contraire. Le journal de l'*Enregistrement* avait d'abord été de cet avis en rappor-

1. Voir les solutions des 13 mars 1888. 3 mars 1890. 28 août 1890. 11 mars 1892 et l'arrêt de Cassation du 14 novembre 1898. Sirey 1899-1-149.

tant le jugement qui donna lieu à l'arrêt (1) ; puis, après cet arrêt, il tenta de justifier la prétention de la Régie en s'appuyant sur ce fait que la supérieure ayant agi au nom de la communauté qu'elle représentait, le contrat s'était formé entre les vendeurs et la communauté (2). En réalité, la supérieure s'était personnellement engagée en se «portant fort », pour sa congrégation et déclarait qu'à defaut d'autorisation gouvernementale, elle « resterait acquéreur pour son compte personnel ». Comme le fait observer M. Wahl en une note sous l'arrêt, la communauté n'était propriétaire que sous condition suspensive ; or, même en matière fiscale, un immeuble n'est pas considéré faire partie du patrimoine d'une personne qui n'en aura la propriété qu'après la réalisation de la condition suspensive (3). Dans le même sens, l'immeuble acquis par un congréganiste pour le compte de l'ordre dont il fait partie reste sa propriété personnelle tant qu'il n'est pas entré juridiquement dans le patrimoine de la congrégation soit qu'elle n'ait pas d'existence légale, soit qu'elle n'ait pas été autorisée à l'acquérir (4).

On pourrait dire, à la vérité, que, si le membre est

---

1. Jugement du tribunal de Millau du 17 juillet 1897. J. E. n° 25. 302.

2. *Journal de l'Enregistrement* n° 25. 515.

3. Voir Cassation. 28 novembre 1893. S. 1894-1369.

4. Cf. Cass. 11 Avril 1877. S. 1877-1-225. 26 juillet 1880. S. 181-1-132. 18 Avril 1884. S. 1885-1-226.

seul propriétaire apparent du bien, la congrégation le possède en fait, qu'elle en aura presque toujours payé le prix et que le législateur fiscal a visé ce fait de la possession. Telle semble bien en effet avoir été la véritable intention de la loi de 1880 et l'on se souvient que M. Ribot dans la définition précitée disait que « le *fait de la possession* pouvait bien être visé » sans que la propriété dût être engagée (1).

Dans ce sens le tribunal de la Seine a déclaré possédés des biens dont la propriété repose sur la tête d'un tiers et qui appartient en fait à la congrégation (2). Mais cependant, il ne semble pas que la Régie puisse avoir une telle prétention si elle reste fidèle à la définition qu'elle a donné des biens possédés et occupés. D'après cette définition, les biens dont la propriété apparente appartient à un tiers ou à quelques congréganistes sont seulement occupés par la congrégation, et cela d'ailleurs n'est que la conséquence forcée de la prétention soutenue par la Régie que le droit d'accroissement doit avoir une base juridique, doit correspondre à une mutation de propriété (3). On pourrait dire qu'en cette occasion, l'Administration joue sur les mots :

1. Séance du 12 avril 1895.

2. Jugement du 4 juin 1899, rapporté par le *Répertoire périodique* de Garnier, n° 9.188

3. Voir les solutions des 17 mars 1891, 25 mai 1891 rapportées par M. Magnéro V° congrégations n° 120 qui exemptent ces biens de la taxe.

Elle se réclame du principe que le droit fiscal ne tient compte que de la propriété apparente et en conclut qu'à ce titre l'immeuble que la congrégation possède en fait doit supporter l'impôt. Mais par propriété apparente dans le principe posé, on estime la propriété d'après les actes et non pas la possession extérieure : cela est certain. Nous voici donc dans une hypothèse où la loi doit s'appliquer, mais pour laquelle la Régie ne peut exiger l'impôt qu'en violant formellement les principes qu'elle a posés.

La même constatation peut encore être faite dans le cas où l'immeuble est la propriété indivise apparente, d'après les actes, de certains membres d'une congrégation. Le tribunal de Guingamp a exempté cet immeuble de la taxe (1). Il lui suffit pour cela de faire déclarer par les tribunaux que l'indivision constitue une association et doit la taxe sur les biens dont elle est propriétaire. La question de savoir dans quels cas l'indivision peut être considérée comme une association doit être laissée à l'appréciation des tribunaux. Mais remarquons seulement les difficultés que s'est créées la Régie avec sa théorie de l'accroissement effectif qui lui a dicté les définitions incomplètes et trop restrictives des Instructions 2712 et 2882.

La loi de 1895, on doit le reconnaître, a fait disparaître une des conséquences les plus rigoureuses du droit d'accroissement : l'article 3 § 2 dispose :

1. Jugement du 25 juillet 1892. Sirey 1895, 2-87.

« Ne sont pas soumis à la taxe les biens acquis avec
« l'autorisation du gouvernement en tant qu'ils ont été
« affectés et qu'ils continuent d'être réellement em-
« ployés soit à des œuvres d'assistance gratuite, en
« faveur des infirmes, des malades, des indigents, des
« orphelins et des enfants abandonnés, soit aux œuvres
« des missions françaises à l'étranger. L'exemption sera
« accordée ou retirée, s'il y a lieu par un décret rendu
« en Conseil d'Etat ».

Les conditions de l'exonération, on le voit, sont assez sévères. Il semble que le législateur concède à regret cette faveur pourtant bien justifiée. Il ne suffit pas d'une affectation en droit aux œuvres désignées limitativement et comme avec un soin jaloux; il faut encore une affectation en fait (1). Cette précaution toutefois se comprend assez bien; mais du moment où l'on s'attache au fait même de l'affectation, pourquoi refuser l'exonération aux congrégations non autorisées et aux biens acquis sans l'autorisation du gouvernement dès lors que le fait de l'affectation est incontesté ?

Une circulaire du Président du Conseil aux Préfets en date du 28 juin 1895, prescrit à ces fonctionnaires d'instruire les demandes d'exemption; c'est dire que cette exemption dépend en grande partie du bon vouloir des employés de la Préfecture. Il semblerait au contraire, d'après les termes du texte et ainsi que le

---

1. Cf. Déclaration de M. Ribot au Sénat, *J. off.* du 9 avril 895. Débats, p. 467, col. 2.

voudraient la raison et l'équité, qu'il y ait là un droit pour les congrégations du moment où les conditions requises sont remplies. Mais, M. Ribot avait pris soin de s'expliquer à cet égard devant la Chambre)1). M. de Marcère proposait avec raison de soumettre les contestations relatives à l'exemption aux tribunaux de Préfecture avec appel au Conseil d'Etat comme en matière de contributions directes ; mais on déclara que jamais les difficultés ne revêtiraient le caractère contentieux et ne pourraient être soumises devant un tribunal, même administratif. La seule concession qui ait été faite sur ce point au Sénat consiste à permettre le recours pour excès de pouvoir en cas de retrait d'exemption non motivé (2).

A un autre point de vue, la loi n'est pas très libérale. L'autorisation d'acquérir ne s'appliquant jamais qu'à des immeubles ou à des rentes, il paraît bien résulter de la teneur du texte que les immeubles et les rentes puissent seuls bénéficier de l'exonération. Mais le Conseil d'Etat a, par une interprétation libérale qui lui fait honneur, reconnu que les meubles devaient être présumés acquis au moyen des revenus dont l'établissement a la libre disposition et bénéficier de l'exemption si les autres conditions sont remplies (3). Le ma-

1. Séance du 19 Mars 1895.
2. *Cf. J. off.* du 10 avril 1895, p. 467.
3. Avis du 23 janvier 1896 rapporté au *Rep. pér* de Garnier, n. 8.939.

tériel des hôpitaux est souvent considérable et constitue même un véritable immeuble par destination ; il n'eût pas été juste, en appliquant la lettre de la loi, de lui faire supporter le droit d'accroissement. La solution équitable du Conseil d'Etat a une autre portée : elle contient une reconnaissance implicite de la personnalité morale des congrégations même non autorisées puisqu'au point de vue de la possession des meubles elles sont dans une situation identique à celle des congrégations autorisées.

Quoiqu'il en soit, la disposition transitoire contenue en l'article 8 § 2 de la loi de 1895 consacre, elle aussi, une restriction peu libérale à l'exonération établie par l'article 2. Elle déclare que les congrégations débitrices de droits d'accroissement arriérés pourront se libérer sans pénalité dans les six mois mais, qu'à défaut de s'être acquittées, elles devront retroactivement la taxe à partir de la créance la plus ancienne du trésor, c'est-à-dire de la retraite ou du décès qui n'a pas été suivi de payement de l'impôt d'accroissement. Cette rétroactivité qui constitue en quelque sorte le droit commun est avantageuse pour le fisc puisque, nous le verrons, la taxe est, en réalité, supérieure au droit d'accroissement ; mais par contre, n'eût-il pas été logique et en tous cas équitable de faire rétroagir en même temps que la loi nouvelle, l'exonération qu'elle reconnaît justifiée au profit des établissements charitables.

L'article 8 décide au contraire que dans le cas où la

— 390 —

taxe d'abonnement s'appliquerait rétroactivement, les congrégations ne pourraient requérir l'application de son correctif nécessaire.

Enfin, en ce qui concerne les aumônes en nature recueillies de porte en porte pour être distribuées directement aux indigents, il avait été entendu lors des lois de 1880 et de 1884 que les impôts nouvellement établis ne les frapperaient pas; mais là s'était bornée la libéralité du législateur et la Régie avait soumis à la taxe sur le revenu les legs et provisions recueillis par les congrégations bien qu'ils soient destinés à être distribués. La même règle semble devoir s'appliquer à l'impôt d'accroissement surtout depuis la loi de 1895, si l'on s'attache aux nombreuses déclarations faites au cours des travaux parlementaires et d'après lesquelles les deux impôts doivent avoir la même base, la même assiette (1).

A ce dernier point de vue, l'Administration fait certaines distinctions qui ne se comprennent guère.

Ainsi, pour la taxe sur le revenu, elle compte, nous l'avons dit, les biens occupés et situés à l'étranger, semblant par là s'attacher à une fiction de personnalité au profit des congrégations réparties en diverses nations.

En sens inverse, pour le calcul du droit d'accrois-

1. Voir l'exposé des motifs dans *La Revue de l'Enregistrement*, n° 729 p. 381. Et la déclaration du commissaire du Gouvernement, le 8 avril 1895. Même revue, n° 932 p. 332.

sement, elle détruit cette personnalité en ne tenant plus compte des biens étrangers (1) alors qu'elle répute chaque congréganiste copropriétaire indivis de chacun des biens possédés par la congrégation en France. La seule raison possible de cette distinction est la difficulté de connaître exactement la consistance des biens étrangers, alors qu'un régime sévère lui donne en France toute garantie à cet égard. Il y a bien aussi une autre raison et celle-là est vraie ; c'est elle aussi qui fait que les membres étrangers n'étaient pas comptés sous la loi de 1884. Cette raison, c'est que le législateur ne s'attaque qu'à la mainmorte de la France parce qu'il ne redoute que celle-là. Mais la Régie, qui base l'impôt sur un fait juridique, ne peut invoquer une considération de cette nature qui fait prendre à la taxe le caractère d'expédient politique ; elle en est donc réduite à se retrancher derrière une difficulté pratique de recouvrement. Ce fait se produit d'ailleurs chaque fois que le législateur charge l'Administration de l'enregistrement du recouvrement d'un impôt spécial et dépourvu de base juridique. L'enregistrement est un impôt sur les actes ; l'administration ne peut donc tenir compte que de la réalisation de l'acte juridique visé et même lorsqu'elle recouvre un impôt d'exception, elle lui attribue fictivement la base

1. Cf. Solution du 10 septembre 1891 rapportée par M. Maguéro loc. cit., n° 122.

qui lui manque pour être un impôt d'enregistrement. En sorte qu'elle se trouve ensuite dans le plus cruel embarras pour justifier les exemptions consacrées arbitrairement par la loi.

§ 3. — Evaluation des biens et tarif

En matière d'immeubles, l'assimilation de l'accroissement à une mutation à titre gratuit obligea l'Administration, sous les lois de 1880 et de 1884, à s'écarter des règles logiques d'évaluation. Le tarif de l'impôt, égal au plus élevé de nos droits proportionnels sous la loi de 1880, a encore été augmenté sous celle de 1895.

En ce qui concerne l'évaluation des biens taxés, nous allons relever de nouvelles singularités. Depuis 1884, la taxe sur le revenu est perçue, nous l'avons vu, sur le vingtième de « la valeur brute des biens meubles et immeubles possédés ou occupés ».

Cette loi de 1884 étant muette sur cette question vis-à-vis du droit d'accroissement, on doit s'en rapporter à la loi de 1880 qui prescrivait de percevoir « d'après la nature des biens existants » c'est-à-dire sur la valeur brute des biens, comme pour la taxe sur le revenu. La loi de 1895 s'est d'ailleurs expliquée formellement sur ce point.

Nous pouvons remarquer qu'à la différence de la pratique suivie pour la taxe 4 0/0, on s'est ici conformé aux règles logiques de l'évaluation « d'après la valeur brute » c'est-à-dire la valeur vénale. Mais en matière d'immeubles, on s'est heurté avant la loi de 1895 à une conséquence de l'assimilation établie par la Régie entre le droit d'accroissement et le droit de succession ou de donation. La valeur des immeubles est déterminée pour la perception de ce dernier impôt en multipliant le revenu déclaré par 20 ou 25 suivant qu'il s'agit d'immeubles urbains ou d'immeubles ruraux (1). Il ne pouvait donc être question de **valeur vénale**.

On a fait observer déjà que l'application des règles suivies en matière de succession ou de donation aboutissait à de singuliers résultats, lorsque la congrégation à laquelle l'accroissement était censé profiter devait rembourser aux héritiers du congréganiste décédé une somme parfois supérieure à la part du membre sortant. Il en résultait que la somme payée par la congrégation devait être comprise dans la déclaration de succession concernant les héritiers et supporter les droits ordinaires de mutation et que, d'autre part, la taxe d'accroissement était encore perçue sur la part du membre sortant dans le patrimoine social (2).

De même enfin, les droits perçus antérieurement à l'accroissement sur les cessions consenties n'étaient pas imputés sur ceux exigibles lors de cet accroissement. Ainsi, on ne tient aucun compte des cessions an-

1. Loi du 22 frimaire an VII article 25 n° 7-8. Loi du 21 juin 1875, art. 2.
2. Voir l'ouvrage de M. Primot, n. 1498.

térieures au décès ou à la retraite du congréganiste, mais on n'en conserve pas moins les droits auxquels elles ont donné lieu. Sans doute, c'est là une conséquence naturelle du principe si souvent critiqué que « tout droit d'enregistrement perçu régulièrement « ne peut être restitué, quels que soient les évène- « ments ultérieurs » (1). Mais ce principe n'a rien d'absolu en lui-même, puisque la loi qui l'établit prévoit elle-même qu'il peut y être dérogé : « sauf les exceptions prévues par la présente », dit-elle. N'aurait-il donc pas été équitable, du moment où la loi fiscale annulait rétroactivement et à son seul point de vue les cessions enregistrées antérieurement à l'évènement qui donnait ouverture à l'impôt d'accroissement, d'imputer les droits déjà perçus sur ceux dûs à ce moment ?

Une solution du 18 mars 1892 l'avait admis dans un cas où la double perception avait paru excessive : c'était lorsque la cession avait porté sur une part indivise d'immeuble et acquitté le droit de 6,875 0/0. Cette solution avait déclaré que la cession, lorsqu'elle s'appliquait à une part d'intérêt, ne concernait pas les biens de la congrégation sur lesquels la taxe était basée et que le droit de cession de part ne faisait pas double emploi avec celui d'accroissement. Ce tempérament, quelqu'illogique qu'il fût, avait un but équitable, mais

---

1. Loi du 22 frimaire, an VII, article 60.

il a disparu actuellement et la Régie ne tient plus jamais compte des droits antérieurement perçus. Depuis 1895 notamment, la chose lui est même devenue impossible. Dans ces conditions, il est difficile de prétendre encore, comme l'avait fait le Sénat en 1880, que la taxe d'accroissement n'est qu'un droit compensateur des impôts auxquels échappent les congrégations. Cette taxe nous apparaît donc bien nettement comme un impôt spécial, une mesure d'ordre public destinée à combattre la mainmorte. A cela nous n'avons rien à dire ; mais alors qu'on en convienne franchement une fois pour toutes et qu'on ne nous parle plus de succession ou de donation, ni d'accroissement réalisé.

Maintenant que nous sont connues les règles suivant lesquelles est liquidée la taxe d'accroissement, il reste à en indiquer le tarif.

Sous les lois de 1880 et de 1884 ce tarif était le même que celui des mutations à titre gratuit entre personnes non parentes, c'est-à-dire de 9 0/0 en principal, soit avec les décimes 11,25 0/0.

En 1895, la nouvelle taxe fut calculée de façon à donner un résultat à peu près équivalent au produit des anciens droits d'accroissement perçus régulièrement. On trouva même le moyen de la rendre encore un peu plus lourde que ces derniers impôts qui sont, chacun le sait, les plus élevés qui existent.

On est ainsi arrivé à une taxe énorme particulièrement ruineuse pour les congrégations autorisées qui possèdent tous leurs biens en leur nom personnel.

Ainsi que l'indique l'exposé des motifs du budget, le chiffre des biens, qui devait supporter les droits d'accroissement sous la loi de 1884, a été déterminé en tenant compte de ce fait que le revenu de 5 0/0 sur lequel est basée la taxe 4 0/0 est manifestement exagéré et que, par suite, on ne pouvait fixer d'après ce revenu le capital passible des droits de succession ou de donation sous la loi précédente. Mais, on s'est empressé, pour diminuer la portée de cette considération qui aurait amené à calculer sur un revenu infime, de faire observer comme correctif que la valeur vénale exprimée dans les déclarations souscrites pour la taxe sur le revenu était très inférieure à celle qu'auraient les mêmes biens s'ils n'appartenaient pas à des congrégations.

On convient donc, pour tenir compte des deux observations qui précèdent, de fixer le revenu à 4 0/0 de la valeur déclarée. Ce revenu capitalisé par 20, conformément aux règles des donations et successions immobilières, donna une valeur inférieure à la valeur vénale de 76 millions (1) ce qui porte le chiffre imposable à 417 millions.

La vie moyenne des personnes de 25 ans, époque de l'entrée dans les ordres, étant de 37 à 39 ans, (2) et

---

1. Voir M. de Foville, *France économique*, p. 441.
2. 39 ans pour les femmes, d'après les tables de Déparcieux. Ce

en considérant que les cas de retraite sont excessivement rares, on devait supposer que les biens de mainmorte supporteraient sous la loi de 1884 un impôt de 11 fr. 25 0/0 tous les 37 ans. Soit 0 fr. 306 par an. Ce chiffre multiplié par 417 millions donnait 1.276.000 fr. qui, répartis sur la valeur vénale de 493 millions fixait le taux à 0 fr. 26 0/0. Mais, au lieu d'admettre le chiffre de 37 ans pour la moyenne de l'accroissement, on fit observer que beaucoup de religieux d'un âge avancé ne vivaient certainement pas aussi longtemps et l'on déclara que l'impôt de 11 fr. 25 devait être perçu tous les 30 ans. On obtint ainsi une taxe de 0 fr. 30. On s'était donc basé sur une circonstance passagère pour élever le taux.

M. Clausel de Coussergues en même temps qu'il proposa d'exonérer les biens affectés à des œuvres charitables, fit observer que les congrégations autorisées payaient annuellement, à titre de taxe de mainmorte 0 fr. 10 0/0 de leur capital et demanda pour elles une réduction correspondante de la taxe d'abonnement. Le principe fut admis, mais, comme le dit spirituellement M. Ribot, la Chambre au lieu d'un bémol, mit un dièze : la taxe fut portée à 0,40 pour les congrégations non autorisées au lieu d'être réduite à 0,20 pour celles autorisées.

chiffre est même inférieur à la réalité pour les congréganistes qui vivent sobrement et arrivent souvent à un âge très avancé.

En sorte que, depuis 1895, les congrégations paient un tiers en plus que sous les lois antérieures. Il est donc impossible désormais de prétendre que ces collectivités acquittent des droits équivalents à ceux des particuliers, surtout si l'on réfléchit que ces droits varient de 0,50 à 11.25 0/0 tandis qu'ils sont toujours pour les congrégations de 11,25 0/0 et même depuis 1895, de 15 0/0 environ, ce qui ne les empêche pas d'acquitter encore les impôts de mutations pour les acquisitions qu'elles font.

Ainsi, ce chapitre a prouvé, que malgré les prétentions de la Régie et les apparences des premières lois, les congrégations ont été placées sous un régime spécial et très rigoureux, tant au point de vue de la valeur imposable qu'à celui du tarif de l'impôt.

CHAPITRE III

Recouvrement de l'impôt.

§ 1. — Forme et dé'ai de paiement.

Nous étudierons rapidement en ce chapitre la forme, les délais et le lieu dans lesquels l'impôt doit être acquitté.

Puis, nous terminerons par quelques observations sur les moyens de contrôle.

« La liquidation et le paiement de ce droit, porte l'ar-
« ticle 4 de la loi du 28 décembre 1880, auront lieu
« dans la forme, dans les délais, et sous les peines
« établies par les lois en vigueur pour les transmis-
« sions d'immeubles ».

Ce texte, combiné avec la considération qu'il s'agit d'un droit de donation ou de succession, permet de conclure, en ce qui concerne la forme et les délais dans lesquels doivent être faites les déclarations d'accroissement, que les règles des donations immobilières et des successions sont applicables. Il s'en suit notamment qu'en cas de retraite, les associés restants ou l'un d'eux les représentant doivent souscrire dans les trois mois une déclaration détaillée et estimative conforme aux prescriptions de l'article 4 de la loi du 27 ventôse an IX, relative aux mutations d'immeubles non constatées par un acte. Cette règle est applicable, même lorsque la congrégation ne possède que des meubles. C'est là, on peut le remarquer, une extension exceptionnelle des règles spéciales aux mutations immobilières qui, seules, lorsqu'elles ont lieu entre vifs, sont assujetties à l'enregistrement dans un délai déterminé.

En cas de décès, la déclaration doit être souscrite dans les six mois conformément aux prescriptions de la loi du 22 frimaire, an VII. De plus, à défaut d'inventaire, les objets mobiliers doivent être détaillés et estimés en un état dressé sur timbre et annexé à la déclaration. Celle-ci indique, comme en cas de retraite, la consistance des biens, leur valeur ou leur revenu, suivant qu'il s'agit de meubles ou d'immeubles, ainsi que la part revenant au membre sortant dans le patrimoine de la congrégation. La Régie avait autorisé les congrégations à ne faire qu'une déclaration collective pour les retraites et les décès survenus pendant un certain laps de temps, sans pouvoir toutefois dépasse les délais indiqués plus haut et à condition que la valeur des biens soit restée sensiblement la même pendant tout ce laps de temps. Cette disposition ne devait d'ailleurs modifier aucunement la perception telle qu'elle aurait été faite sur des déclarations séparées.

Depuis la loi du 16 Avril 1895, une déclaration est souscrite chaque année dans le trimestre de janvier. Cette déclaration est analogue à celle exigée pour la perception de la taxe sur le revenu et contient comme elle la désignation estimative des biens possédés.

Les biens occupés et ceux situés à l'étranger ne sont pas compris ; ceux dont la congrégation n'a que l'usufruit ou la nu-propriété n'y figurent que pour la valeur propre de cet usufruit ou de cette nu-propriété. Nous ne reviendrons pas sur ces questions qui ont été étudiées au chapitre précédent.

§ 2. — Lieu de paiement de l'impôt.

A. — Lois de 1880 et 1884. — La multiplicité des déclarations exigée par l'Administration en cas de décès était la conséquence de la conception qu'elle avait de l'impôt. — Critique. — Incertitude de la jurisprudence.

La détermination du lieu où doivent être faites les déclarations nous retiendra un peu plus longtemps. Elle a donné lieu sous les lois de 1880 et de 1884 à la plus vive discussion qu'aient suscitée l'application des loi fiscales sur les congrégations : elle est relative à la question bien connue des déclarations multiples.

Cette question ne se pose pas au cas de retraite d'un congréganiste, car la Régie appliquant alors les règles des donations, le droit d'accroissement pouvait être payé dans n'importe quel bureau sans qu'il y ait lieu de se préocuper de la situation des biens. (1).

La Régie se borne en l'instruction 2.651 § 67 a donner aux congrégations le conseil de faire leur déclaration aux bureaux de cette situation et cela, dit-elle, « dans leur intérêt évident parce que le receveur de ce « bureau, appelé spécialement à contrôler les déclara- « tions, pourra au moyen des documents réunis d'a- « vance entre ses mains, signaler immédiatement aux « déclarants certaines irrégularités à raison desquelles « des droits en sus deviendraient ultérieurement exi- « gibles ».

L'Administration fait preuve ici d'une prévenance inaccoutumée vis-à-vis des contribuables ; le conseil ne serait-il pas intéressé ? En effet, lorsqu'il n'est fait qu'une déclaration à un bureau quelconque et que celle-ci mentionne des biens situés dans le ressort d'un grand nombre de bureaux, ce qui arrive notamment pour certaines grandes congrégations, le receveur qui a reçu la déclaration doit en adresser copie à tous ses collègues intéressés. Ce travail fastidieux doit être contrôlé par les employés supérieurs d'où une perte de temps considérable.

L'Administration a donc tout avantage qu'une déclaration soit souscrite dans chacun des bureaux dans le

---

1. Article 26 de la loi du 22 Frimaire an VII, 4 de la loi du 27 Ventose an IX.

ressort desquels se trouvent des biens possédés par la congrégation ; elle arrive même par l'application d'une règle qui ordonne de percevoir les droits proportionnels en suivant les sommes et valeurs de 20 en 20 francs inclusivement et sans fraction (1), à faire acquitter aux congrégations un surcroît d'impôt dû à la multiplicité des déclarations et des perceptions séparées. Les congrégations n'avaient donc aucun « intérêt évident » à payer l'impôt dans chacun des bureaux où elle possèdent quelque chose. L'affirmation de la Régie prendra même un caractère ironique, lorsqu'on se sera rendu compte des résultats surprenants auxquels on arrive dans ce système pour les grandes congrégations comme celle des Frères des Ecoles Chrétiennes qui compte environ 8.000 membres répartis en 2000 cantons. Cette congrégation possède souvent dans chacun des établissements des biens qui ne sont pas considérables : quelque mobilier de classe dans un immeuble presque toujours loué. Mais, supposons à chaque établissement une valeur moyenne de 10.000 francs. La fortune totale de la congrégation, à raison de 2.000 établissements, est de 20 millions. Chaque membre est censé posséder 1/8000e soit 2,500 francs. La congrégation devrait donc, semble-t-il, payer, lorsqu'un membre se retire, à 11,25 0/0 sur 2.500, soit 281,25 ce qui constitue déjà une assez jolie somme.

1. Loi du 27 Ventôse an IX article 2.

Mais il n'est rien à côté du résultat obtenu si la congrégation suit le conseil amical de la Régie et fait 2000 déclarations. En effet, pour chaque bureau, le droit du congréganiste dans les biens du ressort sera de $\frac{10.000}{8.000}$ soit de 1 fr. 25. Le droit proportionnel étant liquidé de 20 en 20 francs, chaque bureau percevra à 11,25 0/0 sur 20 francs (minimum) = 2.25, plus, pour la feuille de timbre de l'état estimatif en cas de décès, 0 fr. 60, soit en tout 2.85 ; ce qui donne pour 2000 bureaux 5.700 francs au lieu de 281 fr. 25.

Les tables de Déparcieux nous disent qu'il meurt par an 1/37 des congréganistes, soit pour les Frères des écoles chrétiennes, 216 membres. La congrégation paiera donc par an 5.700 × 216, soit un peu plus de 12 millions sur 20. A vrai dire, le procédé eût été préférable aux expulsions de 1880 s'il avait été suivi. Mais, rassurons-nous, il ne le fut pas. Sans doute, peu de congrégations sont aussi disséminées que celle des Frères des Ecoles chrétiennes, mais beaucoup ont des biens dans un grand nombre de bureaux et la multiplicité des déclarations leur ferait payer, chaque année, tantôt dix, tantôt vingt pour cent de leur patrimoine.

Nous osons espérer pour la Direction Générale de l'Enregistrement, qu'un pareil résultat lui avait échappé lorsqu'elle prescrivait par l'instruction 2651, § 59, en cas d'accroissement opéré par décès, ce qui est la presque totalité des cas, de souscrire une déclaration dans chaque bureau de la situation des meubles corporels et des immeubles de la congrégation, conformément à l'article 24 de la loi de Frimaire. La déclaration collective admise par la Régie ne modifiait en rien le résultat des déclarations multiples, puisque le droit devait être liquidé séparément pour chaque congréganiste disparu.

Les congrégations refusèrent de souscrire les déclarations multiples, cela se conçoit ; la question fut soumise aux tribunaux qui la résolurent tantôt en faveur de l'Administration et tantôt dans le sens des congrégations. Dans le premier cas, ils assimilaient complètement l'accroissement à une donation ou à une succession ; dans le second, ils ne voyaient dans le droit d'accroissement qu'une taxe spéciale perçue à l'occasion d'un fait matériel et destinée à servir de droit compensateur ou d'arme politique. Cette dernière conception était conforme au véritable esprit du législateur, tel que nous avons tenté de le dégager à plusieurs reprises. En remplaçant le droit de mutation à titre onéreux qui est toujours perçu en une seule fois, par le droit de succession, on avait eu seulement l'intention d'élever le tarif de la taxe, sans vouloir lui faire revêtir un caractère aussi exorbitant.

Qu'il s'agisse de congrégations reconnues ou non, la conséquence des déclarations multiples est la même en théorie, mais non en pratique. En effet, la Régie reconnaît un droit de co-propriété indivise à chaque congréganiste sur tous les biens de la congrégation, qu'elle ait ou non la personnalité civile. Pour les congrégations autorisées, par une singulière inconséquence déjà relevée, elle fait, d'une part, abstraction de la personnalité pour découvrir un accroissement et le taxer, tandis que, d'autre part, elle maintient l'unité de patrimoine dûe à cette personnalité pour ne tenir aucun compte des succursales même autorisées et percevoir la taxe sur l'ensemble des biens de la congrégation, sans y comprendre toutefois les biens situés à l'étranger (1). Cette méconnaissance des succursales a d'ailleurs été condamnée par un avis du Conseil d'Etat du 4 juin 1891 (2).

Au contraire, pour les congrégations non reconnues qui souvent constituent des communautés à supérieure locale, la Régie les considère à juste titre comme autant d'établissements particuliers ayant un patrimoine propre. Il en résulte donc que pour ces dernières, l'inconvénient des déclarations multiples n'existait pas en fait, sauf dans le cas où la congrégation avait une maison mère et une supérieure générale. Mais, le plus souvent, quelques membres de l'ordre se constituant en sociétés civiles, ces sociétés étaient taxées à titre d'associations religieuses particulières et les incon-

---

1. Primot, *op. cit.*, n° 1.512.
2. Cf. Béquet. *Rép. de droit administratif.* V· cultes, n° 2.101, tone. 9

vénients de la multiplicité des déclarations était encore écartés.

Les mêmes constatations pourraient être faites pour l'impôt sur le revenu, mais elles n'ont aucun intérêt, puisque cette taxe est toujours calculée sur la somme exacte passible de l'impôt et non sur des fractions de 20 en 20 francs (1). Peu importe donc le nombre de bureaux où elle est acquittée ; la somme totale est toujours la même.

La question des déclarations multiples fut tranchée une première fois par la Cour de Cassation le 13 janvier 1892 (2). Cet arrêt rejette le pourvoi formé par l'Administration contre un jugement du tribunal de Rennes du 24 février 1891 (3).

Nous emprunterons, pour justifier la solution admise par la Cour, plusieurs arguments présentés par M. le Conseiller Voisin en son rapport.

On peut observer tout d'abord, qu'en cette matière nous ne trouvons aucun texte explicite : l'article 4 de la loi de 1880 porte seulement que « les accroisse-
« ments opérés... sont assujettis au droit de mutation
« par décès ou de donation, *d'après la nature des*
« *biens* existants au jour de l'accroissement, que le
« paiement a lieu dans la forme, dans les délais et

---

1. Solution du 30 décembre 1874 rapportée au traité de M. Maguéro, v° impôt 470 sur le revenu n° 8.

2. Sirey, 1892-1-321.

3. *Journal de l'Enregistrement*, n° 23.538.

« sous les peines » usités pour les transmissions immobilières. L'article 9 de la loi de 1884 est muet sur la question.

Tout ce qu'on peut induire de l'article 4, c'est que : 1° le droit de mutation par décès ou celui de donation est applicable à l'accroissement suivant qu'il s'opère à l'occasion d'un décès ou d'un autre événement ; 2° le droit est perçu sur la valeur brute des biens en nature. Quant à la disposition relative à l'application des lois en vigueur pour les transmissions d'immeubles, elle paraîtrait à première vue s'appliquer aussi bien aux accroissements après décès qu'à ceux après retraite ou exclusion. C'est ce qu'a pensé la Régie bien que le doute soit possible sur ce point. D'autre part, elle fait le raisonnement suivant :

La retraite ou la mort d'un congréganiste est censée dissoudre la société, de sorte que l'objet de l'accroissement est une part réelle de co-propriété dans chacune des valeurs du fonds social ; c'est pourquoi l'article 4 frappe la transmission d'après la nature des biens existants.

D'autre part, le tarif est celui des successions ou des donations, c'est donc que le législateur assimile l'accroissement à chacune de ces transmissions, et, à à moins de dispositions contraires, les accroissements par décès doivent être régis par les règles fiscales applicables aux successions. Or, en vertu de l'article 27 de la loi de frimaire, les immeubles et biens cor porels doivent être déclarés au bureau de la situation.

Donc en définitive, l'article 4 renvoie implicitement, mais d'une façon certaine, à l'article 27.

La vérité c'est que la Régie fait dire à l'article 4 beaucoup de choses auxquelles il reste étranger. En présence de ce doute, il nous faut interroger les travaux préparatoires pour connaître la secrète pensée du législateur, et, tout d'abord, savoir s'il en a eu une sur la question qui nous occupe. M. Voisin ne l'a pas cru et il nous semble avoir eu raison.

La volonté du législateur, nous l'avons montré à plusieurs reprises, a été en somme celle de M. Brisson : continuer sur le terrain fiscal la lutte contre les congrégations. On les taxe d'un droit très élevé qui leur rende l'existence très difficile ; puis on invoque quelques raisons d'un autre ordre pour déterminer l'adoption de la mesure exceptionnelle.

Le projet noté à la Chambre le 9 décembre 1880 portait que la liquidation et le paiement « auraient lieu « dans la forme, dans les délais et sous les peines éta-« blies par les lois en vigueur *pour les successions ou* « *pour les transmissions d'immeubles.* » En rapprochant ce texte de la première partie de l'article qui a été conservée par la loi de 1880, on acquiert la certitude que les mots « pour les successions » visaient exclusivement le cas où l'accroissement était occasionné par un décès, tandis que ceux « pour les transmissions

d'immeubles » étaient relatifs aux accroissements après retraite. Un autre article du projet obligeait chaque congrégation à déposer dans les trois mois qui suivraient la promulgation de l'article 6 « au bureau dans le res-
« sort duquel se trouverait son siège ou son principal
« établissement » son acte de constitution ainsi « qu'une
« déclaration indiquant la nature, *la consistance, la*
« *situation* » de chacun des biens. En outre, chaque année « une déclaration supplémentaire faisant con-
« naître les modifications survenues dans la composi-
« tion de la corporation, la consistance et la valeur de
« son capital commun » devait être déposée dans les trois premiers mois.

Cette disposition indique clairement de quelle façon le législateur entend que le droit d'accroissement soit acquitté. Nous savons en effet, et les discours tant de M. Brisson que du sous-secrétaire d'Etat aux finances ne laissent aucun doute à ce sujet (1), que le but poursuivi est de remplacer le droit de 0,50 0/0, reconnu exigible pour les sociétés de congréganistes, par un droit beaucoup plus élevé qui avait d'abord été fixé à 5,50 0/0 et que le gouvernement avait reconnu insuffisant attendu « qu'en tout état de cause, il y avait
« lieu de percevoir le droit de donation de 11,25
« 0/0 ». Le but est encore de rendre ce paiement obligatoire tandis qu'il ne l'était jusqu'ici que pour

1. *J. off.* du 12 décembre 1880, p. 12.235.

les cessions de parts d'intérêt réalisées en vertu d'un pacte aléatoire dans une société (1), et enfin, de prendre les précautions nécessaires pour qu'on ne puisse anéantir la volonté du législateur, par exemple, en déclarant les parts d'une valeur très inférieure à la réalité.

Pour cela que fait-on ? Tout d'abord, on décide que le décès de chaque congréganiste donnera lieu à la perception du droit d'accroissement fixé à 11,25 0/0. Ainsi s'expliquent les mots « sont assujettis au droit « de mutation par décès si l'accroissement se réalise « par décès », et ceux-ci : « la liquidation et le paie- « ment auront lieu dans la forme, les délais, et sous « les peines établis par les lois en vigueur pour les « successions », que contenait le projet.

En effet, on prend le fait palpable du décès comme critérium : impossible de le cacher. D'autre part, il n'est pas besoin d'un acte constatant l'accroissement réel ou fictif pour percevoir le droit ; on emprunte donc la forme de la déclaration usitée pour ces mutations par décès : voilà un moyen simple de percevoir l'impôt, sans être obligé de créer de nouveaux registres de recette ou de prescrire aux contribuables de nouvelles formalités. On paiera l'impôt d'accroissement d'après une déclaration. Enfin, pourquoi ne pas emprunter aussi les règles des successions relatives aux délais dans

---

1. Cf. Cass., 14 novembre 1877. S. 1878. 1 44. J. E. 20. 594.

lesquels la déclaration doit être faite, ainsi que les peines qui sanctionnent cette obligation ? Cela va de soi : L'impôt sera donc acquitté sûrement. Il ne reste plus qu'à lui assurer une base sérieuse et qui lui permette de produire les effets que l'on attend de lui. Aussi l'on décide d'un côté que l'impôt sera perçu d'après la nature des biens existants au jour de l'accroissement. Donc, plus d'évaluation de la valeur vénale de la part revenant au congréganiste ; plus de déduction du passif et des charges : on s'en rapporte exclusivement à la valeur brute des biens, valeur que l'on ne peut dissimuler et que l'Administration connaîtra par les déclarations détaillées imposées tant au début de l'application de la nouvelle taxe que chaque année. Ces déclarations sont faites au bureau du siège social ou principal établissement en France et indiquent la consistance, « *la situation* » et la valeur de chaque bien désigné article par article. Les déclarations annuelles tiennent la Régie au courant des modifications survenues tant dans la composition du patrimoine que dans celle du personnel.

Le mécanisme de la perception apparaît alors bien simple : chaque congréganiste est domicilié en droit à la maison mère ; en quelque endroit qu'il meure, le receveur du lieu de décès avertit son collègue du domicile, comme cela se fait journellement. Celui-ci constamment tenu au courant de la consistance des biens recevra la déclaration d'accroissement dans le délai et percevra l'impôt, ou, à défaut, appliquera les pénalités prescrites : rien de plus simple.

Quand le droit d'accroissement doit être acquitté après un autre événement que le décès, le projet présente des garanties analogues. Le tarif est encore élevé et l'impôt, calculé sur la valeur des biens existant en nature, est perçu à l'occasion d'un fait facile à saisir et relaté par les déclarations annuelles : la retraite d'un membre.

Le paiement du droit est rendu obligatoire par l'application des règles relatives aux transmissions immobilières, même aux accroissements portant sur des meubles.

Tout cela est logique et conséquent. Il en ressort bien nettement que le bureau chargé de la perception est celui du siège social qui seul est au courant de la situation de la congrégation. Cette pensée, comme celle de l'application exclusive de la taxe aux seules congrégations, n'a cessé d'être celle du législateur, malgré les modifications subies par le texte. Au reste, ces modifications visent spécialement deux questions tout à fait étrangères à celle qui nous occupe présentement : l'application du droit d'accroissement à d'autres associations que les congrégations et la quotité du droit.

Le projet voté à la Chambre fut simplifié au Sénat sur l'affirmation du rapporteur que la Régie avait des garanties suffisantes pour connaître exactement la consistance et la valeur des biens sans une déclaration annuelle à ce sujet (1). Mais on peut examiner soigneusement les travaux préparatoires ; on ne trouvera pas d'allusion à une modification survenue dans l'intention du législateur.

Il est bien vrai que le Sénat, ayant substitué le tarif onéreux de 5,50 à celui de 11,25, supprima les mots « pour les successions », comme cela se conçoit facilement, et que la Chambre en rétablissent l'ancien tarif omit de rétablir aussi les mots « pour les successions ». Mais l'intention de la Chambre, telle qu'elle se dégage des travaux préparatoires, a été de revenir purement et simplement à sa première rédaction où elle n'entendait à coup sûr appliquer les règles des mutations immobilières qu'à l'accroissement après retraite. Il y a donc eu simple inadvertance de sa part, indvertance d'autant plus explicable que les mots « dans les formes, « les peines établies par les lois en vigueur pour les trans- « missions d'immeubles » ne s'appliquaient pas dans sa pensée à la perception du droit d'accroissement après décès et que le premier paragraphe de l'article éclairait suffisamment le second.

Ce qui prouve encore cette inadvertance, c'est qu'aucun orateur n'a fait allusion à la suppression des mots « pour les successions ». L'unique question en effet, qui donne lieu à discussion, c'est celle du tarif, la Chambre ayant adopté la modification de forme relative

1. Voir le rapport supplémentaire de M. Roger Marvaise du 21 Décembre 1880. *J. off.* du 30, Sénat. p. 13,090. col. 1.

à la désignation des congrégations. De même entendons-nous au Sénat, dans la dernière séance du 28 Décembre : « là où le Sénat avait admis en principe un « droit de mutation onéreux, la Chambre des députés « veut qu'on perçoive un droit à titre gratuit : voilà « toute la différence » (1). Il n'est donc pas question de modifier le système établi par le projet sur le mode de perceptions, mais, au contraire, de revenir au tarif établi par ce projet. Il n'est même pas question à proprement parler de succession ni de donation, mais simplement d'un droit à titre gratuit remplaçant un droit moins élevé à titre onéreux, sans que l'on s'occupe même s'il y a réellement un accroissement, la loi de 1884 le prouve.

D'ailleurs, même en admettant, contre toute vraisemblance, que le législateur ait voulu appliquer à la perception du droit d'accroissement après décès les formes, les délais et les peines relatifs aux transmissions immobilières, on comprend facilement que, si le législateur a éprouvé le besoin de consacrer une assimilation aux successions et donations en ce qui concerne spécialement les points indiqués, cela suppose que cette assimilation n'existait pas d'une façon générale avec ces mutations. Nous retrouvons ici l'erreur déjà combattue si souvent de la Régie qui considère l'accroissement comme une véritable succession ou donation. Donc, en ce qui concerne le lieu dont le texte ne

1. Discours de M. Roger Marvaise, *J. off.* p. 13.025.

parle pas, il ne peut plus être question d'appliquer les règles des successions. Il était inutile d'en parler, dit le tribunal de Rennes, puisque, sur ce point, on n'a qu'à s'en tenir au droit commun, lequel droit commun, déterminé par l'article 26 de la loi de frimaire, accorde la possibilité de faire enregistrer les actes ou déclarations autres que ceux passés devant les officiers ministériels, dans n'importe quel bureau.

L'article 27 a dérogé à cette règle en matière de succession, mais il y avait pour cela une raison qui n'existe pas dans notre matière. Le législateur a voulu faciliter le contrôle des successions en prescrivant de faire les déclarations dans les bureaux de la situation, obligation qui, en raison du nombre restreint des déclarations et du taux souvent peu élevé de l'impôt, n'est pas sensiblement plus onéreuse pour le contribuable. Pour les congrégations, il en va tout autrement. D'une part, la déclaration au lieu de la situation des biens ne présente plus le même intérêt pour le fisc : il ne se trouve plus en présence d'héritiers souvent tentés de faire disparaître une partie du mobilier ou d'évaluer le revenu des immeubles au-dessous de sa véritable valeur. Ici en effet, la Régie a une garantie spéciale : celle de la déclaration nécessaire pour la taxe sur le revenu et c'est pourquoi les dispositions du projet destinées à renseigner l'Administration sur la consistance et la valeur des biens n'ont pas été maintenues. D'autre part, les déclarations multiples font revêtir à l'impôt un caractère spoliateur qu'il n'a pas dans les successions ordinaires. Enfin, pourquoi le législateur n'aurait-il pas pris les mêmes précautions pour l'accroissement réalisé après retraite ? Était-il plus garanti par le droit commun vis-à-vis de cet accroissement ?

Il est donc impossible d'admettre l'induction à laquelle aboutit la Régie en combinant les dispositions de l'article 4 relatives à la nature des biens et celles qui concernent les règles pour la transmission d'immeubles. Au reste, pour y parvenir, on est obligé de recourir à une interprétation de la loi en opposition certaine avec son texte et son esprit, tandis que l'explication de la Cour découle logiquement de ce texte, nous l'avons vu, dès qu'on s'éclaire des travaux préparatoires.

Etant donnée en effet la place des mots « d'après la « nature des biens » dans le premier paragraphe de l'article 4, on est forcé de les appliquer aussi bien au cas de décès qu'à celui de retraite. Or, en cas de retraite, personne ne songe à exiger plusieurs déclarations ; ces mots ne sauraient donc être invoqués non plus pour avoir la même exigence après un décès. D'autant plus que leur explication est à la fois plus simple et plus naturelle telle que nous l'avons présentée et que cette explication était la seule possible dans le projet auquel la loi est revenue.

D'un autre côté, l'interprétation de la Régie aboutit à

un non sens. Car, si on induit du mot « forme » contenu dans la seconde partie de l'article l'obligation de déclarations multiples, comme cette partie s'applique également, sinon exclusivement, au cas de retraite pour rendre le paiement de l'impôt obligatoire, il faudra décider que des déclarations multiples sont aussi requises après retraite. Or il n'en est rien. Le mot « forme » appliquée aux seuls accroissements entre vifs est, au contraire, très net, nous l'avons vu, et rend l'impôt obligatoire même en ce qui concerne les meubles en prescrivant de suppléer aux actes de mutation par une déclaration estimative conformément à la loi de ventôse.

Mais, réplique la Régie, les mots « pour les transmissions d'immeubles » ont une portée générale et s'appliquent de quelque façon qu'ait lieu l'accroissement. Fort bien, mais alors, exigez des déclarations multiples après retraite. La réponse a déjà été faite. Dans la rédaction primitive, elle-même plus favorable à la thèse de la Régie, puisqu'elle contenait les mots « pour les successions », il était seulement question de payer l'impôt en faisant une déclaration dans les mêmes formes, les mêmes délais et sous les mêmes peines que pour les successions. Le paragraphe 2 qui consacrait ces obligations n'avait donc pas le sens large que lui prête l'Administration, ni en ce qui concerne les accroissements après décès, ni pour ceux à la suite de retraite : il n'y avait pas assimilation aux donations et successions, nous l'avons maintes fois constaté, et, en définitive, pas plus le second paragraphe que le premier ne renvoyait à l'article 27 de la loi de Frimaire. Il est inadmissible encore une fois que, dans la seconde rédaction, la Chambre ait voulu donner aux mots « transmissions d'immeubles » un sens générique qu'il n'avait pas dans la première et l'on doit s'en tenir à l'assurance contraire qui se dégage de l'historique des travaux parlementaires. Une deuxième observation achèvera de nous en convaincre, si la preuve n'en est déjà faite d'une façon péremptoire.

Dans le projet voté à la Chambre, auquel la loi de 1884 marque un retour certain, le droit d'accroissement frappait les congrégations autorisées aussi bien que celles qui ne le sont pas ; ce droit ne pouvait donc être considéré comme un droit de mutation, mais constituait un impôt *sui generis* soumis à des règles propres de perception ; nous pensons l'avoir suffisamment démontré. On comprend ainsi fort aisément que le législateur n'ait entendu nullement consacrer une assimilation qui ne pouvait convenir à son nouvel impôt et d'autre part qu'il ait emprunté seulement quelques règles de perception, pouvant s'adapter à cet impôt et lui faire produire le résultat désiré. Il faut donc de toute nécessité renoncer complètement à suivre intégralement un système d'impôt antérieur à l'établissement de la taxe d'accroissement, véritable monstre ne ressemblant à aucun de ses prédécesseurs.

En résumé, nous avons expliqué pourquoi le législateur percevait le droit d'accroissement d'après la nature des biens, les avantages qu'il trouvait à imposer pour son recouvrement la forme, les délais et les peines usitées pour les successions ou les donations. Nous savons, d'autre part, que son intention est de frapper les biens des congrégations d'un impôt de 11,25 0/0, à chaque décès ou retraite d'un de ses membres ; n'en cherchons pas davantage. Il n'a pas été parlé du lieu où devait se faire la déclaration, mais le texte du projet nous a indiqué clairement que c'était au bureau dans le ressort duquel est située la maison mère, domicile légal des congréganistes. En voilà assez. Exigeons donc une déclaration à ce bureau et rien de plus. Ce résultat est conforme à l'esprit du projet de la loi de 1884 et, depuis, à celle de 1895 qui ne requiert qu'une seule déclaration pour les droits arriérés (1).

La doctrine de la cour de Cassation a encore été défendue à un point de vue auquel nous ne nous sommes pas encore placé. Même si l'on admet avec la Régie, dit-on, que l'article 4 renvoie à l'article 27 de la loi de frimaire, il n'est pas encore vrai que les déclarations multiples soient exigibles ni des congrégations autorisées ni de celles qui ne le sont pas.

1. Loi du 16 avril 1895, article 6. *Instruction générale*, 2.882 p. 7. Exposé des motifs de la loi rapporté à la *Revue de l'Enregistrement*, n°ˢ 729 et 932.

Bien que cette opinion soit soutenue par les auteurs les plus considérables, nous ne pensons pas qu'elle soit parfaitement exacte (1). Examinons-la soigneusement

Lorsqu'un membre d'une congrégation autorisée, dit-on, vient à mourir, le droit d'accroissement ne répond en réalité, ni à une mutation de biens, ni à un accroissement proprement dit : la congrégation seule propriétaire ne laisse à ses membres aucun droit personnel sur ses biens et ceux-ci en mourant ne peuvent rien transmettre. L'impôt se trouve donc établi sur une véritable fiction légale qui intervient pour détruire la personnalité de l'association et faire que le membre décédé est censé faire acquérir quelque chose aux autres congréganistes. Ce quelque chose ne peut être qu'une créance, une part d'intérêt. Si donc l'on reconnaît avec l'arrêt du 27 novembre 1890 que l'accroissement s'applique aux congrégations autorisées, il faut, par voie de conséquence, admettre que l'impôt ne peut être perçu que sur la valeur transmise fictivement, c'est-à-dire sur la part d'intérêt attribuée au congréganiste. Or, cette part est un meuble sans assiette déterminée et doit être déclarée au seul bureau du domicile du défunt, conformément aux prescriptions de

1. Voir en ce sens : M. Wahl au Sirey, 1890, 1-537, 1892, 1-321 et *Revue critique* de 1893, p. 143. M. Testoud, même revue, 1891, p. 288. M. de Vareilles-Sommières : *Revue de Lille*, 1891. p. 585 et suiv. M. Garnier en son *Répertoire périodique* n° 7563 et M. le conseiller Voisin en son rapport.

l'article 27 § 4 de la loi de frimaire. Une seule déclaration est donc requise.

Nous ne saurions contester que l'impôt d'accroissement dans les congrégations autorisées soit établi sur une fiction légale ni non plus que le congréganiste décédé est censé transmettre les droits qu'on suppose lui appartenir dans le fonds social. Mais, ce qui nous paraît moins évident, c'est que ces droits constituent nécessairement une part d'intérêt analogue à celle des membres d'une société, plutôt que de simples droits de propriété indivise : la personnalité est détruite. Que reste-t-il ? Il reste d'une part, des biens ; d'autre part, des congréganistes et, puisqu'on feint une mutation, un accroissement, il faut bien attribuer un droit de propriété aux congréganistes sur ces biens ; cela n'est pas douteux. On nous dit au contraire qu'il est plus naturel de leur reconnaître un droit de créance analogue à celui des associés dans les sociétés. Mais n'apparaît-il pas que ce droit mobilier, cette créance est déjà une notion complexe, une fiction toute spéciale à la société et nécessitée elle-même par une autre fiction que nous nous sommes efforcé de dégager : celle de la personnalité de la société ? Qui donc est propriétaire du fonds social sinon les associés ? C'est la société, dit-on. Oui, c'est la société, si l'on veut ; mais c'est la loi ou plutôt la doctrine qui le dit. C'est vous, juristes, qui attribuez fictivement la propriété des biens à la société, pour la commodité des affaires. Mais au fond, les associés sont seuls propriétaires et voilà pourquoi l'apport en société n'est pas une mutation et n'acquitte pas de droit proportionnel. Donc, pour sortir d'embarras et conserver la propriété aux associés en même temps que vous l'attribuez à la société, vous créez une nouvelle fiction et vous dites : pour la forme, les membres ne seront pas propriétaires ; nous allons leur donner un droit de créance qui remplacera et représentera leur droit de propriété tant que durera la société que nous réputons fictivement seule propriétaire. Donc, en définitive, ce droit mobilier, cette part d'intérêt, c'est une notion tout à fait factice qui ne répond en rien à la réalité ; c'est une exception nécessitée par la situation exceptionnellement favorable faite par le droit positif aux seuls sociétés. Et vous prétendez que du moment où vous détruisez la personnalité d'une association, personnalité qui, elle, n'est pas fictive, et que vous vous trouvez en face de biens que vous reconnaissez appartenir aux membres de l'association, il est plus simple d'attribuer à ces membres le droit complexe et factice créé pour une situation spéciale et qu'on appelle la part d'intérêt, que de leur reconnaître le seul droit qu'ils soient capables d'avoir, une fois disparue la personnalité de l'association : un droit de co-propriété ? La fiction n'est-elle pas bien plus grande en les déclarant titulaires d'une créance qu'en leur donnant la propriété indivise des biens de l'association dont on ne tient plus compte ? Cette créance, au contraire, supposerait que vous en tenez encore compte et votre fiction d'accroissement à son tour deviendrait incompréhensible.

Vous dites : mais l'arrêt du 14 novembre 1877, concernant les trappistes de la Meilleraye reconnaissait ce droit mobilier pour n'exiger que le droit de 0,50. Oui, sans doute, mais au point de vue où il s'est placé, il ne s'agissait pas d'une congrégation en elle-même, d'une association. Il s'agissait d'une société formée, il est vrai, entre congréganistes, mais considérée uniquement en tant que société et taxée comme telle : écoutez plutôt ce qu'il dit : « Attendu que si le légis- « lateur a pu avoir principalement en vue et pour objet « les *sociétés* commerciales, il a néanmoins statué en « des termes dont la généralité ne permet pas de refu- « ser le bénéfice de la disposition dont il s'agit (droit « de 0,50) aux *sociétés* civiles, qu'il résulte que cette « disposition peut être invoquée par toutes les socié- « tés, en quelque forme qu'elles soient constituées, « pourvu que la transmission puisse avoir lieu en fai- « sant abstraction des meubles et des immeubles appar- « tenant à la société (1) ». Nous avons tenu à faire cette citation dans son intégralité pour qu'il ne subsiste aucun doute sur la portée de l'arrêt invoqué.

Sans doute, comme le dit M. Wahl, les parts dans les sociétés constituent des meubles par *la détermination de la loi*. (Code civil art. 529) c'est-à-dire, par

---

1. Cassation, 14 novembre 1877. Sirey, 1878. 1.41. J. E. n° 20.594.

une fiction légale, comme nous le disions tout à l'heure : mais, encore faut-il que l'on soit en présence d'une société. M. Wahl dit lui-même excellemment à ce sujet : « Si la société ne formait pas un être moral, la succession de l'associé décédé comprendrait non pas un droit indivisible sur la masse, mais une *quote part dans chaque bien compris individuellement* ». On ne peut mieux dire et c'est pourquoi la congrégation reconnue ne formant pas un être moral pour le fisc qui le soumet à l'impôt en vertu d'un accroissement, ne constitue rien d'autre à ses yeux qu'une indivision : cela est forcé. Si donc on lui applique toutes les règles des successions, il est clair que les déclarations multiples sont requises : pour déclarer mobilier le droit du congréganiste, il faut conserver la fiction de la personnalité et renoncer à voir dans l'accroissement une mutation. La Régie était donc logique, du moment où elle croyait avoir démontré la référence de l'article 4 à l'article 27, d'exiger la multiplicité des déclarations, puisqu'elle détruit la personnalité et répute indivis les biens des congrégations même autorisées.

Nous avons réfuté par avance l'argumentation qui tend à n'exiger aussi qu'une déclaration des congrégations non autorisées à maison mère et supérieure générale ; même si l'on admet la référence invoquée par la Régie. Le législateur et la Régie ont en effet, on l'a vu, assimilé au point de vue du droit d'accroissement les congrégations autorisées à des congrégations non autorisées qui, en droit positif, sont de simples indivisions. On ne peut donc encore ici attribuer de droit mobilier aux congréganistes.

On a cependant tenté de le faire en disant qu'une jurisprudence constante assimile les droits des membres d'une congrégation même non autorisée à des parts sociales (1). Mais, cette fois comme tout à l'heure, on fait allusion à des arrêts qui tous concernent des sociétés constituées par des congrégations et non pas les congrégations elles-mêmes. D'autre part, et, dans tous les cas, la loi de 1880, telle que l'interprète la Régie, a voulu modifier la nature de la valeur transmise pour pouvoir faire porter les droits sur les biens en nature. L'Administration, ici encore, était donc conséquente avec elle-même en exigeant la déclaration à la situation des biens.

D'ailleurs, les conséquences que tire M. Wahl de sa conception sont formellement contredites par celles de la Régie. D'après le savant professeur, il ne serait point nécessaire d'exiger à l'appui de la déclaration un état estimatif du mobilier et la déduction des dettes devrait être opérée. Or il n'en est rien, nous le savons (2).

La valeur imposable des immeubles ne devrait pas être calculée d'après le revenu puisqu'il s'agit d'un droit mobilier ; l'estimation de la part pourrait être faite en toute liberté, sans que la Régie ait un moyen pratique

1. Voir au Sirey 1892-1-323.
2. Voir M. Primot, *op. cit.* 1520.

de corroborer les déclarations, puisqu'elle ne peut faire expertise qu'en matière immobilière ou de fonds de commerce. Or toutes ces solutions sont contraires à celles de l'Administration (1).

M. Wahl reconnaît d'ailleurs que les conséquences de la conception qu'il prête au législateur sont beaucoup trop favorables aux congrégations et en conclut que « le pouvoir législatif s'énerve à édicter des textes « trop faciles à tourner, de même qu'il s'énerve à en « édicter qui dépouillent les contribuables sous prétexte « de les imposer. » (2).

Cette critique qui, sans doute, pourra paraître ne pas porter en ce qui concerne la faveur dérivant pour les congrégations de l'arrêt de la Cour, est juste quand elle s'applique à la doctrine soutenue par la Régie qui aboutissait à l'absorption du patrimoine à brève échéance. Aussi, l'on comprend aisément que l'arrêt, après avoir dégagé l'esprit véritable de la loi qu'il appliquait, se soit attaché à cette considération qu'en droit les formalités à suivre pour la perception d'un impôt ne sauraient jamais avoir pour résultat de conduire à des perceptions fiscales plus élevées que celles prévues et fixées par le législateur et que c'est à ce résultat qu'on arriverait avec les déclarations multiples imposées aux congrégations.

1. Voir l'Instruction n° 2.651, § 59.
2. *Revue critique* de 1893, p. 143 et suiv.

B. — Loi de 1895. Unité de déclaration, rigueur des dispositions transitoires de cette loi.

L'arrêt du 13 janvier 1892 ne réussit pas à fixer la jurisprudence et une partie des tribunaux continua d'exiger la multiplicité des déclarations.

En 1890, M. Brisson avait fait repousser l'amendement de Coussergues tendant à l'unité des déclararations, en exagérant les avantages qui résulteraient pour les congrégations et en les accusant de fraudes nombreuses. Le ministre des finances feignit d'ignorer la situation et promit d'y remédier si les tribunaux persistaient à reconnaître la nécessité des déclarations multiples. Mais, après que M. Brisson eut manifesté son mécontentement ; il se borna à déposer un projet consacrant une sorte de transaction qui maintenait le principe de la multiplicité en prescrivant de calculer le droit proportionnel sur la valeur cumulée des parts comprises dans une déclaration collective.

Un autre projet n'aboutit pas plus que le précédent (1).

Enfin fut déposé le projet du 4 juin 1892 convertissant l'impôt en une taxe annuelle. Accueilli favorablement par la Commission, il fut incorporé dans le

1. *J. Off* de 1892 Annexes, p. 1141.

budget de 1893, mais M. Brisson réussit encore à le faire retirer au moment où il allait venir en discussion, tant il avait peur que la loi nouvelle « ne diminuât la rigueur des liens dans lesquels on avait essayé d'enfermer les congrégations » (1).

Il s'appuya pour faire écarter le projet, sur un jugement du tribunal de Libourne du 29 juillet 1892 (2) qui, tout en consacrant le principe des déclarations multiples, en faisait disparaître les inconvénients, mais qui n'avait aucune chance de fixer la jurisprudence. Ce jugement, s'appuyant sur l'article 6 de la loi du 22 frimaire an VII modifiée par l'article 2 de la loi du 27 Ventôse an IX, qui n'établissent la perception de 20 en 20 francs qu'à l'égard d'une même mutation, décide que le minimum de perception doit être calculé non pour chaque déclaration, mais sur l'ensemble de la mutation.

M. Wahl a critiqué la doctrine du jugement de Libourne en une note au Sirey, tant au point de vue de l'exigibilité des déclarations multiples qu'à celui du calcul sur l'ensemble des déclarations. Nous ne reviendrons pas sur la question des déclarations multiples ; qu'il nous suffise seulement de remarquer que la solution du tribunal contenait une contradiction qui consistait d'une part à ne jamais forcer le droit taxativement fixé par

---

1. *Journal Officiel*, du 11 février 1893. p. 531.
2. Sirey, 1893. 2.197.

la loi et à établir le droit sur la valeur totale des biens déclarés comme dans le cas de retraite et d'autre part, à exiger néanmoins la multiplicité des déclarations. Ce système aboutissait d'ailleurs à un régime inusité en matière d'enregistrement et présentant de grandes difficultés pratiques. En effet, après avoir fait les déclarations dans les divers bureaux, on devait réunir leurs résultats respectifs au moyen de renvois faits à un bureau désigné. Puis calculer le chiffre total d'impôt dû et le répartir entre les bureaux d'après l'importance des déclarations. Lorsqu'une insuffisance était constatée à l'occasion d'un bien, il fallait recommencer les mêmes opérations compliquées. « La chose est d'autant plus facile, dit le tribunal, « que l'Administration doit nécessairement établir ce « droit d'ensemble pour les mutations opérées par « retraite ou démission. » Oui, mais alors il n'y aura qu'une déclaration et la chose sera réellement facile.

Nous n'examinerons pas la question de savoir si l'article 6 de la loi de Frimaire prescrit de percevoir un droit minimum pour chaque déclaration ou seulement pour chaque mutation opérée. Cette question est assez délicate et prête à controverse ; mais ne nous paraît pas rentrer directement dans le cadre de cette étude, qu'il nous suffise de l'indiquer pour acquérir la conviction qu'il était tout au moins téméraire de penser que la jurisprudence du tribunal de Libourne allait faire loi et réformer du jour au lendemain la pratique séculaire suivie en matière de succession.

Telle fut cependant la prétention de M. Brisson qui adressa cette violente apostrophe à l'Administration :

« Ne multipliez pas par un abus qu'il dépend de vous, « Administration de l'Enregistrement, de ne pas com-« mettre, ne multipliez pas la perception et vous ren-« drez absolument inutile la loi nouvelle. » Au fond, M. Brisson savait fort bien que le jugement de Libourne était contraire à une pratique constante et qu'il ne saurait être suivi. Mais l'effet voulu était obtenu, c'était l'essentiel. Le projet fut repoussé et la loi du 16 Avril 1895 fut le premier texte précis en la matière.

Les difficultés auxquelles a donné lieu la détermination du lieu de paiement nous ont retenu assez longtemps. Nous allons dire quelques mots seulement des dispositions transitoires de la loi de 1895, puis nous terminerons en indiquant rapidement les questions relatives aux pénalités, aux moyens de contrôle et aux poursuites.

L'article 8 de la loi du 16 avril 1895 décide que les congrégations qui, au moment de la promulgation de cette loi, seront débitrices de droits d'accroissement, auront un délai de six mois pour se libérer sans pénalité, mais à la condition de rembourser au trésor tous les frais qu'il aurait exposés contre elle. Elles pourront opter à cet effet entre l'application des règles anciennes et celle des règles établies par la nouvelle loi. Dans ce dernier cas, la taxe annuelle sera liquidée à compter du jour de la créance la plus ancienne du trésor, sur la valeur des biens. Faute par elles de s'être libérées dans le délai, elles doivent acquitter, sans préjudice des frais exposés, la taxe calculée comme il vient d'être dit et en outre une amende égale à la moitié de la taxe exigible.

Ces dispositions soulèvent plusieurs critiques.

Tout d'abord, il peut sembler étrange d'exiger sous peine d'amende le paiement d'une taxe que l'on déclarait irrécouvrable et que les contribuables n'avaient pu acquitter sans y trouver la ruine.

D'autre part, certaines congrégations avaient obtenu des jugements favorables à leurs prétentions et pouvaient croire à la légitimité de leur résistance. On les mettait en demeure, sans autres forme de procès, d'acquitter l'impôt qu'elles croyaient ne pas devoir sous peine de se voir appliquer un tarif plus rigoureux encore et une amende. Une situation bizarre s'était même produite (1). La congrégation autorisée des Dames du Sacré-Cœur à Paris possède des maisons dans plusieurs parties de la France. Le tribunal de Perpignan décide le 9 mai 1892 que cette congrégation doit l'accroissement. D'autres tribunaux au con-

---

1. Voir le jugement du tribunal de la Seine du 4 décembre 1896. *J. E.* 25.045.

traire, parmi lesquels celui de Laval le 3 juin 1892, déclarent qu'elle ne le doit pas. La congrégation refuse de payer l'impôt, cela se conçoit. Intervient alors la loi de 1895, qui la met dans l'obligation de s'acquitter dans le ressort du tribunal de Perpignan, obligation que reconnaît le jugement du tribunal de la Seine du 4 décembre 1896. On sait que la loi fiscale ne tient pas compte des succursales même autorisées ; n'est-il donc pas logique que la congrégation se soit approprié la solution rendue par le tribunal de Laval pour les biens situés dans cet arrondissement ? La loi de 1895 au contraire ne permet aucune discussion à la congrégation, quelque bonne raison qu'elle ait de se croire exemptée.

Il peut même arriver qu'une congrégation soit en instance avec le fisc au moment où la loi est votée : elle croit qu'elle ne doit pas ou qu'elle doit moins qu'on lui réclame. Le procès a peut être trainé par le peu d'empressement de l'Administration à recouvrer une taxe exorbitante, peu importe ; on proroge les délais de prescription (1) et la loi nouvelle une fois votée, en présente la note à payer. « Mais nous ne devons pas, répond la congrégation le tribunal ne s'est « pas prononcé ». Fort bien, dit le fisc ; j'attendrai. » Puis, au bout des six mois, il représente sa note légèrement allongée : « Le tribunal n'a pas statué, dit-il,

---

1. Lois des 27 Décembre 1894, 23 Février 1895, 29 Mars 1895.

« mais la loi a parlé pour lui et vous devez : 1° la taxe
« nouvelle calculée depuis le plus ancien décès sur la
« valeur brute des biens telle qu'elle est déclarée pour
« la taxe sur le revenu ; 2° les frais de l'instance en
« cours ; 3° un demi droit en sus en don de joyeux
« avènement ».

Nous n'ajouterons aucun commentaire.

On pourrait cependant, faire observer, contrairement à la doctrine de l'arrêt de Cassation du 2 mai 1899 (1) qui consacre ce système, que les congrégations en instance avec le fisc au moment de la promulgation de la loi ne sont pas encore « débitrices » de l'impôt aux termes de l'article 8 qui, par suite, ne leur est pas applicable.

La question de l'application rétroactive de la loi de 1895 soulève encore certaines difficultés et le doute est permis sur la légalité de cette rétroactivité, surtout au cas où elle est relative à des droits qui ont fait l'objet d'une condamnation antérieure.

Enfin, le calcul lui-même de la taxe nouvelle due pour les accroissements opérés sous la loi de 1884 peut donner prise à la critique. Les déclarations souscrites pour l'impôt sur le revenu servent de base (article 8). C'est-à-dire, par exemple, que la taxe est liquidée sur la valeur de l'usufruit qui, dans cette déclaration, est égale à celle de la propriété. Les biens soumis à l'ac-

---

1. *Journal de l'Enregistrement*, n° 25, 655.

croissement ne sont pas estimés, nous le savons, de la même façon que ceux soumis à la taxe du revenu. Les termes de l'article 8 permettent même de compter les biens occupés pour le calcul de la taxe arriérée. Les tribunaux ont encore actuellement à trancher souvent des difficultés relatives à cette taxe arriérée. Il arrive parfois que certains décès assez anciens n'ont pas été suivis du paiement des droits d'accroissement, tandis que d'autres plus récents y ont donné lieu. La taxe étant due depuis la plus ancienne créance du trésor, c'est-à-dire depuis le premier décès, doit-on restituer les droits perçus depuis cette époque pour d'autres décès et l'article 60 de la loi de Frimaire est-il applicable ? Le tribunal de Seine a, le 13 novembre 1897 (1), décidé que ces droits étaient imputables sur la taxe due. C'est là une solution d'équité ; mais la Régie pouvait avoir de bonnes raisons pour prétendre que les droits peuvent être imputés mais ne sont pas restituables, la perception ayant été régulière, et que par suite, dans le cas où les droits perçus excéderaient ceux dûs d'après la loi nouvelle, l'excédent ne pourrait être restitué. On arriverait donc à ceci que la rétroactivité, bonne pour exiger un complément d'impôts, ne le serait plus pour rendre ce qui aurait été perçu en trop.

L'intérêt des questions qui précèdent est sans doute purement transitoire ; nous avons cependant tenu à les

---

1. *Journal de l'Enregistrement*, n° 25.147, Sirey, 1899.2.86.

indiquer pour montrer que le législateur ici encore ne s'est pas départi d'une excessive rigueur à l'égard des congrégations religieuses. Nous allons faire une dernière fois cette constatation au sujet des pénalités, moyens de contrôle et poursuites relatifs au recouvrement des droits d'accroissement.

§ 3. — Pénalités. — Contrôle. — Poursuites.

Caractère exceptionnel de l'impôt à ces points de vue.

Les pénalités applicables sont les mêmes que pour les successions et les donations : un droit en sus en cas d'omission ou d'insuffisance de revenu ; un demi droit en sus pour les déclarations faites hors délai. La loi de 1895, par une faveur spéciale, a même édicté pour ces droits en sus un minimum de cent francs. L'application du droit en sus constitue depuis 1895 une mesure exceptionnelle. Les insuffisances d'évaluation qui y donnent ouverture ne portent plus que sur une valeur vénale, et non sur un revenu déclaré. Or, ces sortes d'insuffisances ne donnent ordinairement lieu au droit en sus que quand elles sont au moins du huitième de la valeur constatée (1). D'autre part elles ne peuvent être constatées par expertise que quand elles concernent des immeubles : l'article 6 de la loi de 1895, au contraire,

1. Loi du 22 frimaire an VII, art. 18-27 ventose IX, art. 5.

autorise toujours l'expertise. Enfin, les frais ne sont ordinairement à la charge des contribuables que quand ils sont passibles du droit en sus (1); les congrégations les doivent, si faible que soit l'insuffisance constatée.

L'exercice du droit de communication qui, sous la loi de 1884 s'étendait au registre du personnel, est, depuis 1895 le même que pour l'impôt sur le revenu et ne s'applique qu'aux documents de comptabilité, bien que la Régie ait tenté de l'étendre à d'autres pièces (2).

On doit reconnaître toutefois, en ce qui concerne l'administration de la preuve des insuffisances de valeur vénale, qu'un progrès sensible a été accompli par la loi de 1895 qui n'autorise pas le mode exceptionnel consacré en matière d'impôt sur le revenu par la référence de l'article 3 de la loi de 1880 à l'article 13 de la loi du 23 août 1871. Encore ici, le progrès est plus apparent que réel : le plus souvent en effet, la même déclaration sert à l'acquittement des deux impôts et, comme la procédure spéciale de la loi de 1871 est toujours permise pour la taxe sur le revenu, l'inconvénient subsiste pour celle d'abonnement.

Nous avons étudié à propos de l'impôt sur le revenu contre quelles personnes le recouvrement de l'impôt

---

1. Articles et lois précités.
2. Cassation, 28 février 1898, J. E., 25, 375.

pouvait être poursuivi. Les solutions admises par la jurisprudence récente sont applicables à la taxe d'accroissement. La congrégation est seule débitrice ; mais ses membres qui sont pour elle des administrateurs ou des gérants sont responsables sur les biens de l'association qu'ils détiennent.

Les congrégations autorisées de femmes avaient prétendu exciper de l'inaliénabilité dont la loi de 1895 frappe leurs biens pour empêcher le fisc de les saisir. Mais une jurisprudence constante déclare que cette inaliénabilité n'a rien d'absolu et, en tous cas, ne pourrait nécessiter qu'une autorisation gouvernementale qui est tacitement accordée.

La taxe d'accroissement, nous l'avons vu, est, surtout depuis 1895, un impôt spécial aux congrégations et ne peut être assimilée à un droit de donation ou de succession. Le législateur de 1895, en dehors du tarif de 11.25 0/0 qui lui a servi pour fixer le taux de la nouvelle taxe, a retenu quelque chose de la théorie soutenue par la Régie sous la loi de 1884 : c'est le privilège du trésor pour le recouvrement des droits de succession.

La loi de frimaire porte (1) que « la nation aura une « action sur les revenus des biens à déclarer, en quel- « ques mains qu'ils se trouvent, pour le paiement des « droits dont il faudra poursuivre le recouvrement ».

---

1. Loi du 22 frimaire, an VII, art. 32, § 3.

L'Administration avait d'abord prétendu que cette disposition lui conférait une action privilégiée sur le capital des biens transmis. Mais la Cour suprême avai repoussé cette prétention et décidé que la Régie n'avait ni privilège, ni hypothèque pour le recouvrement des droits de succession (1), mais une simple action analogue à celle du créancier chirographaire. Puis revenant sur sa jurisprudence, elle décida par l'arrêt du 2 décembre 1862 que le trésor avait un privilège sur les revenus.

Cette dernière solution de la Cour a paru erronée aux auteurs les plus compétents (2), et nous croyons avec eux que la loi de frimaire n'a institué aucun privilège pour le recouvrement des droits de succession, attendu que les privilèges sont de droit étroit et que l'article 32 ne prononce pas le mot privilège ni n'indique le rang que devrait occuper le prétendu privilège du trésor.

Quoiqu'il en soit, on comprenait assez bien que l'Administration, sous la loi de 1884, étant donné le caractère de donation ou de succession qu'elle attribuait à

---

1. Arrêt du 28 janvier 1848.
2. Voir : Répertoire de Dalloz, V° Enregistrement, n. 5175. — Pont. Privilèges et hypothèques, n. 34. — M. Wahl. Etude sur le privilège du trésor en matière de mutation par décès, n. 22 et suiv. et note au Sirey, 1890, 2, 193. — M. Testoud. Revue critique de 1891 : Nouvelle série, XX, p. 273.

l'accroissement, ait appliqué au recouvrement de la taxe le privilège que la jurisprudence lui reconnaissait, mais, depuis 1895, où la taxe d'abonnement a revêtu un aspect tout particulier, il semble difficile d'invoquer l'article 32. C'est cependant ce qu'a fait expressément la loi de 1895 en son article 7, consacrant ainsi une nouvelle disposition exceptionnelle surtout qu'elle prend le soin de transformer explicitement l'action accordée par l'article 32 en un véritable privilège.

Ainsi, le législateur ne laisse échapper aucune occasion d'aggraver sous les prétextes les moins plausibles les dispositions rigoureuses de nos lois fiscales pour en étendre l'application aux seules congrégations.

En présence des garanties souvent excessives accordées à l'Administration, les contribuables sont désarmés. La restitution des impôts indûment perçus peut seule être demandée ; mais l'usage de cette faculté nécessite une connaissance assez complète des lois fiscales souvent compliquées. La restitution ne peut d'ailleurs être demandée que dans un délai de deux ans.

D'autre part, en matière de successions, la Régie ne peut réclamer que dans les cinq ans de la déclaration les droits complémentaires exigibles à raison d'une omission ou insuffisance d'évaluation, et dans les dix ans du décès les droits exigibles à raison de la mutation elle-même non déclarée. N'était-il pas logique qu'étendant à la nouvelle taxe les règles spéciales de rigueur propres aux droits de succession, le législateur lui appliquât aussi les règles de faveur ? La jurisprudence décide au contraire que la prescription trentenaire est seule opposable à l'Administration pour le recouvrement de la taxe (1).

Ainsi, ce dernier chapitre, comme les précédents, a montré la situation singulière et particulièrement rigoureuse faite aux congrégations par les lois fiscales que nous venons d'étudier.

Ici encore, la cause de toutes les difficultés a été cette équivoque qui a toujours plané sur le caractère des impôts mis à la charge des congrégations. Chaque fois que l'interprète a voulu donner un sens juridique à la loi, il s'est heurté à des obstacles parfois insurmontables, comme celui des déclarations multiples.

D'autre part, nous avons pu constater en chaque occasion, que ce soit une disposition transitoire, la fixation des pénalités ou celle des moyens de contrôle, la malveillance dont le législateur ne s'est jamais départi à l'égard des congrégations.

Ces diverses remarques ne peuvent que nous confirmer dans la pensée déjà suggérée par l'examen d'autres difficultés, que la taxe d'accroissement, aussi bien que celle sur le revenu, n'est en réalité rien de plus qu'un impôt spécial à tendances politiques ; que son

1. Jugement du tribunal de Morlaix du 25 avril 1899, rapporté à la *Revue générale pratique*, n° 1936.

recouvrement a pu être obtenu seulement le jour où le législateur a répudié ouvertement toute prétention d'appliquer le droit commun fiscal, pour frapper très lourdement par ce nouvel impôt le patrimoine des congrégations religieuses, comme il l'avait déjà fait par la taxe sur le revenu.

CONCLUSION

Si nous nous en tenons au point de vue purement fiscal, l'étude que nous venons d'achever nous a permis de faire certaines constatations que l'on peut résumer en quelques mots.

Les congrégations étaient en droit soumises aux mêmes impôts que les autres contribuables. Cette égalité en droit est la seule que puisse donner un système fiscal tel que le nôtre. Si donc on avait des raisons particulières de frapper une catégorie de contribuables e qu'on ait choisi pour l'atteindre le moyen d'un impôt très lourd, il fallait établir ouvertement cet impôt spécial en désignant clairement les personnes qui devaient l'acquitter. On l'aurait appelé par exemple : la taxe de la mainmorte. De cette façon les tribunaux auraient pu facilement déterminer d'après la loi les cas dans lesquels cette taxe était perçue et comment elle devait l'être.

Au lieu de cela, on a prétendu faire supporter aux congrégations seulement une somme d'impôts égale à celle que paient les particuliers, somme qui ne saurait être déterminée exactement, nous le savons, et l'on est arrivé en fait à placer les congrégations ou tout au moins certaines d'entre elles, qui souvent auraient mérité plus d'égards, dans une situation intolérable. Mais le plus grand tort du législateur, soit à propos de l'impôt sur le revenu, soit à l'occasion de la taxe d'accroissement, fut de s'ingénier à donner à sa loi une forme pouvant faire croire qu'il se bornait à donner aux lois préexistantes l'extension naturelle qu'elles comportaient, alors qu'en réalité, cette extension était en opposition certaine tant avec l'esprit qu'avec le texte de ces lois.

D'une part, un impôt n'ayant en lui-même aucun caractère de généralité, établi, à la suite d'une guerre ruineuse, sur les seules bases pouvant assurer un recouvrement certain, et n'atteignant que les capitalistes oisifs, a été étendu à des associations, c'est-à-dire à des œuvres désintéressées, poursuivant un but élevé. On dut, pour appliquer cette taxe, aller à l'encontre de toute vraisemblance et de toute vérité, présumer qu'elles réalisent des bénéfices et les distribuent à leurs membres. La matière imposable faisant défaut, on dut s'en rapporter à un forfait extraordinaire dépourvu de toute concordance non seulement avec le revenu des congrégations, mais encore avec celui des particuliers.

D'autre part, avec l'impôt d'accroissement, on applique à un fait qui ne donne lieu à aucune mutation, le le tarif le plus élevé des droits proportionnels en se basant sur des motifs qui n'ont qu'une apparence de raison, et comme cet impôt ne peut se concilier, lorsqu'on veut l'assimiler à un droit de mutation à titre gratuit, avec les règles des successions ou donations, on aboutit à des résultats fantastiques qui s'opposent en fait au recouvrement de l'impôt, malgré la rigueur des précautions prises.

Prévoyant toutes ces difficultés, l'inspirateur de ces lois avait proposé un texte qui ne laissait aucun doute sur le but des impôts qu'il créait, avouait leur caractère tout exceptionnel et ne réclamait pour eux aucune base juridique. La Chambre des députés l'avait suivi dans cette voie ; mais le Sénat, plus respectueux des formes et moins favorable aux mesures d'exception, tenta de constituer, au moins en apparence, une sorte de droit commun. Il en résulta que certaines associations et même certaines sociétés auxquelles on ne voulait aucun mal furent englobées par le texte dans une même disgrâce que les congrégations.

La Régie chargée d'exécuter la loi fut partagée par la triple préoccupation d'appliquer le texte, de se conformer aux véritables intentions du législateur et de découvrir une base juridique aux impôts qu'elle percevait. Les difficultés surgirent et malgré les retouches successives apportées à la loi, on n'obtint que des résultats tantôt incomplets, et tantôt excessifs, jusqu'à ce que l'impôt ait revêtu au moins en partie son véritable caractère d'impôt exceptionnel.

Nous avons constaté cette chose vraiment inacceptable, étant donné qu'elle est prise comme principe de toute une législation : une fausse conception de la nature de l'association exploitée pour combattre les congrégations religieuses. Tant qu'il s'agit de les soumettre à la taxe 4 0/0, on les assimile à des sociétés, mais cette assimilation étant matériellement impossible, attendu qu'elle est en opposition formelle avec la nature des deux collectivités, les différences considérables qui se révèlent, nécessitent des mesures exceptionnelles qui jurent avec la première assimilation et en font ressortir toute l'inexactitude.

Mais voilà qu'il s'agit aussi de leur appliquer des droits de mutation et que la première fiction ne répond plus au desideratum ; bien loin de là : elle conduit, en raison de l'essence même de la congrégation, à un régime très favorable.

Alors, nous voyons les mêmes interprètes qui avaient tant insisté pour établir l'assimilation à la société abandonner prestement cette fiction pour l'établissement des droits de mutation et la transformer en une autre fiction aussi invraisemblable et aboutissant à des résultats aussi étranges que la première ; puis finir, comme pour le premier impôt, par recourir à des dispositions exceptionnelles.

On a dit plaisamment des jésuites qu'ils sont individus pour prendre et société pour garder ; on pourrait ajouter tout aussi justement au moins, qu'ils sont société pour payer l'impôt sur le revenu et individus pour payer celui d'accroissement.

Ainsi, nous avons d'une part une taxe qui ne s'applique aux congrégations que par une adaptation boîteuse et par une mesure d'exception ; d'autre part, un droit de mutation contraire aux principes et dont l'application aux seules congrégations en fait aussi une mesure exceptionnelle, en même temps qu'un double emploi avec une autre taxe (1).

N'eût-il pas été infiniment préférable, s'il était constaté qu'en fait les biens des congrégations et de certaines autres associations supportent moins d'impôt que d'autres, d'évaluer exactement cette immunité et d'établir directement sur ces associations elles-mêmes, en leur reconnaissant explicitement la personnalité, une taxe spéciale compensatrice : taxe qui, calculée sur les biens dont ces collectivités ont la jouissance, aurait pu varier suivant la situation fiscale de chacune d'elles ; mais qui, si elle avait été calculée avec précision, n'aurait certainement pas atteint, à beaucoup près, le chiffre exorbitant des taxes actuelles.

Au reste, la question fiscale, ne l'oublions pas, n'est qu'un aspect de la lutte politique engagée contre les congrégations. On pourrait donc se placer à ce

---

1. Un projet de loi relatif au recouvrement des impôts dûs par les congrégations, déposé à la Chambre le 14 novembre 1899, tend à mieux accuser encore le caractère spécial de ces impôts.

dernier point de vue. Mais peut-être serait-ce empiéter sur un terrain qui ne nous appartient pas.

Contentons-nous d'indiquer en terminant ce que nous croyons désirable tant au point de vue des congrégations religieuses qu'à celui des associations en général. Si l'on apprécie mieux le rôle social de l'Etat, on cessera de considérer les associations désintéressées comme des suspects que la haute police doit surveiller et, sans vouloir exalter l'association, on reconnaîtra que, comme l'Etat, elle est une institution qui a son domaine propre et que l'on ne saurait supprimer. Il conviendra donc de lui accorder la liberté de formation dès que son but aura été reconnu licite au vu des statuts qu'elle devra publier et auxquels elle devra toujours se conformer.

Cette liberté de formation entraînera la personnalité morale telle que nous l'avons définie et limitée.

Enfin, l'Etat étant en droit de veiller à ce que les associations n'usent pas de leur liberté contre lui, il conviendra de lui reconnaître un droit de dissolution, mais seulement à l'égard des associations qui se seraient écartées de leur destination sociale telle qu'elle est déterminée par leurs statuts, et, d'une façon beaucoup plus libre, contre les associations à caractère international.

Peut-être ces réflexions paraîtront-elles un peu étrangères à notre sujet ; mais, puisqu'au fond, la question de droit et la question politique sont ici intimement liées, et que, comme nous l'avons indiqué dès les premières pages, nous avions eu la pensée tout autant de remplir un devoir de conscience que de faire une œuvre juridique, nous n'avons pas craint de manifester publiquement notre opinion intime sur le point qui nous occupe, certain de l'impartialité et réclamant l'indulgence des personnes chargées de nous juger.

Vu par le Président de la thèse,
Aix, le 19 mai 1900,
MOREAU

Vu par le Doyen,
G. BRY

Vu et permis d'imprimer :
Aix, le 19 mai 1900.
Pour le Recteur,
L'Inspecteur d'Académie délégué,
RÉGISMANSET

TABLE DES MATIÈRES

Introduction 7

CHAPITRE PRÉLIMINAIRE

Considérations sur les associations en général et sur les congrégations religieuses en particulier.

Première section. — Point de vue rationnel. 16
§ 1. — Nature de l'association 16
§ 2. — Capacité rationnelle de l'association 41
§ 3. — Rapports des associations et de l'Etat 46
Deuxième section. — Point de vue du droit positif. . . 71
§ 1. — Associations privilégiées. 75
§ 2. — Associations non reconnues d'utilité publique . 82
§ 3. — Régime fiscal des congrégations avant les lois récentes 100

PREMIÈRE PARTIE

La taxe sur le revenu des valeurs mobilières dans son application aux congrégations religieuses.

Notions générales. — L'application de la loi de 1872 aux congrégations suppose une double fiction : 1° il n'y a pas de société ; 2° il n'y a pas de revenus distribués. L'esprit de cette loi est également méconnu. Elle ne visait que les capitalistes bailleurs de fonds. 115

— 452 —

Chapitre Ier. — Circonstances dans lesquelles la taxe est
dûe d'après les lois des 28 décembre 1880 et 29
décembre 1884 143
    § 1. — *Loi de 1880*. — Connexité de la lutte politique
et de la lutte fiscale contre les congrégations. L'a-
mendement Brisson : absence de portée juridique.
Modifications de forme. Texte trop général. Interprétation de la Régie. Exemptions injustifiées. Inefficacité de la loi. 143
    § 2. — *Loi de 1884*. — Le texte de cette loi désigne les
congrégations spécialement, mais revêt encore un
caractère de généralité que ne comporte pas la pensée du législateur. Application de la loi aux seules
congrégations et associations qui s'y rattachent . . 165
    § 3. — Définition des congrégations, communautés et
associations religieuses. Evolution de la jurisprudence en ce qui concerne les associations religieuses proprement dites 178
Chapitre II. — Détermination du revenu imposable . . . 208
    § 1. — *Loi de 1880*. — Base de perception assez équi-
table ; mais l'application aux associations des règles
suivies pour les sociétés ne pouvait donner de résultat sans des mesures exceptionnelles 208
    § 2. — *Loi de 1884*. — Les congrégations sont soumi-
ses à un forfait particulièrement rigoureux et
inexact qu'on ne saurait justifier à aucun point de
vue 219
        A. — *Biens possédés*. — La Régie invoque deux
principes opposés pour déterminer la valeur imposable. Situation désavantageuse qui en résulte pour
les congrégations 226
        B. — *Biens occupés*. — Application de l'impôt
aux locaux loués. La taxe en fait est basée sur la
fortune présumée et non sur le revenu. 235
Chapitre III. — Recouvrement de la taxe sur le revenu. . 245
    § 1. — Forme, délai et lieu de paiement. Pénalités . . 245
    § 2. — Moyens de contrôle et procédure du recouvre-
ment : 1° Voie de la contrainte ; 2° Expertise,

même en matière mobilière ; 3° Procédure spéciale de la loi du 23 août 1871 étendue aux congrégations. 246

§ 3. — Caractère inquisitorial des vérifications. Poursuites. L'impôt frappe directement les congrégations et non les congréganistes personnellement. Critique de la théorie inverse de la Régie au triple point de vue des principes, des textes et de la possibilité du recouvrement. 256

DEUXIÈME PARTIE
La taxe d'accroissement.

Notions générales. — Rappel des principes et de la situation fiscale des congrégations. L'accroissement ne pouvait être qu'un critérium de législation financière en vue de la perception d'un impôt spécial. 279

CHAPITRE Ier. — Conditions d'exigibilité de l'impôt . . . 290

§ 1. — *Loi du 28 décembre 1880.* — Historique des textes ; la loi ne traduisait pas exactement la pensée du législateur. La Régie tenta de donner à l'impôt une base juridique, mais ne put maintenir son principe pour se conformer à l'esprit véritable de la loi. L'impôt ne fut pas acquitté 290

§ 2. — *Loi du 29 décembre 1884.* — Désignation spéciale des congrégations. Persistance partielle du caractère de généralité revêtu par la loi de 1880. Les congrégations autorisées sont atteintes, comme celles non autorisées, en leur seule qualité de congrégations : Absence de fondement juridique. Hésitations de la jurisprudence. 328

§ 3. — *Loi du 16 avril 1895.* — L'impôt revêt son véritable caractère d'impôt exceptionnel 367

CHAPITRE II. — Détermination de la valeur imposable. Liquidation et tarif du droit d'accroissement. . . 372

§ 1. — La Régie s'est inspirée de principes contradictoires pour fixer la valeur imposable. Difficultés qui en sont résultées 372

§ 2. — Biens assujettis. Propriété apparente. Exonérations : nouvelles difficultés. 331
§ 3. — Evaluation des biens et tarif. En matière d'immeubles, l'assimilation de l'accroissement à une mutation à titre gratuit obligea l'Administration, sous les lois de 1880 et de 1884 à s'écarter des règles logiques d'évaluation. Le tarif de l'impôt, égal au plus élevé de nos droits proportionnels sous la loi de 1880, a encore été augmenté sous celle de 1895. 392

CHAPITRE III. — Recouvrement de l'impôt 399
§ 1. — Forme et délai de paiement. 399
§ 2. — Lieu de paiement. 401
    A. — Lois de 1880 et de 1884. La multiplicité des déclarations exigée par la Régie en cas de décès était la conséquence de la conception qu'elle avait de l'impôt. Critique. Incertitude de la jurisprudence . 401
    B. — Loi de 1895. Unité de déclaration. Rigueur des dispositions transitoires de cette loi. 428
§ 3. — Pénalités. Contrôle. Poursuites. Caractère exceptionnel de l'impôt à ces points de vue 436

CONCLUSION 443

Jouve et Boyer, imprimeurs, 15, rue Racine, Paris.

www.ingramcontent.com/pod-product-compliance
Lightning Source LLC
Chambersburg PA
CBHW070537230426
43665CB00014B/1719